高等职业教育"互联网+"新形态教材·财会类专业

智能纳税管理

申建英　吴依玲　主　编
刘　智　胡　越　副主编

电子工业出版社
Publishing House of Electronics Industry
北京·BEIJING

内容简介

为了适应在"大智移云"的新财会时代中税法的不断变化，对接职业教育"1+X"证书制度的改革，实现培养适应智能财税新业态的高素质技术技能人才目标，特编写本教材。

本教材以最新税法和《企业会计准则》为依据，以企业实际工作所必需的各税种的认知、计算及纳税申报为主线，根据不同税种的日常税务处理要求，整合出企业纳税基础、增值税、消费税、关税、企业所得税、个人所得税及其他税种纳税实务共7个项目作为主要教学内容，并融入智能财税证书相关内容。

本教材既适合高职高专院校、成人高校及本科院校中二级职业技术学院、继续教育学院的财会类专业学生使用，也可作为在职财会人员岗位培训、自学进修和初级会计考试的教学用书，同时也适合对税法有兴趣的社会学习者。

未经许可，不得以任何方式复制或抄袭本书之部分或全部内容。
版权所有，侵权必究。

图书在版编目（CIP）数据

智能纳税管理 / 申建英，吴依玲主编 . —北京：电子工业出版社，2022.6
ISBN 978-7-121-43242-2

Ⅰ.①智… Ⅱ.①申… ②吴… Ⅲ.①税收管理－中国－高等学校－教材 Ⅳ.① F812.423

中国版本图书馆 CIP 数据核字（2022）第 056404 号

责任编辑：贾瑞敏
印　　刷：北京捷迅佳彩印刷有限公司
装　　订：北京捷迅佳彩印刷有限公司
出版发行：电子工业出版社
　　　　　北京市海淀区万寿路 173 信箱　邮编　100036
开　　本：787×1 092　1/16　印张：15.5　字数：396.8 千字
版　　次：2022 年 6 月第 1 版
印　　次：2025 年 5 月第 4 次印刷
定　　价：56.00 元

凡所购买电子工业出版社图书有缺损问题，请向购买书店调换。若书店售缺，请与本社发行部联系，联系及邮购电话：（010）88254888，88258888。

质量投诉请发邮件至 zlts@phei.com.cn，盗版侵权举报请发邮件至 dbqq@phei.com.cn。
本书咨询联系方式：邮箱 fservice@vip.163.com；QQ 群 427695338；微信 DZFW18310186571。

在习近平新时代中国特色社会主义思想引领下，培养高素质的"四有"人才成了大专院校的重要任务。为了适应在"大智移云"的新财会时代中税法的不断变化，对接职业教育"1+X"证书制度的改革，实现培养适应智能财税新业态的高素质技术技能人才目标，我们编写了本教材。

本教材与其他同类教材相比具有以下鲜明特色。

1. 融入智能财税证书相关内容

对接"1+X"智能财税证书考试大纲，本教材对课程教学大纲进行了修订，重塑了每一个教学单元的教学目标、教学内容，在内容选取上对接了考证的相关内容，如发票开具、税务登记、税费计算、纳税申报等知识点。将教学内容与考证结合，有利于智能财税证书的考取。

2. 构建新颖的教材体例

贯彻"理实一体、教学合一、学做合一"的编写理念，采用"项目导向、任务驱动、情境设定"的编写模式，以企业纳税计算与申报岗位的工作项目为导向，设定任务情境，提出任务要求，以教学任务和实训任务的组织实施来驱动教学过程，并将任务分析、训练、讨论、答疑、拓展学习穿插在知识研学的过程中，实现"做中学，学中做，做中悟，悟着做"，帮助学习者获得税务专员实际工作的真实体验，引导学习者形成税务人的是非观，培养学习者"爱岗敬业，诚实守信，坚持准则，强化服务"的职业素养，树立"勤劳致富，纳税光荣"的正确劳动价值观。

3. 搭载多维化教学互动

本教材配套建设有"中国大学MOOC"在线开放课程"纳税实务"，加入该课程可以学习微课、参与话题讨论、进行测试训练等。同时，在教材中设置了"疑中学""思中学""做中学""拓中学"环节，引导学习者思考和主动学习，学习者通过扫描教材中的二维码可以体验沉浸式学习。

4. 配套立体化教学资源

教学资源以最新的税收法规、政策为依据，对增值税、个人所得税等诸多新的税收政策及时进行了增减与调整，并且采用最新的纳税申报表，具有很强的时效性和实用性。教学资源涵盖的内容包括主教材、法规库、作业库、讨论题库等；教学资源呈现出多样化形式，主要有纸质教材、在线课程、电子教案、教学课件、微课视频等。立体化的教学资源拓展了技能学习与训练的路径。

本教材编者基本为"双师型"人员，由金华职业技术学院申建英、吴依玲担任主编，漯河职业技术学院刘智、湖北工业职业技术学院胡越担任副主编，湖北财税职业学院杨亚星，金华职业技术学院杨洋、葛淼文参编。具体编写分工为：申建英编写项目一；吴依玲编写项目二；刘智编写项目三；杨亚星编写项目四；杨洋编写项目五；胡越编写项目六；葛淼文编写项目七。本书由申建英提出编写构思，拟定编写大纲和撰写要求，并负责对全书内容进行修正和定稿。

在本教材编写过程中，参考、借鉴了国内同行的不少成果，限于篇幅不能一一列出，在此表示由衷的感谢。由于编者水平有限，书中难免会有疏漏之处，敬请广大读者批评指正。

编　者

说明：全书有小数或除不尽的情况，默认保留2位小数。

目 录

项目一 企业纳税基础 ... 1
- 任务一 税收认知 ... 2
- 任务二 税务登记 ... 9
- 任务三 发票管理 ... 13
- 任务四 纳税申报 ... 15
- 任务五 税款缴纳 ... 17
- 知识小结 ... 20
- 知识巩固 ... 20

项目二 增值税纳税实务 ... 22
- 任务一 增值税认知 ... 24
- 任务二 增值税应纳税额计算 ... 40
- 任务三 增值税出口退税 ... 53
- 任务四 增值税纳税申报 ... 59
- 知识小结 ... 71
- 知识巩固 ... 71

项目三 消费税纳税实务 ... 76
- 任务一 消费税认知 ... 77
- 任务二 消费税应纳税额计算 ... 84
- 任务三 消费税出口退税 ... 92
- 任务四 消费税纳税申报 ... 93
- 知识小结 ... 98
- 知识巩固 ... 98

项目四 关税纳税实务 ... 102
- 任务一 关税认知 ... 104
- 任务二 关税应纳税额计算 ... 108
- 任务三 关税纳税申报 ... 112
- 知识小结 ... 115
- 知识巩固 ... 115

项目五 企业所得税纳税实务 ······ 118

    任务一 企业所得税认知 ······ 123

    任务二 企业所得税应纳所得额计算 ······ 126

    任务三 企业所得税应纳税额计算 ······ 139

    任务四 企业所得税税收优惠 ······ 143

    任务五 企业所得税纳税申报 ······ 147

    知识小结 ······ 165

    知识巩固 ······ 165

项目六 个人所得税纳税实务 ······ 170

    任务一 个人所得税认知 ······ 171

    任务二 个人所得税应纳税额计算 ······ 179

    任务三 个人所得税纳税申报 ······ 195

    知识小结 ······ 199

    知识巩固 ······ 199

项目七 其他税种纳税实务 ······ 204

    任务一 城市维护建设税与教育费附加纳税实务 ······ 204

    任务二 房产税纳税实务 ······ 208

    任务三 车船税纳税实务 ······ 211

    任务四 车辆购置税纳税实务 ······ 216

    任务五 契税纳税实务 ······ 218

    任务六 印花税纳税实务 ······ 221

    任务七 土地增值税纳税实务 ······ 232

    任务八 资源税纳税实务 ······ 236

    知识小结 ······ 241

    知识巩固 ······ 241

参考文献 ······ 242

项目一

企业纳税基础

↘ 知识目标
- 熟悉我国税收的分类。
- 掌握税制的基本要素及其含义。
- 熟悉税务登记程序。
- 熟悉增值税发票的种类。
- 掌握增值税发票的领购和填开。

↘ 技能目标
- 能准确判断企业缴税的业务和税种。
- 能进行企业开业、变更、注销等税务事项登记工作。
- 能够管理增值税发票。

↘ 素质目标
培养爱岗敬业、诚实守信、坚持准则、依法纳税、强化服务等职业道德。

任务情境一

新冠肺炎疫情发生以来,党中央、国务院陆续部署出台了一系列税费优惠政策。例如,取得政府规定标准的疫情防治临时性工作补助和奖金免征个人所得税;纳税人提供疫情防控重点保障物资运输收入免征增值税;纳税人提供公共交通运输服务、生活服务及居民必需生活物资快递收派服务收入免征增值税;通过县级以上人民政府及其部门等国家机关或公益性社会组织捐赠应对疫情的现金和物品允许企业所得税或个人所得税税前全额扣除;受疫情影响较大的困难行业企业 2020 年度发生的亏损最长结转年限延长至 8 年,等等。

任务要求

(一)一系列税费优惠政策的出台是否影响了税收的固定性?

(二)这些措施体现出税收的什么职能?

任务一 税收认知

一、税收的概念

（一）税收的含义

微课：
什么是税收

税收是国家为满足社会公共需要，凭借公共权力，按照法律所规定的标准和程序，参与国民收入分配，强制地、无偿地取得财政收入的一种方式。

对税收的内涵可以从以下几个方面来理解：国家征税的目的是满足社会成员获得公共产品的需要；国家征税凭借的是公共权力（政治权力），税收征收的主体只能是代表社会全体成员行使公共权力的政府，其他任何社会组织和个人是无权征税的，与公共权力相对应的必然是政府管理社会和为民众提供公共产品的义务；税收是国家筹集财政收入的主要方式；税收必须借助法律形式进行。

（二）税收的特征

税收所具有的基本特征是强制性、无偿性和固定性。税收的特征反映了税收区别于其他财政收入形式，从中也可以理解税收为什么能成为财政收入的最主要形式。

1. 强制性

税收的强制性是指税收是国家以社会管理者的身份，凭借政权力量，依据政治权力，通过颁布法律或政令来进行强制征收。我国宪法明确规定，我国公民有依法纳税的义务。强制性特征体现在两个方面：一方面是税收分配关系的建立具有强制性，即税收征收完全是凭借国家拥有的政治权力；另一方面是税收的征收过程具有强制性，即如果出现了税务违法行为，国家可以依法进行处罚。

2. 无偿性

税收的无偿性是指国家征税后，税款一律纳入国家财政预算统一分配，而不直接向具体纳税人返还或支付报酬。税收的无偿性是相对的。税收的无偿性是从个体纳税人角度而言的，其享有的公共利益与其缴纳的税款并非一一对等。但就纳税人的整体而言则是对等的，政府使用税款的目的是向社会全体成员，包括具体纳税人提供社会公共产品和公共服务。因此，税收的无偿性表现为个体的无偿性、整体的有偿性。

3. 固定性

税收的固定性是指国家征税之前预先规定了统一的征税标准，包括纳税人、课税对象、税率、纳税期限、纳税地点等，只能按预定标准征收，而不能无限度地征收。纳税人取得了应纳税的收入或发生了应纳税的行为，也必须按预定标准如数缴纳，而不能改变这个标准。当然，税收的固定性是相对于某一个时期而言的。国家可以根据经济和社会发展需要适时地修订税法，但这与税收整体的相对固定性并不矛盾。

任务分析（一）

对税收的固定性不能绝对化，随着社会经济条件的变化，具体的征税标准是可以改变的。一系列税费优惠政策的出台，如对增值税小规模纳税人、个体工商户给予税费优惠，对小型微利企业和个体工商户延缓缴纳2020年所得税，延续实施普惠金融有关税收支持政策，增强其抗风险能力，助其渡过难关；提高除"两高一资"外出口产品的出口退税率，促进稳定外贸；对二手车经销企业销售旧车减征增值税，将新能源汽车免征车辆购置税政策延长2年，促进汽车消费。这些政策有利于减税降负，恢复生产，并没有影响税收的固定性。

税收的3个特征是统一的整体，相互联系，缺一不可。无偿性是税收这种特殊分配手段本质的体现；强制性是实现税收无偿征收的保证；固定性是无偿性和强制性的必然要求。三者相互配合，保证了政府财政收入的稳定。

（三）税收的职能作用

税收职能是指税收所具有的内在功能，税收作用则是税收职能在一定条件下的具体体现。税收的职能作用主要表现在以下几个方面。

1. 税收是财政收入的主要来源

组织财政收入是税收的基本职能。税收具有强制性、无偿性、固定性的特点，筹集财政收入稳定可靠。税收的这种特点，使其成为世界各国政府组织财政收入的基本形式。目前，我国税收收入占国家财政收入的90%以上。

2. 税收是调控经济运行的重要手段

经济决定税收，税收反作用于经济。这既反映了经济是税收的来源，也体现了税收对经济的调控作用。税收作为经济杠杆，通过增税与减免税等手段来影响社会成员的经济利益，引导企业、个人的经济行为，对资源配置和社会经济发展产生影响，从而达到调控经济运行的目的。政府运用税收手段，既可以调节宏观经济总量，也可以调节经济结构。

3. 税收是调节收入分配的重要工具

从总体来说，税收作为国家参与国民收入分配最主要、最规范的形式，能够规范政府、企业和个人之间的分配关系。不同的税种，在分配领域发挥着不同的作用。例如，个人所得税实行超额累进税率，具有高收入者适用高税率、低收入者适用低税率或不征税的特点，有助于调节个人收入分配，促进社会公平；消费税对特定的消费品征税，能达到调节收入分配和引导消费的目的。

4. 税收具有监督经济活动的作用

税收涉及社会生产、流通、分配、消费各个领域，能够综合反映国家经济运行的质量和效率。国家既可以通过税收收入的增减及税源的变化，及时掌握宏观经济的发展变化趋势，也可以在税收征管活动中了解微观经济状况，发现并纠正纳税人在生产经营及财务管理中存在的问题，从而促进国民经济持续健康发展。

5. 税收具有维护国家权益的作用

税收管辖权是国家主权的组成部分，是国家权益的重要体现，所以在对外交往中，税收还具有维护国家权益的重要作用。

任务分析（二）

新冠肺炎疫情发生以来，党中央、国务院陆续部署出台的一系列税费优惠政策，体现了税收支持疫情防控和经济社会发展的职能作用，有利于企业复工复产、稳定外贸、扩大内需。

二、税收的分类

根据各种税收的目的和作用不同，我国的税收大致有以下几种类型。

（一）按征税对象分类

按征税对象不同，税收可以分为流转税、所得税、资源税、财产税、行为税、特定目的税。

① 流转税。流转税是指在生产、流通和服务领域中，以销售商品或提供劳务而取得的销售收入额或营业收入额为征税对象的一种税，主要包括增值税、消费税、关税。

② 所得税。所得税是指以所得额为征税对象征收的各种税。其中，所得额一般情况下是指全部收入额除去为取得收入耗费的各项成本费用后的余额，主要包括企业所得税、个人所得税等。

③ 资源税。资源税是以各种应税自然资源为征税对象，为了调节资源级差收入并体现国有资源有偿使用而征收的一种税，主要包括资源税、土地增值税和城镇土地使用税等。

④ 财产税。财产税是指以纳税人拥有或支配的财产为征税对象征收的各种税，如房产税、车船税等。

⑤ 行为税。行为税是指以纳税人发生的某种行为为征税对象征收的各种税，如印花税、契税等。

⑥ 特定目的税。特定目的税是指为了达到某种特定目的，对特定对象和特定行为征收的各种税，包括车辆购置税、耕地占用税、环境保护税、城市维护建设税和烟叶税等。

> **疑中学**　　　　　　　　新办企业到底要缴多少税？
>
> 答：我们国家现行18个税种，包括增值税、消费税、企业所得税、个人所得税、城市维护建设税、房产税、城镇土地使用税、印花税、车船税、土地增值税、资源税、耕地占用税、契税、烟叶税、车辆购置税、关税、船舶吨税和环境保护税。
>
> 虽然目前现行的有效税种有18个，但是实际企业不会涉及所有的税种，不同行业涉及的税种也不同。一般情况下，增值税、城市维护建设税、个人所得税、企业所得税、印花税是标配，大部分企业都会涉及。

（二）按税收与价格的关系分类

按税收与价格的关系划分，税收可分为价内税和价外税。

① 价内税是指税款包含在应税商品价格内，作为商品价格组成部分的税收，此时商品价格＝成本＋利润＋税金，如消费税、关税等。

② 价外税是指税款不包含在应税商品价格之内,价税分离,此时商品价格＝成本＋利润,如增值税。

（三）按计税依据分类

按计税依据不同,税收可分为从价税和从量税。

① 从价税是指以征税对象的价值、价格与金额为依据,按一定比例计征的税收。从价税实行比例税率和累进税率,税收负担比较合理,如我国现行的增值税、关税和所得税等。

② 从量税是指以征税对象的自然计量单位（重量、面积、件数等）为依据,按固定税额计征的税收。从量税实行定额税率,具有计算简便等优点,如我国现行的耕地占用税、车船税和城镇土地使用税等。

（四）按税负能否转嫁分类

按税负能否转嫁,税收可以分为直接税和间接税。

① 直接税是指税负不易转嫁,纳税人直接承担税负的税收,即纳税人与负税人为同一人,如所得税、财产税等。

② 间接税是指纳税主体通过一定方式,将缴纳税收的部分或全部转嫁给他人负担的税收,如增值税、消费税、关税等。

（五）按税收管理与使用权限分类

按税收管理与使用权限的不同,税收可以分为中央税、地方税和中央地方共享税。

① 中央税是指管理权限归中央政府,税收收入归中央政府支配和使用的税种,如关税。

② 地方税是指管理权限归地方政府,税收收入归地方政府支配和使用的税种,如车船税、契税。地方税一般收入稳定,并与地方经济利益关系密切。

③ 中央地方共享税是指主要管理权限归中央政府,税收收入由中央政府和地方政府共同享有,按一定比例分成的税种,如增值税、资源税。

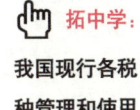

拓中学：
我国现行各税种管理和使用权限划分

三、税制要素

税制要素是指税收实体法的组成要素,包括总则、纳税人、征税对象、税目、税率、纳税环节、纳税期限、纳税地点、税收减免、税收加征、违章处理、附则等项目。其中纳税人、征税对象和税率为税收制度的基本因素。任何税种如果缺少这3个要素中的某一个,就均不能成立。

（一）纳税人

纳税人也称纳税主体,是指税法规定直接负有纳税义务的单位和个人,包括自然人（本国公民、外国人和无国籍人）和法人（机关法人、事业法人、企业法人和社团法人）。自然人和法人若有税法规定的应税财产、收入和特定行为,就对国家负有纳税义务。应注意纳税人与负税人、扣缴义务人的区别。

负税人是指实际承担税负的单位和个人。纳税人与负税人可能一致,也可能不一致。当某一税种的税负可以转嫁时,该税种的纳税人与负税人不一致,该税种为间接税;如果某一税种的纳税人和负税人一致,则说明该税种是不能转嫁的,是直接税。

扣缴义务人是指按照税法规定负有扣缴税款义务的单位和个人。扣缴义务人不是纳税

微课：
税制要素

主体，而是纳税人和税务机关的中介，应按税务机关和税法的要求认真履行扣缴税款义务。扣缴义务人可分为代扣代缴义务人和代收代缴义务人。代扣代缴义务人是指有义务从持有的纳税人收入中扣除其应纳税款并代为缴纳的企业、单位或个人；代收代缴义务人是指有义务借助与纳税人的经济往来而向纳税人收取应纳税款并代为缴纳的单位和个人。

（二）征税对象

征税对象又称课税对象，即税法中规定的征税的目的物，是征税的依据，解决对什么征税的问题。征税对象是一种税区别于另一种税的主要标志。现代税制下主要的课税对象有所得、消费和财富，如流转税的征税对象是商品流通过程中的流转额、所得税的征税对象是所得额。

征税对象用计税依据和税目来进行具体描述。计税依据解决如何计量的问题，两种主要的计税依据分别是计税金额（从价税）和计税数量（从量税）；税目是征税对象具体项目的文字描述。

（三）税目

税目是征税对象的具体化，反映各税种具体的征税项目，体现每个税种的征税广度。凡列入税目的即为应税项目，未列入税目的则不属于应税项目。

并非所有税种都规定税目，对那些征税对象简单明确的税种，如房产税、契税等，就不必另行规定税目。对于大多数税种来说，由于征税对象比较复杂，而且对税种内部不同的征税对象又需要采用不同的税率，因此就需要对该税种的征税对象做进一步划分，做出具体的界限规定，这个规定的界限范围就是税目。例如，消费税按应税消费品种类划分为15个税目。

（四）税率

税率是计算税额的尺度，代表课税的深度，关系着国家的收入多少和纳税人的负担程度，因而它是税收政策的中心环节。我国目前主要有以下几种税率的形式。

1. 比例税率

比例税率是指对同一征税对象或同一税目，不论金额大小都按同一比例纳税，税额与征税对象之间的比例是固定的，如增值税的基本税率为13%、企业所得税的基本税率为25%。比例税率具体包括产品比例税率、行业比例税率、地区差别比例税率、有幅度的比例税率。

比例税率的特点是，税率不随征税对象数额的变动而变动，征税对象数额越大，纳税人相对直接负担越轻，计算越简便。但是，它没有考虑纳税人的环境、条件及收入差异等，都按同一税率征税，税额与征税对象成正比，这与纳税人的实际负担能力不完全相符。

2. 定额税率

定额税率是对单位征税对象规定固定的税额，比如消费税中黄酒的税率为240元/吨，印花税中权利许可证照的税率为5元/件。

定额税率的基本特点是税率与征税对象的价值量脱离了联系，不受课税对象价值量变化的影响。它适用于对价格稳定、质量等级和品种规格单一的大宗产品征税的税种。由于产品价格变动的总趋势是上升的，因此产品的税负就会呈现累退性。

3. 累进税率

累进税率是根据征税对象数额的逐渐增大,按不同等级逐步提高的税率。征税对象数额越大,税率越高。按照累进依据和累进方式不同,累进税率可分为全额累进税率、超额累进税率和超率累进税率3种。

① 全额累进税率是按征税对象数额的逐步递增划分为若干等级,并按等级规定逐步提高的税率。征税对象的金额达到哪一个等级,全部按相应的税率征税。

其计算方法简单,但存在累进分界点上税负呈跳跃式递增的情况,税负不够合理。目前,我国的税收法律制度中已不采用这种税率。

② 超额累进税率是将征税对象数额的逐步递增划分为若干等级,并按等级规定相应的递增税率,对每个等级分别计算税额。也就是说,每超过一级,超过部分按提高一级的税率计税,分别计算各等级税额,各等级应纳税额之和就是纳税人的应纳税额。

其计算方法比较复杂,征税对象数量越大,包括等级越多,计算步骤也越多;但是累进幅度比较缓和,税收负担较为合理。目前,我国个人所得税中的综合所得、经营所得使用超额累进税率。

> **思中学**
>
> 全额累进税率与超额累进税率有什么区别?
>
> 给定一个累进税率表(见表1-1),假定甲、乙、丙三人的征税对象数额分别为甲1 500元、乙1 501元、丙5 000元。分别按照全额累进税率和超额累进税率计算税额。

表1-1 累进税率表

级　数	课税对象级距	税率
1	1 500元以下(含)	3%
2	1 500～4 500元(含)	10%
3	4 500～9 000元(含)	20%

讨论提示:
按照全额累进税率和超额累进税率计算的税额与区别

③ 超率累进税率是按征税对象的某种递增比例划分为若干等级,按等级规定相应的递增税率,对每个等级分别计算税额。它与超额累进税率在原理上相同,不过税率累进的依据不是绝对数,而是增值率等相对数。目前,我国的土地增值税采用这种税率。

(五)纳税环节

纳税环节是指税法规定的征税对象在从生产到消费的流转过程中应当缴纳税款的环节。有的纳税环节单一,即一次课税,如我国的车辆购置税只在消费环节征税;有的需要在不同环节分别纳税,即多次课税,如我国的增值税在商品流通的每个环节都要纳税。

(六)纳税期限

纳税期限是指纳税人的纳税义务发生后应依法缴纳税款的期限,包括纳税义务发生时间、纳税期限和缴库期限。规定纳税期限既是为了及时保证国家财政收入的实现,也是税收强制性和固定性的体现。纳税期限分为按期纳税,如增值税;按次纳税,如耕地占用税;按年纳税,但要分期预缴或缴纳,如企业所得税、房产税、城镇土地使用税等。

(七)纳税地点

纳税地点是指按照税法规定向征税机关申报纳税的具体地点。它解决了纳税人应向哪里的征税机关申报纳税,以及哪里的征税机关有权进行税收管辖的问题,有利于对税款的源泉进行控制。我国税法上规定的纳税地点主要是机构所在地、经济活动发生地、财产所在地、报关地等。

(八)税收减免

税收减免包括减税和免税,是对某些纳税人或征税对象给予鼓励和照顾的一些特殊措施。减税是指对征税款减少征收部分税款;免税是对按规定应征收的税款给予免除。具体可分为税基式减免、税率式减免和税额式减免3种形式。

1. 税基式减免

税基式减免是指通过直接缩小计税依据的方式来实现的减税免税,形式包括起征点、免征额、项目扣除和跨期结转等。

① 起征点是指计税依据达到税法规定数额开始征税的起点。对计税依据数额未达到起征点的不征税,达到起征点的按全部数额征税。

② 免征额是指在计税依据总额中免予征税的数额。对征税对象中的一部分给予减免,只就减除后的剩余部分征税。

③ 项目扣除是指在计税依据中扣除一定项目的数额,以其余额作为依据计算税额。

④ 跨期结转是指将以前纳税年度的经营亏损从本纳税年度经营利润中扣除。

> **思中学**
>
> 全额累进税率与超额累进税率有什么区别?
> 《中华人民共和国个人所得税法》规定,居民个人的综合所得,以每一纳税年度的收入额减除费用60 000元(5 000元/月)及专项扣除、专项附加扣除和依法确定的其他扣除后的余额为应纳税所得额。减除费用5 000元是起征点还是免征额?

2. 税率式减免

税率式减免是指通过直接降低税率的方式实现的减税免税。例如,企业所得税的基本税率是25%;经过认定的高新技术企业的企业所得税税率是15%。

3. 税额式减免

税额式减免是指通过直接减少应纳税额的方式实现的减税免税,包括全部免征、减半征收等。

(九)税收加征

税收加征增加纳税人的负担,形式包括地方附加、加成征收和加倍征收等。

1. 地方附加

地方附加简称附加,是指地方政府按照规定的比例值与正税一起征收的列入地方预算外收入的一种款项。税收附加是对税种的附加,以正税税额为依据,按规定的附加率计算附加额,如地方教育附加。

2. 加成征收

加成征收是指按法定税率计算出应纳税额后,再以应纳税额为依据加征一定成数的税额。加征一成相当于应纳税额的10%,加征成数一般规定在1～10成。

3. 加倍征收

加倍征收是指按法定税率计算出应纳税额后,再以应纳税额为依据加征一定倍数的税额。加征10成即为加征1倍。

(十) 违章处理

违章处理是对纳税人发生违反税法行为采取的惩罚措施,是税收强制性的体现。纳税人必须按期足额缴纳税款,凡有拖欠税款、逾期不缴税、偷税逃税等违反税法行为的都应受到制裁,包括行政处罚制裁和法律制裁等。违章处理的措施主要有加收滞纳金、处以罚款、税收保全措施、税收强制执行措施等。

四、税务机构和税收征管范围

中央政府设立国家税务总局(正部级),省及省以下税务机构设立税务局。

目前,我国的税收分别由税务局、海关负责征收管理。其中,税务局负责征收增值税、消费税、城市维护建设税、教育费附加、地方教育附加、企业所得税、个人所得税、车辆购置税、印花税、资源税、城镇土地使用税、土地增值税、房产税、车船税、契税、环境保护税等。海关负责征收关税、船舶吨税,同时负责代征进出口环节的增值税和消费税。

任务情境二

会计专业毕业生小张大学毕业后创办了一家工作室,她去市场监督管理部门办理了营业执照。"办完营业执照,工作人员告诉我,有营业执照上这个统一社会信用代码就可以了,不需要再去税务机关领取税务登记证。可是,没有税务登记证,涉税业务该如何办理呢?""如果工作室后期搬迁,需要向税务机关办理变更登记手续吗?"对此,小张很是困惑。

任务要求

(一) 领取营业执照后,是否需要去税务机关领取税务登记证?

(二) 工作室后期搬迁,是否需要向税务机关办理变更登记手续?

知识研学

任务二　税务登记

税务登记是指税务机关依据税法规定,对纳税人的生产、经营活动进行登记管理的一项法定制度,也是纳税人依法履行纳税义务的法定手续。税务登记是整个税收征收管理的

微课:
企业涉税事项

起点。企业税务登记的范围主要涉及设立登记、变更税务登记、停业复业登记、注销税务登记、跨区域涉税事项报验管理及增值税一般纳税人认定登记。

一、设立登记

（一）"五证合一""一照一码"登记制度

2016年10月1日起，全国范围内正式实施"五证合一""一照一码"。"五证合一""一照一码"登记制度是指将企业、农民专业合作社登记时依次申请，分别由工商部门核发工商营业执照、质量技术监督部门核发组织机构代码证、税务部门核发税务登记证、统计部门核发统计登记证、社会保障部门核发社会保险登记证，改为一次申请、由市场监督管理部门核发一个加载18位统一社会信用代码的营业执照的登记制度。

拓中学：
税务登记相关表单

（二）设立登记流程

市场监督管理部门统一受理并核发"一照一码"的营业执照，当企业领取加载统一社会信用代码的营业执照后，无须再次进行税务登记，也不再领取税务登记证。企业在领取营业执照的同时，相关信息已通过市场监督管理部门共享到税务部门。但纳税人应在领取营业执照后15日内，去税务部门完成信息确认。在税务部门完成信息确认后，纳税人凭加载统一社会信用代码的营业执照即可代替税务登记证使用。

纳税人在首次办理涉税事宜时，税务部门应当根据市场监督管理部门共享的登记信息制作"多证合一"登记信息确认表（见拓中学：税务登记相关表单），交由纳税人进行确认，提醒纳税人对其中不全的信息进行补充，对不准的信息进行更正，对需要更新的信息进行补正。

任务分析（一）

领取完营业执照，小张无须再次进行税务登记，但是小张应在领取营业执照后15日内去税务部门完成信息确认。在税务部门完成信息确认后，纳税人凭加载统一社会信用代码的营业执照即可代替税务登记证使用。

二、变更税务登记

（一）办理变更税务登记的情形

已领取"一照一码"营业执照的企业，如果生产经营地址、财务负责人、核算方式、从业人数、办税人等信息发生变化，则应向主管税务机关申请办理变更登记。除上述信息以外的其他登记信息发生变化的，应向市场监督管理部门申请办理变更登记。

（二）办理变更税务登记的程序

纳税人应当向主管税务机关提出变更信息申请，填写变更税务登记表（见拓中学：税务登记相关表单），并按照主管税务机关的要求提供变更信息的有关证明文件原件及复印件、"一照一码"营业执照等材料。

纳税人填写完相关内容后，在相关位置盖上单位公章并在经办人签章、法定代表人（负责人）签章处签上相关人员姓名，然后将变更税务登记表交至税务登记窗口。

疑中学　　　　　　企业地址跨区变更后，税务要办理变更吗？

答：需要。纳税人因住所、经营地点变更，涉及改变税务登记机关的，应当在向工商行政管理机关或其他机关申请办理变更、注销登记前，或者住所、经营地点变动前，持有关证件和资料，向原税务登记机关申报办理注销税务登记，并自注销税务登记之日起30日内向迁达地税务机关申报办理税务登记。

任务分析（二）

已领取"一照一码"营业执照的企业，如果生产经营地址、财务负责人、核算方式、从业人数、办税人等信息发生变化，则应向主管税务机关申请办理变更登记，不向市场监督管理部门申请变更。因此，工作室后期搬迁，需要向主管税务机关申请办理变更登记。

三、停业复业登记

（一）办理停业复业登记的情形

实行定期定额征收的个体工商户或比照定期定额户进行管理的个人独资企业暂停经营的，应当在停业前向主管税务机关办理停业登记，停业期不得超过一年。办理停业报告的纳税人恢复生产经营的，应当向主管税务机关办理复业报告。

（二）办理停业复业登记的程序

纳税人在申报办理停业登记时，应如实填写停业申请登记表，说明停业理由、停业期限、停业前的纳税情况和发票的领、用、存情况，并结清应纳税款、滞纳金、罚款。主管税务机关应收回其发票领购簿、未使用完的发票和其他税务证件。纳税人在停业期间发生纳税义务的，应当按照税收法律、行政法规的规定申报缴纳税款。

纳税人应当于恢复生产经营之前，向主管税务机关申报办理复业登记，如实填写停业复业报告书（见拓中学：税务登记相关表单），领回并启用发票领购簿及其停业前领购的发票；纳税人停业期满不能及时恢复生产经营的，应当在停业期满前到主管税务机关办理延长停业登记，并如实填写停业复业报告书。

纳税人停业期满未按期复业又不申请延长停业的，视为已恢复生产经营，主管税务机关将把其纳入正常管理，并按核定税额按期征收税款。

四、注销税务登记

注销税务登记是指纳税人由于出现法定情形终止纳税义务时，向原主管税务机关申请办理的取消税务登记的手续。办理了注销税务登记的，该当事人不再接受原主管税务机关的管理。

（一）注销税务登记的情形

纳税人申请税务注销的情形如下。

① 因解散、破产、撤销等情形，依法终止纳税义务的。

② 按规定不需要在市场监督管理机关或其他机关办理注销登记的，但经有关机关批准或宣告终止的。

③ 被市场监督管理机关吊销营业执照或其他机关予以撤销登记的。

④ 因住所、经营地点变动，涉及改变税务登记机关的。

⑤ 外国企业常驻代表机构驻在期届满，提前终止业务活动的。

⑥ 境外企业在中华人民共和国境内承包建筑、安装、装配、勘探工程和提供劳务，项目完工、离开中国的。

⑦ 非境内注册居民企业经国家税务总局确认终止居民身份的。

（二）办理注销税务登记的流程

已实行"一照一码"登记模式的纳税人办理注销税务登记，须先向主管税务机关申报清税，填写清税申报表（见拓中学：税务登记相关表单）。纳税人填写完相关内容后，在相关位置盖上单位公章并在经办人签章、法定代表人（负责人）签章处签上相关人员姓名，然后将清税申报表交至税务登记窗口。受理税务机关根据清税结果向纳税人统一出具清税证明。

纳税人办理注销税务登记前，应当向主管税务机关提交相关证明文件和资料，结清应纳税款、多退（免）税款、滞纳金和罚款，缴销发票及相关税务证件，经主管税务机关核准后，办理注销税务登记手续。

五、跨区域涉税事项报验管理

跨区域涉税事项报验管理是指从事生产、经营的纳税人跨省税务机关管辖区域临时从事生产、经营活动的，应当向主管税务机关办理跨区域涉税事项报告，向经营地税务机关报验登记，接受税务管理，在经营活动结束后向外出经营地税务机关填报经营地涉税事项反馈。

需要跨区域临时从事生产、经营的纳税人，应当在外出生产经营以前向主管税务机关提出申请，如实填报跨区域涉税事项报告表（见拓中学：税务登记相关表单）。跨区域涉税事项由纳税人首次在经营地办理涉税事宜时，向经营地的税务机关报验跨区域涉税事项，并接受经营地税务机关的管理。

纳税人跨区域经营活动结束后，应当结清经营地税务机关的应纳税款及其他涉税事项，向经营地的税务机关填报经营地涉税事项反馈表（见拓中学：税务登记相关表单）。经营地的税务机关核对后，及时将相关信息反馈给机构所在地的税务机关。纳税人不需要另行向机构所在地的税务机关反馈。

六、增值税一般纳税人资格登记

增值税纳税人分为一般纳税人和小规模纳税人两类（项目二中有详细介绍），预计年应征增值税销售额达到规定标准（500万元以上）的，除另有规定外，应当向主管税务机关申请一般纳税人资格认定。

一般纳税人总、分支机构不在同一县（市）的，应分别向其机构所在地主管税务机关申请办理一般纳税人登记；小规模纳税人如果会计核算健全，能够提供准确的税务资料，则也可以向主管税务机关申请一般纳税人登记。

任务三　发票管理

一、发票的认知

发票是在购销商品、提供或接受服务及从事其他经营活动中，开具、取得的收付款凭证。它是经营活动首付款的法定凭证，既是核算纳税人经营活动相关业务的原始凭证，也是税务稽查的重要依据。

微课：
发票的管理和使用

（一）发票的种类

按照增值税抵扣分类，增值税发票可分为增值税专用发票和增值税普通发票两类。

1. 增值税专用发票

增值税专用发票是增值税一般纳税人销售（或提供）货物、劳务、服务、无形资产和不动产开具的发票，是购买方支付增值税税额并可按照增值税有关规定据以抵扣增值税进项税额的凭证。

增值税专用发票的基本联次为三联：发票联、抵扣联和记账联。发票联作为购买方核算采购成本和增值税进项税额的记账凭证；抵扣联作为购买方报送主管税务机关认证和留存备查的凭证；记账联作为销售方核算销售收入和增值税销项税额的记账凭证。

法规：
《中华人民共和国发票管理办法》

自2020年2月1日起，增值税小规模纳税人（其他个人除外）发生增值税应税行为，需要开具增值税专用发票的，可以自愿使用增值税发票管理系统自行开具。选择自行开具增值税专用发票的小规模纳税人，税务机关不再为其代开增值税专用发票。增值税一般纳税人有下列情形之一的，不得领用开具增值税专用发票。

① 会计核算不健全，不能向税务机关准确提供增值税销项税额、进项税额、应纳税额数据及其他有关增值税税务资料的。其他有关增值税税务资料的内容，由省、自治区、直辖市和计划单列市税务局确定。

② 有《税收征管法》规定的税收违法行为，拒不接受税务机关处理的。

③ 有下列行为之一，经税务机关责令限期改正而仍未改正的。

- 虚开增值税专用发票。
- 私自印制增值税专用发票。
- 向税务机关以外的单位和个人买取增值税专用发票。
- 借用他人的增值税专用发票。
- 未按规定要求开具增值税专用发票。
- 未按规定保管增值税专用发票和专用设备。

智能纳税管理

- 未按规定申请办理防伪税控系统变更发行。
- 未按规定接受税务机关检查。

2020年6月，增值税电子专用发票可在增值税发票综合服务平台开具，并且在全国增值税发票查验平台查验。

2. 增值税普通发票

增值税普通发票是增值税小规模纳税人销售（或提供）货物、劳务、服务、无形资产和不动产开具的发票。一般纳税人在销售货物或提供应税劳务而不能开具增值税专用发票时，也可以使用增值税普通发票。除农产品销售发票、通行费发票、收费公路通行费增值税电子普通发票（简称通行费电子发票）及国内旅客运输服务的增值税电子普通发票、航空运输电子客票行程单、铁路车票和公路、水路等其他客票外，增值税普通发票不能作为抵扣增值税进项税额的凭证。

增值税普通发票种类很多，格式、规格和联次不尽一致。增值税普通发票的基本联次包括存根联、发票联、记账联：存根联由收款方或开票方留存备查；发票联由付款方或受票方作为付款原始凭证；记账联由收款方或开票方作为记账原始凭证。

目前，常用增值税普通发票主要有增值税普通发票、机动车销售统一发票、增值税电子普通发票、收费公路通行费增值税电子普通发票、增值税普通发票（卷票）、增值税普通发票（折叠票）、门票、过路（过桥）费发票、定额发票、二手车销售统一发票和印有本单位名称的增值税普通发票等。

（二）发票的基本内容

发票的基本内容包括发票的名称、发票代码和号码、发票联次及用途、客户名称、商品名称及经营项目、计量单位、数量、单价、金额、开票人、开票日期、开票单位（人）名称（章）等。此外，发票还应包括购销双方的经营地址、电话、纳税人识别号、开户银行及账号、税率、税额等内容。

二、发票的领购与开具

（一）发票的领购

依法办理涉税登记的单位和个人，在领取加载统一社会信用代码的营业执照后可以申请领购发票，这是法定的发票领购对象。

依法不需要办理涉税登记的单位，发生临时经营业务需要使用发票的单位和个人，可以凭购销商品、提供或接受服务及从事其他经营活动的书面证明和经办人身份证明，向经营地税务机关申请代开发票。

临时到本省、自治区、直辖市以外从事经营活动的单位和个人，凭所在地主管税务机关开具的《外出经营税收管理证明》，在办理纳税担保的前提下，可向经营地税务机关申请领购经营地的发票。

（二）发票的开具

销售商品、提供服务及从事其他经营活动的单位和个人，对外发生经营业务收取款项，收款方应当向付款方开具发票。特殊情况下，由付款方向收款方开具发票。特殊情况是指

拓中学：
发票领购的手续与事宜

收购单位和扣缴义务人支付个人款项时开具的发票。

思中学

发票开具应注意哪些问题？

讨论提示：

发票开具应注意哪些问题

三、发票的保管

开具发票的单位和个人应当建立发票使用登记制度，设置发票登记簿，并定期向主管税务机关报告发票使用情况。

使用发票的单位和个人应当妥善保管发票。发生发票丢失情形时，应当于发现丢失当日书面报告给主管税务机关，并提交发票挂失损毁报告表一份。如果发票遗失、损毁且发票数量较大在报告表中无法全部反映，则还应提供挂失损毁发票清单一份。自 2019 年 7 月 24 日起，无论丢失专用发票、普通发票都不需要再提交发票丢失登报作废声明。

开具发票的单位和个人应当在办理变更或注销税务登记的同时，办理发票和发票领购簿的变更、缴销手续。使用增值税发票管理新系统的纳税人，发生注销或票种变更的，需要在增值税发票管理新系统中对未开具的发票进行退回或作废操作，并携带增值税发票、专用设备及相关资料到主管税务机关办理发票退回或缴销手续。

开具发票的单位和个人应当按照税务机关的规定存放和保管发票，不得擅自损毁。已经开具的发票存根联和发票登记簿，应当保存 5 年。保存期满，报经税务机关查验后销毁。

疑中学	纳税人同时丢失增值税专用发票的发票联和抵扣联，是否可以使用记账联复印件加盖章作为记账凭证？

答：《国家税务总局关于增值税发票综合服务平台等事项的公告》（国家税务总局公告 2020 年第 1 号）规定："四、纳税人同时丢失已开具增值税专用发票或机动车销售统一发票的发票联和抵扣联，可凭加盖销售方发票专用章的相应发票记账联复印件，作为增值税进项税额的抵扣凭证、退税凭证或记账凭证。"

拓中学：

增值税专用发票的使用及管理

任务四　纳税申报

纳税申报是指纳税人依照税法规定，定期就计算缴税款的有关事项向税务机关提交报告的法定手续。纳税申报既是纳税人履行纳税义务、承担法律责任的主要依据，也是税务机关税收管理信息的主要来源和税务管理的一项重要制度。

一、纳税申报的对象

纳税义务人和扣缴义务人为纳税申报的对象，二者均应在纳税申报期内进行纳税申报。无论其是否有收入、是否享受减免税优惠政策，均需要纳税申报。

二、纳税申报的内容

纳税人、扣缴义务人在法律、行政法规或税务机关依照法律、行政法规的规定确定的申报期限内，向税务机关进行纳税申报时，主要通过填制和上交纳税申报表及相关的财务资料来完成。

我国各种税种都有相应的纳税申报表，实行税源控制的税种还有扣缴义务人填报的代扣代缴税款报告表、代收代缴税款报告表，受托代征单位填写的委托代征税款报告表。为了全面反映纳税人一定时期内的生产、经营活动，纳税人在进行纳税申报时，除报送纳税申报表外，还要报送财务会计报表及其他相关资料。

三、纳税申报的方式

（一）直接申报

直接申报也称自行申报，是指纳税人、扣缴义务人在纳税期内直接到当地主管税务机关设立的办税服务厅进行申报纳税。该方式是我国传统的纳税申报方式。

（二）电子申报

电子申报也称数据电文申报，是指以税务机关确定的电话语音、电子数据交换和网络传输等电子方式进行纳税申报。其申报日期以税务机关计算机网络系统收到该数据电文的时间为准，与数据电文相对应的纸质申报资料的报送期限由税务机关确定。该申报方式运用了新的电子信息技术，代表着纳税申报方式的发展方向。其使用范围正在逐渐扩大，是我国目前重点推广的纳税申报方式。

（三）邮寄申报

邮寄申报是指经过税务机关批准的纳税人、扣缴义务人使用统一规定的纳税申报特快专递专用信封，通过邮政部门邮寄纳税申报表，并向邮政部门索取收据作为申报凭证的方式。邮寄申报以寄出的邮政日期为实际申报日期。该申报方式适用于到税务机关上门办理纳税申报有困难、电子申报条件不具备的纳税人或扣缴义务人。

（四）简易申报与简并征期

对实行定期定额方式缴纳税款的纳税人，可以实行简易申报、简并征期等申报纳税方式。简易申报是指纳税人在规定期限内按照税务机关核定的税额缴纳税款，以税务机关开具的完税凭证代替纳税申报；简并征期是指纳税人经税务机关批准，可以采取将纳税期限合并为按季、按半年、按一年的方式缴纳税款，具体期限由省级税务机关根据具体情况确定。

四、纳税申报的期限

（一）各税种的申报期限

缴纳增值税、消费税的纳税人，以一个月为一期纳税的，于期满后15日内申报，以1日、3日、5日、10日、15日为一期纳税的，自期满之日起5日内预缴税款，于次月1日起15日内申报并结算上月应纳税款。

缴纳企业所得税的纳税人应当在月份或季度终了后 15 日内，向其所在地主管税务机关办理预缴所得税申报，年度终了后在 5 个月内汇算清缴。

其他税种，税法已明确规定纳税申报期限的，按税法规定的期限申报。

税法未明确规定纳税申报期限的，按主管税务机关根据具体情况确定的期限申报。

（二）申报期限的顺延

纳税人办理纳税申报期限的最后一日，如遇公休、节假日，可以顺延。纳税人、扣缴义务人办理纳税申报期限的最后一日是法定休假日的，以休假日期满的次日为最后一日；在期限内有连续 3 日以上法定休假日的，按休假日天数顺延。

（三）延期办理纳税申报

纳税人、扣缴义务人、代征人按照规定的期限办理纳税申报或报送代扣代缴、代收代缴税款报告表、委托代征税款报告表确有困难，需要延期的，应当在规定的申报期限内向主管税务机关提出书面延期申请，经主管税务机关核准，在核准的期限内办理。因不可抗力情形，不能按期办理纳税申报或报送代扣代缴、代收代缴税款或委托代征税款报告的，可以延期办理。但是，应当在不可抗力情形消除后立即向主管税务机关报告。

任务五　税款缴纳

一、税款征收方式

（一）查账征收

查账征收是税务机关根据纳税人会计账簿等财务核算资料，依照税法规定计算征收税款的方式。这种方式适用于财务制度健全、核算严格规范、纳税意识较强的纳税人。

（二）查定征收

查定征收是税务机关根据纳税人生产能力、原材料、能源消耗情况及生产经营情况等因素查定核实其应纳税所得额，据以征收税款的方式。这种方式一般适用于经营规模较小、实行简易记账或会计核算不健全的纳税人。

（三）查验征收

查验征收是税务机关对纳税人的应税产品或商品通过核查数量的形式，按市场一般销售价格来计算出销售收入，并以此销售额来计算应纳税款的一种征收方式。这种方式一般适用于纳税人财务制度不健全、生产经营不固定、零星分散、流动性大的税源。

（四）定期定额征收

定期定额征收是税务机关对一些营业额和所得额难以准确计算的纳税人，根据纳税人自报和税务机关一定的审核评议程序，核定其一定时期应税收入和应纳税额，并按月或季度征收税款的方式。这种方式一般适用于生产经营规模小、不能准确计算营业额和所得额的小规模纳税人或小型的个体工商户。

（五）代收、代扣代缴

代收、代扣代缴是由支付人向纳税人支付款项时，由税法规定的由支付人代扣代缴税款的，支付人在支付时应该依法扣除税款，并按规定缴纳税款的方式。这种方式适用于有代收代缴、代扣代缴税款义务的单位和个人。

（六）委托代征

委托代征是税务机关依法委托有关单位和个人，代其向纳税人征收税款的方式。这种方式主要适用于零星、分散、流动性大的税款征收，如集贸市场税收、车船税等。

二、税款缴纳期限

（一）如期缴纳

所有的纳税人都应按照税法的规定如期缴纳税款。例如，企业所得税是按年计算，分月或分季预缴的，纳税人应于月份或季度终了后15日内预缴，年度终了后5个月内汇算清缴，多退少补。

（二）延期缴纳

纳税人有下列情形之一，不能按期缴纳税款的，经省、自治区、直辖市国家税务局批准，可以延期缴纳税款，但最长不得超过3个月。

① 因不可抗力，导致纳税人发生较大损失，正常生产经营受到较大影响的。

② 当期货币资金在扣除应付职工工资、社会保险费后，不足以缴纳税款的。

纳税人在申请延期缴纳税款时，必须以书面形式提出申请，税务机关应在收到申请延期缴纳税款报告之日起20日内做出批复，批准延期内免予加收滞纳金。

（三）限期缴纳

从事生产经营的纳税人、扣缴义务人未按照规定的期限缴纳税款的，纳税担保人未按照规定的期限缴纳所担保的税款的，由税务机关发出限期缴纳税款通知书，责令其限期缴纳。责令限期缴纳的最长期限不得超过15日。

税务机关发出催缴税款通知书，责令限期缴纳税款，纳税人如未能按期缴纳税款，就要加收滞纳金。加收滞纳金的起止日期为法律、行政法规规定的税款缴纳期限届满次日起至纳税人、扣缴义务人实际缴纳税款或解缴税款之日止。纳税人拒绝缴纳滞纳金的，可以按不履行纳税义务实行强制措施。

三、税款的补缴、追征与退还

（一）税款的补缴与追征

因税务机关责任造成，致使纳税人、扣缴义务人未缴或少缴税款的，税务机关可以在3年内要求纳税人、扣缴义务人补缴税款，不加收滞纳金。因纳税人、扣缴义务人计算失误等原因造成未缴或少缴税款的，税务机关可以在3年内追征税款、滞纳金；累计数额在

10万元以上的，追征期可以延长到5年。

抗税、偷税的未缴或少缴税款，或者骗取税款，无限期征收。

（二）税款的退还

纳税人超过应纳税额缴纳的款项，税务机关发现后应当立即退回。纳税人自结算缴纳税款之日起3年内发现的，可向税务机关要求退还多缴的税款并加算银行同期存款利息，税务机关及时查实后应当立即退还。涉及从国库退还的，依照法律、行政法规有关国库管理的规定退还。

税务机关发现纳税人多缴税款的，应当自发现之日起10日内办理退还手续；纳税人发现多缴税款的，税务机关应自接到纳税人退还申请之日起30日内查实并办理退还手续。

四、税款征收措施

（一）纳税担保

纳税担保是指经税务机关同意或确认，纳税人或其他自然人、法人、经济组织以保证、抵押、质押的方式，为纳税人应当缴纳的税款及滞纳金提供担保的行为。纳税担保人包括以保证方式为纳税人提供纳税担保的纳税保证人和其他以未设置或未全部设置担保物权的财产为纳税人提供纳税担保的第三人。

纳税人有下列情况之一的，适用纳税担保。

① 税务机关有根据认为从事生产、经营的纳税人有逃避纳税义务行为，在规定的纳税期之前经责令其限期缴纳应纳税款，在限期内发现纳税人有明显的转移、隐匿其应纳税的商品、货物及其他财产或应纳税收入的迹象，责成纳税人提供纳税担保的。

② 欠缴税款、滞纳金的纳税人或其法定代表人需要出境的。

③ 纳税人与税务机关在纳税上发生争议而未缴清税款，需要申请行政复议的。

④ 税收法律、行政法规规定可以提供纳税担保的其他情形。

（二）税收保全

税务机关责令具有税法规定情形的纳税人提供纳税担保而纳税人拒绝或不能提供担保，税务机关可以采取下列税收保全措施：第一，书面通知纳税人开户银行或其他金融机构冻结纳税人的金额相当于应纳税款的存款；第二，扣押、查封纳税人的价值相当于应纳税款的商品、货物或其他财产。

（三）税收强制执行

从事生产经营的纳税人、扣缴义务人未按照规定的期限缴纳或解缴税款，纳税担保人未按照规定的期限缴纳所担保的税款，由税务机关责令限期缴纳，逾期仍未缴纳的，税务机关可以采取下列强制执行措施：第一，书面通知其开户银行或其他金融机构从其存款中扣缴税款；第二，扣押、查封、依法拍卖或变卖其价值相当于应纳税款的商品、货物或其他财产，以拍卖或变卖所得抵缴税款。

智能纳税管理

知识小结

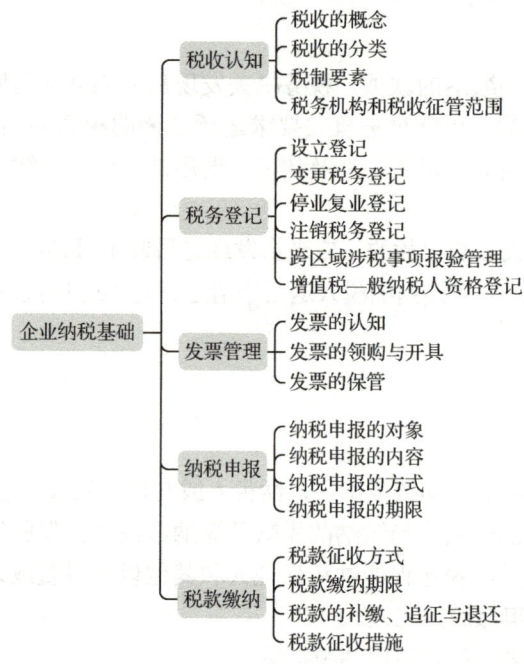

知识巩固

在线测试

一、单项选择题

1. 一般认为，税收是国家凭借（　　）参与社会产品的分配。
   A. 政治权力　　B. 经济权利　　C. 所有者权利　　D. 财产权利

2. （　　）是一个税种区别于另一个税种的主要标志，是税收制度的基本要素之一。
   A. 征税对象　　B. 纳税人义务　　C. 税率　　D. 纳税期限

3. （　　）体现了税收的深度。
   A. 纳税人　　B. 征税对象　　C. 税率　　D. 税基

4. 体现国家税收政策，作为税收制度中心环节的税收要素是（　　）。
   A. 纳税义务人　　B. 征税对象　　C. 纳税环节　　D. 税率

5. 已经开具的发票存根联和发票登记簿，应当保存（　　）年。
   A. 5　　B. 4　　C. 3　　D. 10

6. 下列属于税法构成要素的是（　　）。
   A. 应纳税额　　B. 纳税申报　　C. 纳税义务发生时间　　D. 纳税地点

7. 下列关于纳税申报管理的表述中，正确的是（　　）。
   A. 扣缴人不得采取邮寄申报的方式
   B. 纳税人在纳税期内没有应纳税额的，不必办理纳税申报
   C. 实行定期定额缴纳税款的纳税人可以实行简易申报、简并征期等申报方式
   D. 主管税务机关根据纳税人实际情况及其所纳税种确定的纳税申报期限不具有法律效力

二、多项选择题

1. 下列税种中，（　　　　）属于财产税。
   A. 个人所得税　　　B. 房产税　　　C. 车船税　　　D. 契税
2. 构成税法的3个重要的基本要素包括（　　　　）。
   A. 纳税义务人　　　B. 征税对象　　　C. 税目　　　D. 税率
3. 一般认为，税收的形式特征包括（　　　　）。
   A. 强制性　　　B. 无偿性　　　C. 广泛性　　　D. 固定性
4. 增值税专用发票的基本联次是（　　　　）。
   A. 发票联　　　B. 抵扣联　　　C. 记账联　　　D. 存根联
5. 以下（　　　　）情形不得领购发票。
   A. 会计核算不健全
   B. 有税收违法行为，但接受税务机关处理
   C. 有虚开增值税专用发票行为
   D. 有借用他人专用发票行为
6. 单位和个人开具发票时，必须做到（　　　　）。
   A. 内容真实
   B. 字迹清楚
   C. 联次完整，内容一致
   D. 在记账联上加盖发票印章
7. 根据《税收征管法》和《发票管理办法》的规定，下列关于发票管理规定正确的是（　　　　）。
   A. 税务机关是发票的主管机关，负责发票的印刷、领购、开具、保管、缴销的管理和监督
   B. 纳税人申请领购发票，主管税务机关有权要求其提供担保人，不能提供担保人的，可以视其情况，要求其提供保证金，并限期缴销发票
   C. 增值税专用发票由省、自治区、直辖市税务机关确定的企业印制
   D. 未经批准，任何单位和个人不得携带空白发票跨省开具
8. 下列关于税务机关实施税收保全措施的表述中，正确的是（　　　　）。
   A. 税收保全措施仅限于从事生产、经营的纳税人
   B. 只有在事实全部查清、取得充分证据的前提下才能进行
   C. 冻结纳税人的存款时，其数额要以相当于纳税人应纳税款的数额为限
   D. 个人及其家属维持生活必需的住房和用品，不在税收保全措施的范围之内

三、判断题

1. 定额税率的最大优点是计算简单，但税额会受商品价格变动的影响。（　　）
2. 所有税收征税对象数额超过起征点的，应就超过部分按使用税率计算征税。（　　）
3. 按税收和价格的关系，税收可分为从价税和从量税。（　　）
4. 年应税销售额超过规定标准的其他个人可以登记成一般纳税人。（　　）
5. 免税是对应纳税额全部免征。（　　）
6. 税率能体现国家征税的尺度或深度。（　　）
7. 税收是指国家为了实现其职能，凭借经济权利，根据法律、法规，对纳税人强制地、无偿地征收，取得财政收入的一种形式。（　　）
8. 纳税期限就是纳税义务发生时间。（　　）

项目二

增值税纳税实务

↘ 知识目标

- 掌握增值税一般纳税人和小规模纳税人的判定标准、征税范围、税率。
- 掌握不同情形下销售额的确定。
- 掌握可以从销项税额中抵扣的范围和不得抵扣的情形。
- 掌握一般计税方法应纳税额的计算。
- 掌握简易征税方法应纳税额的计算。
- 了解增值税出口退(免)税政策。
- 掌握增值税纳税申报表的填列方法。
- 熟悉增值税纳税申报流程和税款缴纳。

↘ 技能目标

- 能判定一般纳税人和小规模纳税人。
- 会判断哪些业务应当征收增值税。
- 会选择增值税适用税率。
- 能计算增值税一般纳税人应纳税额。
- 能计算小规模纳税人应纳税额。
- 能准确填写增值税申报表,并进行纳税申报。

↘ 素质目标

培养爱岗敬业、诚实守信、坚持准则、依法纳税、强化服务等职业道德。

任务情境

张平是义乌红星皮具有限公司的税务会计。该公司 2015 年 5 月 1 日被批准成为增值税一般纳税人,目前的纳税信用等级为 B 级。该公司主要从事皮具的生产、销售;公司地址为义乌市稠州北路 799 号;主管税务机关为义乌市税务局;统一社会信用代码为 911101060911564238;开户银行为交通银行义乌分行 110002049052486154477;法定代表人为李诚;财务负责人为张小燕。2021 年 9 月 6 日,张平准备申报缴纳本年 8 月的增值税,他查账得知增值税 8 月的期初余额为未交增值税 146 235 元。同时,张平将公司 8 月份增值税涉税业务整理如下。

① 8 月 1 日,向台州市华林机械设备有限公司支付车间设计制图费,取得的增值税专

用发票上注明设计费3 686元、增值税税额221.16元。

②8月2日,向温州汉森皮革贸易有限公司采购原材料头层牛皮。其中,荔纹头层牛皮28 000平方尺(约3 111.11平方米),单价18.3元;树皮纹头层牛皮30 000平方尺(约3 333.33平方米),单价24元。取得的增值税专用发票上注明价款1 232 400元、增值税税额160 212元。

③8月3日,收到义乌德润物流有限公司开具的增值税专用发票,确认上月发货运费,注明运费21 000元、增值税税额1 890元。

④8月4日,向杭州昌华勘察设计有限公司支付厂房勘察费,取得的增值税专用发票上注明勘察费15 000元、增值税税额900元。

⑤8月5日,向温州乐亭皮具商贸有限公司销售:单肩女包300个,单价499元;挎包450个,单价529元;大号背包300个,单价999元;中号背包300个,单价899元。适用税率均为13%,开具增值税专用发票。该商贸公司在当月10天内付清货款,按企业有关规定,给予了2%的销售折扣。

⑥8月6日,总经理邓伟业报销本月差旅费,交来航空运输电子客票行程单两张。其中,义乌到广州的行程单注明票价1 020元、机场建设费50元、燃油附加费50元;广州到义乌的行程单注明票价970元、机场建设费50元、燃油附加费50元。还有酒店开具的增值税专用发票一张,注明住宿费638元、适用税率6%、增值税税额38.28元。此外,还有增值税普通发票一张,注明餐饮费用2 000元。

⑦8月7日,从台州雅克机械设备有限公司购入铲皮机一台。取得的增值税专用发票上注明价款300 000元、增值税税额39 000元。

⑧8月8日,申报缴纳上月应纳税额146 235元。

⑨8月9日,委托义乌阿昌修理厂修理机器支付修理费2 000元。取得增值税专用发票,注明增值税税额260元。

⑩8月10日,从海宁海阳箱包材料有限公司购进辅助材料里布,取得的增值税专用发票上注明货款55 080元、增值税税额7 160.4元。

⑪8月11日,从永康金洲五金有限公司购入:拉链2 000码(约1 828.8米),单价4.6元;D字扣6 972个,单价5元;肩带8 000米,单价1.6元。取得的增值税专用发票上注明货款56 860元、增值税税额7 391.8元。

⑫8月12日,外购一台中央空调,取得增值税专用发票,注明价款100 000元、增值税税额13 000元。

⑬8月13日,收到管理部门杨元涛增值税专用发票一张,报销车辆加油费,注明油费2 000元、增值税税额260元。

⑭8月14日,向杭州银泰百货商场销售:单肩女包1 000个,单价514元;背包700个,单价949元。开具增值税专用发票。

⑮8月16日,支付给上海市合乐设计有限公司厂房设计费24 000元,收到增值税专用发票。

⑯8月17日,支付给上海德尚培训中心职工培训费3 200元。取得对方开具的增值税专用发票。

⑰8月18日,从义乌正阳实业有限公司购入水泥。购入后直接领用用于厂房建设,取

智能纳税管理

得的增值税专用发票上注明价款 100 000 元、增值税税额 13 000 元。

⑱ 8 月 19 日，支付给小规模纳税人杭州飞扬广告有限公司广告费 60 000 元。取得对方开具的增值税专用发票。

⑲ 8 月 20 日，支付给中国电信股份有限公司义乌分公司语音通话费和宽带费。收到其开具的增值税专用发票，注明服务费 2 250 元、税款 202.5 元。另外，还支付了短信费和数据流量费，收到开具的增值税专用发票上注明服务费 2 500 元、增值税税额 150 元。

⑳ 8 月 21 日，委托义乌日新机电有限公司修理设备支付修理费 8 000 元。收到增值税专用发票，注明增值税税额 1 040 元。

㉑ 8 月 22 日，完成广州市巴黎春天贸易有限公司委托加工订单。加工挎包和背包一批，开具增值税专用发票，注明加工费 1 649 129 元、增值税税额 214 386.77 元。

㉒ 8 月 28 日，购买 A4 纸、文件夹、记号笔等办公用品一批。收到义乌欣喜办公用品有限公司开具的增值税专用发票一张，注明费用 3 000 元、增值税税额 390 元。

㉓ 8 月 29 日，将上月 12 日购入的股票葵花药业 20 000 股全部卖出。成交价为 32 元 / 股，上月购入时的成交价为 27.5 元 / 股。

㉔ 8 月 31 日，支付给义乌市自来水公司水费。收到增值税专用发票一张，注明水费 2 070.6 元、增值税税额 186.35 元。

㉕ 8 月 31 日，支付给义乌市电力实业有限公司电费。收到增值税专用发票一张，注明电费 27 120 元、增值税税额 3 525.6 元。

㉖ 8 月 31 日，因仓管人员管理不当，60 平方尺（约 6.67 平方米）树皮纹头层牛皮被盗。不含税进价 1 392 元。

任务要求

（一）分析义乌红星皮具有限公司的哪些行为属于增值税应税行为。

（二）分析义乌红星皮具有限公司的销项税额。

（三）分析义乌红星皮具有限公司的进项税额。

（四）分析义乌红星皮具有限公司的应纳税额。

（五）填报义乌红星皮具有限公司 3 月增值税纳税申报表。

知识研学

法规：
中华人民共和国
增值税法（征求
意见稿）

任务一　　增值税认知

我国于 1979 年开始选择部分城市对农业机具、机械等行业进行增值税的试点。1993 年 12 月 13 日，国务院发布《中华人民共和国增值税暂行条例》，构建起生产型增值税体系。自 2009 年 1 月 1 日起，我国增值税由生产型转为消费型。2012 年 1 月 1 日，在上海市开展交通运输业和部分现代服务业营业税改征增值税（以下简称营改增）试点。2016 年 5 月 1 日，在全国范围内全面实行营改增。

项目二　增值税纳税实务

增值税是我国现阶段税收收入规模最大的税种。增值税是指对在我国境内销售货物、提供加工、修理修配劳务，销售服务、无形资产或不动产，以及进口货物的单位和个人，就其销售货物、劳务、服务、无形资产或不动产的增值额和进口货物金额为计税依据而课征的一种流转税。

一、增值税的纳税人

在中华人民共和国境内销售货物、提供加工修理修配劳务、销售服务、销售无形资产、销售不动产，以及进口货物的单位和个人，为增值税的纳税人。

具体而言，在境内销售货物指的是销售货物的起运地或所在地在境内；在境内提供应税劳务指的是应税劳务发生地在境内；在境内销售服务、无形资产或不动产指的是：

拓中学：
增值税的类型

① 服务（租赁不动产除外）或无形资产（自然资源使用权除外）的销售方或者购买方在境内。
② 所销售或租赁的不动产在境内。
③ 所销售自然资源使用权的自然资源在境内。

境外单位或个人下列业务不属于境内销售服务或无形资产。
① 向境内单位或个人销售完全在境外发生的服务。
② 向境内单位或个人销售完全在境外使用的无形资产。
③ 向境内单位或个人出租完全在境外使用的有形动产。
④ 为出境函件包裹在境外提供的邮政、收派服务。
⑤ 向境内单位或个人提供的工程施工地点在境外的建筑、工程监理服务。
⑥ 向境内单位或个人提供的工程、矿产资源在境外的工程勘察勘探服务。
⑦ 向境内单位或个人提供的会议展览地点在境外的会议展览服务。

微课：
增值税的纳税人

其中，单位是指企业、行政单位、事业单位、军事单位、社会团体及其他单位；个人是指个体工商户和其他个人。

境外的单位或个人在境内提供应税劳务，在境内未设有经营机构的，其应纳税款以境内代理人为扣缴义务人；在境内没有代理人的，以购买者为扣缴义务人。

为了便于征管，我国将增值税纳税人按其经营规模及会计核算是否健全，划分为一般纳税人和小规模纳税人。对小规模纳税人，采取简易办法计税。

> **疑中学**　　下列业务属于在我国境内发生增值税应税行为的是（　　）。
> A. 英国会展单位在我国境内某单位提供会议展览服务
> B. 境外企业在巴基斯坦为我国提供工程勘察勘探服务
> C. 我国境内单位转让在德国境内的不动产
> D. 韩国航运公司将中国公民赵某从韩国运送至日本
> 解析：A。选项B，不属于在境内销售服务；选项C，不属于在境内销售不动产；选项D，不属于在境内销售服务。

（一）小规模纳税人

小规模纳税人是指年应税销售额在500万元及以下，并且会计核算不健全，不能按规

智能纳税管理

定报送有关税务资料的增值税纳税人。年应税销售额是指纳税人在连续不超过12个月或4个季度的经营期内累计应征增值税销售额。如果该销售额为含税的，则应按照适用税率或征收率换算为不含税的销售额。

注意，虽然年应税销售额未超过规定标准，但是会计核算健全，能够提供准确税务资料的纳税人，可以向主管税务机关办理一般纳税人登记。会计核算健全，是指能够按照国家统一的会计制度规定设置账簿，根据合法、有效凭证进行核算。

年应税销售额超过小规模纳税人标准的其他个人按小规模纳税人纳税；不经常发生应税行为的单位和个体工商户可选择按小规模纳税人纳税。另外，兼有销售货物、提供加工修理修配劳务及其他应税行为，且不经常发生应税行为的单位和个体工商户也可选择按照小规模纳税人纳税。

（二）一般纳税人

1. 一般纳税人的标准

小规模纳税人以外的增值税纳税人为增值税一般纳税人。注意，年应税销售额超过规定标准的其他个人不属于一般纳税人。

2. 增值税一般纳税人的资格登记

纳税人年应税销售额超过规定的小规模纳税人标准的，应当向主管税务机关办理一般纳税人登记。不得办理一般纳税人登记的是：

① 按规定选择按照小规模纳税人纳税的，应当向主管税务机关提交《选择按小规模纳税人纳税的情况说明》的书面说明。

② 年应税销售额超过规定标准的其他个人。

纳税人应当向其机构所在地主管税务机关办理一般纳税人登记手续。纳税人登记为一般纳税人后，不得转为小规模纳税人，国家税务总局另有规定的除外。

拓中学：
增值税一般纳税人的资格登记程序和时限

思中学

两类纳税人哪个对纳税人有利？

二、增值税的征税范围

微课：
增值税的征税范围

在中国境内销售货物，提供加工、修理修配劳务，销售服务、无形资产、不动产及进口货物，是征税范围的一般情形，视同销售、混合销售、兼营行为是增值税征税范围的特殊行为。

（一）销售货物

销售货物是指有偿转让货物的所有权。有偿是指从购买方取得货币、货物或其他经济利益；货物是指有形动产，包括电力、热力、气体。

任务分析（一）

义乌红星皮具有限公司主营业务是皮具的生产、销售，在3月份的各项业务中：第⑤

笔业务和第⑭笔业务都是有偿转让了货物的所有权，属于在我国境内销售货物的行为，均应缴纳增值税。

（二）提供加工、修理修配劳务

加工是受托加工货物，即委托方提供原料及主要材料，受托方按照委托方的要求制造货物并收取加工费的业务；修理修配是受托方对损伤和丧失功能的货物进行修复，使其恢复原状和功能的业务。加工、修理修配是应当征收增值税的劳务，简称应税劳务。这里的"提供加工、修理修配劳务"指的是有偿提供加工、修理修配劳务，单位或者个体经营者聘用的员工为本单位或雇主提供加工、修理修配劳务则不包括在内。

思中学

修桥属于修理修配劳务吗？

任务分析（一）

义乌红星皮具有限公司第㉑笔业务属于提供加工劳务的行为，即广州巴黎春天贸易有限公司提供原料及主要材料，义乌红星皮具有限公司按照委托方的要求加工挎包和背包并收取加工费，应按规定缴纳增值税。

（三）销售服务

销售服务是指提供交通运输服务、邮政服务、电信服务、建筑服务、金融服务、现代服务、生活服务。

1. 交通运输服务

交通运输服务是指利用运输工具将货物或旅客送达目的地，使其空间位置得到转移的业务活动，包括陆路运输服务、水路运输服务、航空和航天运输服务、管道运输服务。

（1）陆路运输服务

陆路运输服务是指通过陆路（地上或地下）运送货物或旅客的运输业务活动，包括铁路运输服务和其他陆路运输服务。

出租车公司向使用本公司自有出租车的出租车司机收取的管理费用，按照陆路运输服务缴纳增值税。

（2）水路运输服务

水路运输服务是指通过江、河、湖、川等天然、人工水道或者海洋航道运送货物或旅客的运输业务活动。

水路运输的程租、期租业务属于水路运输服务。程租业务是运输企业为租船人完成某一特定航次的运输任务并收取租赁费的业务；期租业务是运输企业将配备有操作人员的船舶承租给他人使用一定期限，承租期内听候承租方调遣，不论是否经营均按天向承租方收取租费，发生的固定费用均由船东负担的业务。

（3）航空和航天运输服务

航空运输服务是通过空中航线运送货物或旅客的运输业务活动。

航空运输的湿租业务属于航空运输服务。湿租业务是航空运输企业将配备有机组人员的飞机承租给他人使用一定期限，承租期内听候承租方调遣，不论是否经营均按一定标准向承租方收取租赁费，发生的固定费用均由承租方承担的业务。

航天运输服务按照航空运输服务缴纳增值税。航天运输服务是指利用火箭等载体将卫星、空间探测器等空间飞行器发射到空间轨道的业务活动。

（4）管道运输服务

管道运输服务是指通过管道设施输送气体、液体、固体物质的运输业务活动。

无运输工具承运业务按照交通运输服务缴纳增值税。无运输工具承运业务是经营者以承运人身份与托运人签订运输服务合同，收取运费并承担承运人责任，然后委托实际承运人完成运输服务的经营活动。

纳税人已售票但客户逾期未消费取得的运输逾期票证收入，按照交通运输服务缴纳增值税。

2. 邮政服务

邮政服务是指中国邮政集团公司及其所属邮政企业提供邮件寄递、邮政汇兑和机要通信等邮政基本服务的业务活动，包括邮政普遍服务、邮政特殊服务和其他邮政服务。

（1）邮政普遍服务

邮政普遍服务是指函件、包裹等邮件寄递，以及邮票发行、报刊发行和邮政汇兑等业务活动。

（2）邮政特殊服务

邮政特殊服务是指义务兵平常信函、机要通信、盲人读物和革命烈士遗物的寄递等业务活动。

（3）其他邮政服务

其他邮政服务是指邮册等邮品销售、邮政代理等业务活动。

3. 电信服务

电信服务是指利用有线、无线的电磁系统或光电系统等各种通信网络资源，提供语音通话服务，传送、发射、接收或应用图像、短信等电子数据和信息的业务活动，包括基础电信服务和增值电信服务。

（1）基础电信服务

基础电信服务是指利用固网、移动网、卫星、互联网提供语音通话服务的业务活动，以及出租或出售带宽、波长等网络元素的业务活动。

（2）增值电信服务

增值电信服务是指利用固网、移动网、卫星、互联网、有线电视网络提供短信和彩信服务、电子数据和信息的传输及应用服务、互联网接入服务等业务活动。

卫星电视信号落地转接服务按照增值电信服务缴纳增值税。

4. 建筑服务

建筑服务是指各类建筑物、构筑物及其附属设施的建造、修缮、装饰，线路、管道、设备设施等的安装及其他工程作业的业务活动，包括工程服务、安装服务、修缮服务、装饰服务和其他建筑服务。

（1）工程服务

工程服务是指新建、改建各种建筑物、构筑物的工程作业，包括与建筑物相连的各种设备或支柱、操作平台的安装或者装设工程作业，以及各种窑炉和金属结构工程作业。

（2）安装服务

安装服务是指生产设备、动力设备、起重设备、运输设备、传动设备、医疗实验设备及其他各种设备、设施的装配、安置工程作业，包括与被安装设备相连的工作台、梯子、栏杆的装设工程作业，以及被安装设备的绝缘、防腐、保温、油漆等工程作业。

固定电话、有线电视、宽带、水、电、燃气、暖气等经营者向用户收取的安装费、初装费、开户费、扩容费及类似收费，按照安装服务缴纳增值税。

（3）修缮服务

修缮服务是指对建筑物、构筑物进行修补、加固、养护、改善，使之恢复原来的使用价值或延长其使用期限的工程作业。

（4）装饰服务

装饰服务是指对建筑物、构筑物进行修饰装修，使之美观或具有特定用途的工程作业。

（5）其他建筑服务

其他建筑服务是指上列工程作业之外的各种工程作业服务，如钻井（打井）、拆除建筑物或构筑物、平整土地、园林绿化、疏浚（不包括航道疏浚）、建筑物平移、搭脚手架、爆破、矿山穿孔、表面附着物（包括岩层、土层、沙层等）剥离和清理等工程作业。

5. 金融服务

金融服务是指经营金融保险的业务活动，包括贷款服务、直接收费金融服务、保险服务和金融商品转让。

（1）贷款服务

贷款服务是指将资金贷与他人使用而取得利息收入的业务活动。

各种占用、拆借资金取得的收入，包括金融商品持有期间（含到期）利息（保本收益、报酬、资金占用费、补偿金等）收入、信用卡透支利息收入、买入返售金融商品利息收入、融资融券收取的利息收入，以及融资性售后回租、押汇、罚息、票据贴现、转贷等业务取得的利息及利息性质的收入，按照贷款服务缴纳增值税。

融资性售后回租是指承租方以融资为目的，将资产出售给从事融资性售后回租业务的企业后，从事融资性售后回租业务的企业将该资产出租给承租方的业务活动。其中承租方出售资产的行为不征收增值税。

以货币资金投资收取的固定利润或保底利润，按照贷款服务缴纳增值税。

（2）直接收费金融服务

直接收费金融服务是指为货币资金融通及其他金融业务提供相关服务并收取费用的业务活动，包括提供货币兑换、账户管理、电子银行、信用卡、信用证、财务担保、资产管理、信托管理、基金管理、金融交易场所（平台）管理、资金结算、资金清算、金融支付等服务。

（3）保险服务

保险服务是指投保人根据合同约定，向保险人支付保险费，保险人对于合同约定的可能发生的事故因其发生所造成的财产损失承担赔偿保险金责任,或者当被保险人死亡、伤残、疾病或达到合同约定的年龄、期限等条件时承担给付保险金责任的商业保险行为,包括人身保险服务和财产保险服务。

（4）金融商品转让

金融商品转让是指转让外汇、有价证券、非货物期货和其他金融商品所有权的业务活动。其他金融商品转让包括基金、信托、理财产品等各类资产管理产品和各种金融衍生品的转让。

任务分析（一）

义乌红星皮具有限公司第㉓笔业务属于金融商品的转让,按规定应缴纳增值税。

6. 现代服务

现代服务是指围绕制造业、文化产业、现代物流产业等提供技术性、知识性服务的业务活动,包括研发和技术服务、信息技术服务、文化创意服务、物流辅助服务、租赁服务、鉴证咨询服务、广播影视服务、商务辅助服务和其他现代服务。

（1）研发和技术服务

研发和技术服务包括研发服务、合同能源管理服务、工程勘察勘探服务、专业技术服务。其中,专业技术服务是指气象服务、地震服务、海洋服务、测绘服务、城市规划服务、环境与生态监测服务等专项技术服务。

（2）信息技术服务

信息技术服务是指利用计算机、通信网络等技术对信息进行生产、搜集、处理、加工、存储、运输、检索和利用,并提供信息服务的业务活动,包括软件服务、电路设计及测试服务、信息系统服务、业务流程管理服务和信息系统增值服务。

（3）文化创意服务

文化创意服务包括设计服务、知识产权服务、广告服务和会议展览服务。宾馆、旅馆旅社、度假村和其他经营性住宿场所提供会议场地及配套服务的活动,按照会议展览服务缴纳增值税。

（4）物流辅助服务

物流辅助服务包括航空服务、港口码头服务、货运客运场站服务、打捞救助服务、装卸搬运服务、仓储服务和收派服务。

（5）租赁服务

租赁服务包括融资租赁服务和经营租赁服务。

融资租赁服务属于金融服务；将建筑物、构筑物等不动产或飞机、车辆等有形动产的广告位出租给其他单位或个人用于发布广告,按照经营租赁服务缴纳增值税；车辆停放服务、道路通行服务（包括过路费、过桥费、过闸费等）等按照不动产经营租赁服务缴纳增值税；水路运输的光租业务、航空运输的干租业务属于经营租赁服务。

① 光租业务是指运输企业将船舶在约定的时间内出租给他人使用,不配备操作人员、不承担运输过程中发生的各项费用,只收取固定租赁费的业务活动。

② 干租业务是指航空运输企业将飞机在约定的时间内出租给他人使用,不配备机组人

员、不承担运输过程中发生的各项费用，只收取固定租赁费的业务活动。

（6）鉴证咨询服务

鉴证咨询服务包括认证服务、鉴证服务和咨询服务。

（7）广播影视服务

广播影视服务包括广播影视节目（作品）的制作服务、发行服务和播映（含放映）服务。

（8）商务辅助服务

商务辅助服务包括企业管理服务、经纪代理服务、人力资源服务、安全保护服务。

（9）其他现代服务

其他现代服务是指除上述服务以外的现代服务。

7. 生活服务

生活服务是指为满足城乡居民日常生活需求提供的各类服务活动，包括文化体育服务、教育医疗服务、旅游娱乐服务、餐饮住宿服务、居民日常服务和其他生活服务。

（1）文化体育服务

文化体育服务包括文化服务和体育服务。纳税人在游览场所经营索道、摆渡车、电瓶车、游船等取得的收入，按照文化体育服务缴纳增值税。

（2）教育医疗服务

教育医疗服务包括教育服务和医疗服务。各类培训、演讲、讲座、报告会等属于教育医疗服务。

> **思中学**
>
> 程租、期租、光租、湿租、干租分别属于什么服务？

（3）旅游娱乐服务

旅游娱乐服务包括旅游服务和娱乐服务。娱乐服务是指为娱乐活动同时提供场所和服务的业务，具体包括歌厅、舞厅、夜总会、酒吧、台球、高尔夫球、保龄球、游艺（包括射击、狩猎、骑马、游戏机、蹦极、卡丁车、热气球、动力伞、射箭、飞镖等）。

（4）餐饮住宿服务

餐饮住宿服务包括餐饮服务和住宿服务。提供餐饮服务的纳税人销售的外卖食品，按照餐饮服务缴纳增值税。纳税人以长（短）租形式出租酒店式公寓并提供配套服务的，按照住宿服务缴纳增值税。

（5）居民日常服务

居民日常服务是指主要为满足居民个人及其家庭日常生活需求提供的服务，包括市容市政管理、家政、婚庆、养老、殡葬、照料和护理、救助救济、美容美发、按摩、桑拿、氧吧、足疗、沐浴、洗染、摄影扩印等服务。

（6）其他生活服务

其他生活服务是指除上述服务以外的生活服务。

纳税人为客户办理退票而向客户收取的退票费、手续费等收入，纳税人对安装运行后的电梯提供的维护保养服务，纳税人提供植物养护服务，均按照其他生活服务缴纳增值税。

(四)销售无形资产

销售无形资产是指转让无形资产所有权或使用权的业务活动。无形资产是指不具实物形态,但能带来经济利益的产品,包括技术、商标、著作权、商誉、自然资源使用权和其他权益性无形资产。技术包括专利技术和非专利技术;自然资源使用权包括土地使用权、海域使用权、探矿权、采矿权、取水权和其他自然资源使用权;其他权益性无形资产包括基础设施资产经营权、公共事业特许权、配额、经营权(包括特许经营权、连锁经营权、其他经营权)、经销权、分销权、代理权、会员权、席位权、网络游戏虚拟道具、域名、名称权、肖像权、冠名权、转会费等。

(五)销售不动产

销售不动产是指转让不动产所有权的业务活动。不动产是指不能移动或移动后会引起性质、形状改变的财产,包括建筑物、构筑物等。建筑物包括住宅、商业营业用房、办公楼等可供居住、工作或进行其他活动的建造物;构筑物包括道路、桥梁、隧道、水坝等建造物。

转让建筑物有限产权或永久使用权的、转让在建的建筑物或构筑物所有权的,以及在转让建筑物或构筑物时一并转让其所占土地的使用权的,按照销售不动产缴纳增值税。

(六)进口货物

进口货物是指申报进入中国海关境内的货物。除享受免税政策的货物外,只要是报关进口的应税货物,均属于增值税的征税范围,在进口环节缴纳增值税。

(七)视同销售

1. 视同销售货物

单位或个体经营者的下列行为视同销售货物,征收增值税。
① 将货物交付其他单位或个人代销。
② 销售代销货物。
③ 设有两个以上机构并实行统一核算的纳税人,将货物从一个机构移送到其他机构用于销售,但相关机构设在同一县(市)的除外。
④ 将自产或委托加工的货物用于非增值税应税项目。
⑤ 将自产或委托加工的货物用于集体福利或个人消费。
⑥ 将自产、委托加工或购买的货物作为投资,提供给其他单位或个体工商户。
⑦ 将自产、委托加工或购买的货物分配给股东或投资者。
⑧ 将自产、委托加工或购买的货物无偿赠送给其他单位或个人。

2. 视同销售服务、无形资产或不动产

下列情形视同销售服务、无形资产或不动产。
① 单位或者个体工商户向其他单位或个人无偿提供服务,但用于公益事业或以社会公众为对象的除外。
② 单位或个人向其他单位或者个人无偿转让无形资产或不动产,但用于公益事业或以社会公众为对象的除外。

（八）混合销售

混合销售是指纳税人的一项销售行为，既涉及服务又涉及货物，如建材商店在销售木质地板的同时提供安装服务。在进行税务处理时，关键看主营业务是什么。从事货物的生产、批发或零售的单位和个体工商户的混合销售行为，按照销售货物缴纳增值税；其他单位和个体工商户的混合销售行为，按照销售服务缴纳增值税。此处所称从事货物的生产、批发或零售的单位和个体工商户，包括以从事货物的生产、批发或零售为主，并兼营销售服务的单位和个体工商户在内。

（九）兼营行为

纳税人兼营销售货物、劳务、服务、无形资产或不动产，适用不同税率或征收率的，应当分别核算适用不同税率或征收率的销售额；未分别核算的，从高适用税率。

> **做中学** 下列经营行为中，属于增值税混合销售行为的是（　　）。
> A. 商场销售相机及存储卡
> B. 商场销售办公设备并提供送货服务
> C. 疗养中心提供住宿并举办健康讲座
> D. 健身房提供健身场所并销售减肥药
> 解析：B。一项销售行为如果既涉及货物又涉及服务，则为混合销售。选项B表明，在销售货物的同时提供运输服务，因此属于混合销售行为。

（十）不征收增值税项目

① 根据国家指令无偿提供的铁路运输服务、航空运输服务，主要用于公益事业的服务。
② 存款利息。
③ 被保险人获得的保险赔付。
④ 房地产主管部门或其指定机构、公积金管理中心、开发企业及物业管理单位代收的住宅专项维修资金。
⑤ 纳税人在资产重组过程中，通过合并、分立、出售、置换等方式，将全部或部分实物资产及与其相关联的债权、负债和劳动力一并转让给其他单位和个人，其中涉及的货物转让行为。
⑥ 纳税人在资产重组过程中，通过合并、分立、出售、置换等方式，将全部或部分实物资产及与其相关联的债权、负债和劳动力一并转让给其他单位和个人，其中涉及的不动产、土地使用权转让行为。

三、增值税的税率

（一）基本税率

自2019年4月1日起，一般纳税人销售货物或进口货物，提供加工、修理修配劳务，提供有形动产租赁服务的，除适用低税率、零税率和征收率外，税率均为13%。

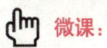

微课：增值税的税率与征收率

智能纳税管理

任务分析（一）

义乌红星皮具有限公司第⑤笔业务、第⑭笔业务和第㉑笔业务均按照13%税率计算缴纳增值税。

（二）低税率

纳税人销售或进口下列货物的，自2019年4月1日起适用9%的低税率：粮食、食用植物油、食用盐；自来水、暖气、冷气、热水、煤气、石油液化气、天然气、沼气、居民用煤炭制品；图书、报纸、杂志；饲料、化肥、农药、农机、农膜；国务院规定的其他货物。

提供交通运输服务、邮政服务、基础电信服务、建筑服务、不动产租赁服务，销售不动产，转让土地使用权，税率为9%。

提供现代服务（租赁服务除外）、增值电信服务、金融服务、生活服务，销售无形资产（转让土地使用权除外），税率为6%。

任务分析（一）

义乌红星皮具有限公司第㉓笔业务按照6%税率计算缴纳增值税。

（三）零税率

纳税人出口货物适用增值税零税率，但国务院另有规定的除外。

提供国际运输服务，适用零税率；提供航天运输服务，适用零税率；向境外单位提供的完全在境外消费的相关服务，包括研发服务、合同能源管理服务、设计服务、广播影视节目（作品）的制作和发行服务、软件服务、电路设计及测试服务、信息系统服务、业务流程管理服务、离岸服务外包业务及转让技术，适用零税率。此外，还有财政部和国家税务总局规定的其他服务。

放弃零税率的单位和个人，可以选择免税或按规定缴纳增值税。放弃适用增值税零税率后，36个月内不得再申请适用增值税零税率。

讨论提示
零税率等于免税吗

思中学

零税率等于免税吗？

（四）征收率

增值税征收率适用于两种情况：一是小规模纳税人；二是一般纳税人发生应税销售行为按规定可以选择简易计税方法计税的。我国增值税的法定征收率是3%；一些特殊项目适用3%减按2%的征收率。全面"营改增"后与不动产有关的特殊项目适用5%的征收率；一些特殊项目适用5%减按1.5%的征收率。

1. 一般规定

除适用5%征收率以外的，纳税人选择简易计税方法销售货物、提供应税劳务、发生应税行为的征收率均为3%。下列情况适用5%征收率。

① 小规模纳税人转让其取得的不动产。

② 小规模纳税人出租其取得的不动产（不含个人出租住房，个人出租住房应按照5%的征收率减按1.5%计算应纳税额）。

③ 一般纳税人转让其2016年4月30日前取得的不动产，选择简易计税方法计税的。

④ 一般纳税人出租其2016年4月30日前取得的不动产，选择简易计税方法计税的。

⑤ 房地产开发企业（一般纳税人）销售自行开发的房地产老项目，选择简易计税方法计税的。

⑥ 房地产开发企业（小规模纳税人）销售自行开发的房地产项目。

⑦ 一般纳税人和小规模纳税人提供劳务派遣服务选择差额纳税的。

⑧ 一般纳税人提供人力资源外包服务，选择适用简易计税方法的。

2. 特殊规定

（1）3%征收率减按2%征收

① 小规模纳税人（除其他个人外）销售自己使用过的固定资产，依照3%征收率减按2%征收。其他个人销售自己使用过的物品，无论是固定资产还是非固定资产，都是免税。注意，小规模纳税人（除其他个人外）销售自己使用过的除固定资产以外的物品，是按3%征收率的。

② 一般纳税人销售自己使用过的2008年12月31日以前或者纳入营改增试点之日以前购进或自制的固定资产，依照3%征收率减按2%征收增值税；一般纳税人销售自己使用过的2009年1月1日以后或者纳入营改增试点之日以后购进或自制的固定资产，按照适用税率征收增值税；一般纳税人销售自己使用过的除固定资产以外的物品，按照适用税率征收增值税。

③ 纳税人销售旧货，无论是小规模纳税人还是一般纳税人，都依照3%征收率减按2%征收。旧货是指进入二次流通的具有部分使用价值的货物（含旧汽车、旧摩托车和旧游艇），但不包括自己使用过的物品。销售旧货的销售人一般是指专门从事二手生意的经销商。自2020年5月1日至2023年12月31日，二手车经销商销售其收购的二手车，减按0.5%征收率征收增值税。应当开具二手车销售统一发票，索取增值税专用发票的，应当再开具征收率为0.5%的增值税专用发票。

（2）一般纳税人可选择按3%征收率计税

一般纳税人销售自产的下列货物，可选择按照简易办法依照3%征收率计算缴纳增值税。

① 县级及县级以下小型水力发电单位生产的电力。小型水力发电单位是指各类投资主体建设的装机容量为5万千瓦以下（含5万千瓦）的小型水力发电单位。

② 建筑用和生产建筑材料所用的砂、土、石料。

③ 以自己采掘的砂、土、石料或其他矿物连续生产的砖、瓦、石灰（不含粘土实心砖、瓦）。

④ 用微生物、微生物代谢产物、动物毒素、人或动物的血液或组织制成的生物制品。

⑤ 自来水。

⑥ 商品混凝土（仅限于以水泥为原料生产的水泥混凝土）。

2016年5月1日起，一般纳税人发生下列特定应税服务，可以选择简易计税方法。

① 公共交通运输服务，包括轮客渡、公交客运、地铁、城市轻轨、出租车、长途客运、班车。

②经认定的动漫企业为开发动漫产品提供的动漫脚本编撰、形象设计、背景设计、动画设计、分镜、动画制作、摄制、描线、上色、画面合成、配音、配乐、音效合成、剪辑、字幕制作、压缩转码服务，以及在境内转让动漫版权。

③电影放映服务、仓储服务、装卸搬运服务、收派服务和文化体育服务。

④以纳入营改增试点之日前取得的有形动产为标的物提供的经营租赁服务。

⑤在纳入营改增试点之日前签订的尚未执行完毕的有形动产租赁合同。

⑥以清包工方式提供的建筑服务。清包工方式是指施工方不采购建筑工程所需的材料或只采购辅助材料，并收取人工费、管理费或其他费用的建筑服务。

⑦为甲供工程提供的建筑服务。甲供工程是指全部或部分设备、材料、动力由工程发包方自行采购的建筑工程。

⑧为建筑工程老项目提供的建筑服务。建筑工程老项目是指合同注明的开工日期在2016年4月30日前的建筑工程项目。

一般纳税人选择适用简易计税方法计税，一经选择，36个月内不得变更。

（3）一般纳税人暂按3%的征收率计税

一般纳税人销售下列货物，暂按简易办法依3%征收率征收增值税。

①寄售商店代销寄售物品（包括居民个人寄售物品在内）。

②典当业销售死当物品。

③经国务院或其授权机关批准认定的免税商店零售免税货物。

思中学

增值税有哪些特点？

讨论提示：
增值税的特点

四、增值税的税收优惠

（一）纳税人销售货物或劳务的增值税优惠政策

1. 法定免税项目

①农业生产者销售的自产农产品，包括种植业、养殖业、林业、牧业和水产业生产的各种初级产品。

②避孕药品和用具。

③古旧图书。

④直接用于科学研究、科学试验和教学的进口仪器、设备。

⑤外国政府、国际组织无偿援助的进口物资和设备。

⑥由残疾人的组织直接进口供残疾人专用的物品。

⑦销售的自己使用过的物品（动产）。这是指其他个人自己使用过的物品。注意，个人销售不动产不是一律免税。

2. 其他减免税的规定

①粮食和食用植物油。对承担粮食收储任务的国有粮食购销企业销售的粮食免征增值税。大豆也实行该政策，并可对免税业务开具增值税专用发票。

微课：
增值税的
税收优惠

② 饲料。饲料包括单一大宗饲料、混合饲料、配合饲料、复合预混料、浓缩饲料。注意，宠物饲料不属于免征增值税的饲料。

③ 纳税人销售自产的资源综合利用产品和提供资源综合利用劳务，可享受增值税即征即退政策。

④ 医疗卫生的增值税优惠政策。
- 非营利性医疗机构。自产自用的制剂免税。
- 营利性医疗机构。取得的收入按规定征收各项税收。自执业登记起3年内对自产自用的制剂免税。
- 疾病控制机构和妇幼保健机构等的服务收入。按国家规定价格取得的卫生服务收入免税。
- 血站。供应给医疗机构的临床用血免税。
- 供应非临床用血。按简易办法3%计算应纳税额。

⑤ 修理修配劳务的增值税优惠。对于飞机修理，增值税实际税负超过6%的即征即退。

⑥ 软件产品的增值税优惠。一般纳税人销售其自行开发生产的软件产品（包括计算机软件产品、信息系统和嵌入式软件产品）按13%税率征收增值税后，对其增值税实际税负超过3%的部分实行即征即退政策：

即征即退税额＝当期软件产品增值税应纳税额－当期软件产品销售额×3%

动漫企业一般纳税人销售其自主开发生产的动漫软件，也享受该增值税即征即退政策。

⑦ 供热企业的增值税优惠政策。对供热企业向居民个人供热而取得的采暖费收入继续免征增值税。通过热力产品经营企业向居民供热的热力产品生产企业，应当根据热力产品经营企业实际从居民取得的采暖费收入占该经营企业采暖费总收入的比例确定免税收入比例。

⑧ 对从事蔬菜批发、零售的纳税人销售的蔬菜免征增值税。各种蔬菜罐头不属于免税范围。纳税人既销售蔬菜又销售其他增值税应税货物的，应分别核算蔬菜和其他增值税应税货物的销售额；未分别核算的，不得享受蔬菜增值税免税政策。

⑨ 制种企业在两种生产经营模式下生产销售种子：一是制种企业利用自有土地或承租土地，雇用农户或雇工进行种子繁育，再经烘干、脱粒、风筛等深加工后销售种子；二是制种企业提供亲本种子委托农户繁育并从农户手中收回，再经烘干、脱粒、风筛等深加工后销售种子。这属于农业生产者销售自产农业产品，免征增值税。

⑩ 对内资研发机构和外资研发中心采购国产设备全额退还增值税。

（二）纳税人销售服务、无形资产或不动产的增值税优惠政策

1. 免征增值税的项目

① 托儿所、幼儿园提供的保育和教育服务。
② 养老机构提供的养老服务。
③ 残疾人福利机构提供的育养服务。
④ 婚姻介绍服务。
⑤ 殡葬服务。
⑥ 残疾人员本人为社会提供的服务。

⑦ 医疗机构提供的医疗服务。
⑧ 从事学历教育的学校提供的教育服务。
⑨ 学生勤工俭学提供的服务。
⑩ 农业机耕、排灌、病虫害防治、植物保护、农牧保险及相关技术培训业务，家禽、牲畜、水生动物的配种和疾病防治。
⑪ 纪念馆、博物馆、文化馆、文物保护单位管理机构、美术馆、展览馆、书画院、图书馆在自己的场所提供文化体育服务取得的第一道门票收入。
⑫ 寺院、宫观、清真寺和教堂举办文化、宗教活动的门票收入。
⑬ 行政单位之外的其他单位收取的符合规定条件的政府性基金和行政事业性收费。
⑭ 个人转让著作权。
⑮ 个人销售自建自用住房。
⑯ 公共租赁住房经营管理单位出租公租住房。
⑰ 符合条件的利息收入，如国家助学贷款，国债、地方政府债，人民银行对金融机构的贷款，住房公积金管理中心用住房公积金在指定的委托银行发放的个人住房贷款，境外机构投资境内债券市场取得的债券利息收入等。
⑱ 被撤销金融机构以货物、不动产、无形资产、有价证券、票据等财产清偿债务。
⑲ 保险公司开办的一年期以上人身保险产品取得的保费收入。
⑳ 符合条件的金融商品转让收入。
㉑ 金融同业往来利息收入。
㉒ 纳税人为农户、小型企业、微型企业及个体工商户借款、发行债券提供融资担保取得的担保费收入，以及为上述融资担保提供再担保取得的再担保费收入。
金融机构向小型企业、微型企业和个体工商户发放小额贷款取得的利息收入。
㉓ 国家商品储备管理单位及其直属企业承担商品储备任务，从中央或地方财政取得的利息补贴收入和价差补贴收入。
㉔ 纳税人提供技术转让、技术开发和与之相关的技术咨询、技术服务。
㉕ 符合条件的合同能源管理服务。
㉖ 科普单位的门票收入，以及县级及以上党政部门和科协开展科普活动的门票收入。
㉗ 政府举办的从事学历教育的高等、中等和初等学校（不含下属单位），举办进修班、培训班取得的全部归该学校所有的收入。
㉘ 政府举办的职业学校设立的主要为在校学生提供实习场所，并由学校出资自办、由学校负责经营管理、经营收入归学校所有的企业，从事"现代服务"（不含融资租赁服务、广告服务和其他现代服务）、"生活服务"（不含文化体育服务、其他生活服务和桑拿、氧吧）业务活动取得的收入。
㉙ 家政服务企业由员工制家政服务员提供家政服务取得的收入。
㉚ 福利彩票、体育彩票的发行收入。
㉛ 军队空余房产租赁收入。
㉜ 企业、行政事业单位按房改成本价、标准价出售住房取得的收入。
㉝ 将土地使用权转让给农业生产者用于农业生产。
㉞ 涉及家庭财产分割的个人无偿转让不动产、土地使用权。

㉟ 土地所有者出让土地使用权和土地使用者将土地使用权归还给土地所有者。

㊱ 县级以上地方人民政府或自然资源行政主管部门出让、转让或收回自然资源使用权（不含土地使用权）。

㊲ 随军家属就业。为安置随军家属就业而新开办的企业，自领取营业执照之日起，其提供的应税服务3年内免征增值税。

㊳ 军队转业干部就业。从事个体经营的军队转业干部，自领取营业执照之日起，其提供的应税服务3年内免征增值税。

㊴ 对广播电视运营服务企业收取的有线数字电视基本收视维护费和农村有线电视基本收视费，免征增值税。

㊵ 社会团体收取的会费，免征增值税。社会团体开展经营服务性活动取得的其他收入，照章纳税。

2. 增值税即征即退的项目

① 经批准从事融资租赁业务的一般纳税人，提供有形动产融资租赁服务和有形动产融资性售后回租服务，实际税负超过3%的部分实行增值税即征即退政策。

② 纳税人销售自产的利用太阳能生产的电力产品，实行增值税即征即退50%的政策。

③ 安置残疾人的单位和个体工商户，按纳税人安置残疾人的人数，限额即征即退增值税——按每人每月当地月最低工资标准的4倍确定。

3. 扣减增值税

以下群体自办理个体工商户登记当月起，在3年（36个月）内按每户每年12 000元为限额依次扣减其当年实际应缴纳的增值税、城市维护建设税、教育费附加、地方教育附加和个人所得税。

① 退役士兵自主创业就业。

② 重点群体创业就业（纳入全国扶贫开发信息系统的建档立卡贫困人口；社保机构登记失业半年以上的人员；零就业家庭、享受城市居民最低生活保障家庭劳动年龄内的登记失业人员；毕业年度内高校毕业生）。

4. 金融企业贷款利息

金融企业发放贷款后，自结息日起90天内发生的应收未收利息按现行规定缴纳增值税，自结息日起90天后发生的应收未收利息暂不缴纳增值税，待实际收到利息时按规定缴纳增值税。

5. 个人出售住房

北、上、广、深4个城市，个人将购买两年以上（含两年）的普通住宅对外销售的，免征增值税；其他城市，个人将购买两年以上（含两年）的住房（普通住宅和非普通住宅）对外销售的，免征增值税。

6. 动漫企业进口生产用品

经国务院有关部门认定的动漫企业自主开发、生产动漫直接产品，确需进口的商品可享受免征进口关税及进口环节增值税的政策。

7. 其他情况

对国家级、省级科技企业孵化器、大学科技园和国家备案众创空间自用及无偿或通过

智能纳税管理

出租等方式提供给在孵对象使用的房产、土地，免征房产税和城镇土地使用税；对其向在孵对象提供孵化服务取得的收入，免征增值税。

（三）增值税的起征点

个人发生应税行为的销售额未达到增值税起征点的，免征增值税；达到起征点的，全额计算缴纳增值税。增值税起征点的适用范围仅限于个人，不包括登记为一般纳税人的个体工商户。增值税的起征点为：

① 按期纳税的为月销售额 5 000 ～ 20 000 元（含本数）。
② 按次纳税的，为每次（日）销售额 300 ～ 500 元（含本数）。

起征点的调整由财政部和国家税务总局规定。省、自治区、直辖市财政厅（局）和税务局应当在规定的幅度内，根据实际情况确定本地区适用的起征点，并报财政部和国家税务总局备案。

（四）小微企业暂免征收增值税的优惠政策

自 2019 年 1 月 1 日至 2021 年 12 月 31 日，对月销售额 10 万元以下（含本数）的增值税小规模纳税人，免征增值税。

具体来说，小规模纳税人发生增值税应税销售行为，合计月销售额未超过 10 万元的（以一个季度为一个纳税期的，季度销售额未超过 30 万元的，下同），免征增值税。小规模纳税人发生增值税应税销售行为，合计月销售额超过 10 万元，但扣除本期发生的销售不动产的销售额后未超过 10 万元的，其销售货物、劳务、服务无形资产取得的销售额免征增值税。

按固定期限纳税的小规模纳税人可以选择以一个月或一个季度为纳税期限，一经选择，一个会计年度内不得变更。其他个人，采取一次性收取租金形式出租不动产取得的租金收入，可在对应的租赁期内平均分摊，分摊后的月租金收入未超过 10 万元的，免征增值税。

按照现行规定应当预缴增值税税款的小规模纳税人，凡在预缴地实现的月销售额未超过 10 万元的，当期无须预缴税款。已预缴的，可以向预缴地主管税务机关申请退还。

小规模纳税人月销售额超过 10 万元的，使用增值税发票管理系统开具增值税普通发票、机动车销售统一发票、增值税电子普通发票。

任务二　增值税应纳税额计算

增值税的计税方法，主要有一般计税方法和简易计税方法。我国目前对增值税一般纳税人增值税的计算一般情况下采用一般计税方法，某些特殊情况下采用或选择采用简易计税方法。我国目前对增值税小规模纳税人增值税的计算采用简易计税方法。

一般计税方法也就是国际上通行的购进扣税法，即先按当期销售额和适用税率计算出销项税额（这是对销售额的征税），然后对当期购进项目已经缴纳的税款（所含税款中可抵扣部分）进行抵扣，从而间接计算出对当期增值部分的应纳税额。

简易计税方法即按照当期销售额乘以征收率计算出当期应纳增值税额。

一、一般计税方法应纳税额的计算

增值税一般纳税人实行进项抵扣法,应纳税额为销项税额抵扣进项税额后的余额。其计算公式为:

$$当期应纳税额 = 当期销项税额 - 当期进项税额$$

(一)销项税额的计算

销项税额是指纳税人发生应税销售行为,按照销售额和适用税率计算并向购买方收取的增值税税款。其计算公式为:

$$销项税额 = 销售额 \times 税率$$

在增值税税率确定的情况下,计算销项税额的关键在于正确、合理地确定增值税的计税依据,即销售额。

1. 一般销售方式下销售额的确定

销售额是指纳税人发生应税销售行为时向购买方(承受劳务和服务行为也视为购买方)收取的全部价款和价外费用,但不包括收取的销项税额。

价外费用包括价外向购买方收取的手续费、补贴、基金、集资费、返还利润、奖励费、违约金、滞纳金、延期付款利息、赔偿金、代收款项、代垫款项、包装费、包装物租金、储备费、优质费、运输装卸费及其他各种性质的价外收费。但下列项目不包括在内。

① 受托加工应征消费税的货物,而由受托方代收代缴的消费税。

② 承运部门的运费发票开具给购买方,并且由纳税人将该项发票转交给购买方的代垫运费。

③ 同时符合以下条件代为收取的政府性基金或行政事业性收费。

- 由国务院或财政部批准设立的政府性基金,由国务院或省级人民政府及其财政、价格主管部门批准设立的行政事业性收费。
- 收取时开具省级以上财政部门印制的财政票据。
- 所收款项全额上缴财政。

④ 销售货物的同时代办保险等而向购买方收取的保险费,以及向购买方收取的代购买方缴纳的车辆购置税、车辆牌照费。

一般情况下,价外费用本身都为含增值税的价外费用,在计算增值税销项税额时,需要换算成不含增值税的价外费用。其换算公式为:

$$不含税价外费用 = 含税价外费用 \div (1 + 税率)$$

销售额应以人民币计算。如果纳税人以外汇结算销售额,则应当以外币价格折合成人民币计算。其销售额的人民币汇率,可以选择销售额发生的当天或当月1日中国人民银行公布的市场汇价。纳税人应事先确定采用何种汇率,一旦确定后,在一年内不得变更。

微课:增值税一般计税方法下销项税额的计算

任务分析(二)

义乌红星皮具有限公司第⑭笔业务:销项税额 = (1 000×514+700×949)×13% = 153 179(元)

义乌红星皮具有限公司第㉑笔业务:销项税额 = 1 649 129×13% = 214 386.77(元)

2. 特殊销售方式下销售额的确定

（1）采取折扣方式销售

① 折扣销售又称商业折扣，是指销售方在销售货物时，因购买方购货数量较大或与销售方有特殊关系等原因而给予对方价格上的优惠（直接打折），如打九折、八折等。

其销售额和折扣额在同一张发票上的"金额"栏分别注明的，可按折扣后的销售额征收增值税；未在同一张发票上的"金额"栏分别注明折扣额，而仅在发票的"备注"栏注明折扣额的，折扣额不得从销售额中扣除。

② 销售折扣又称现金折扣，是指销售方在销售货物或提供应税劳务后，为了鼓励购买方及早偿付货款而协议许给购买方的一种折扣优惠。例如，在10天内付款，货款折扣2%（2/10）；超过10天至20天内付款，货款折扣1%（1/20）；超过20天全价付款（n/30）。

销售折扣是一种融资行为，因此折扣额不得从销售额中扣除。

任务分析（二）

义乌红星皮具有限公司第⑤笔业务：销项税额 = (300×499+450×529+300×999+300×899)×13% = 124 429.5（元）

此折扣发生在销售之后，因此折扣额不得从销售额中减除。

③ 销售折让是指销货之后，作为已售产品出现品种、质量问题而给予购买方的补偿，是原销售额的减少，折让额可以从销售额中减除。因销售折让、中止或退回而退还给购买方的增值税税额，应当从当期的销项税额中扣减。

（2）采取以旧换新方式销售

以旧换新是指纳税人在销售自己的货物时，有偿收回旧货物的行为。

① 金银首饰以外的以旧换新业务，应按新货物的同期销售价格确定销售额，不得减除旧货物的收购价格。收取旧货物，如果取得增值税专用发票，则专用发票上注明的进项税额可以抵扣。

② 金银首饰以旧换新业务，按销售方实际收到的不含增值税的全部价款征税。

做中学

加好商贸公司为增值税一般纳税人，2021年12月零售空调一批，实际取得销售收入228万元。其中，以旧换新方式销售空调取得实际收入50万元，收购的旧空调作价6万元；采购空调一批取得增值税专用发票，注明增值税税额20.6万元（本月取得的相关发票均可在本月抵扣）。该公司本年12月应纳增值税的税额为多少？

解析：以旧换新方式销售空调取得实际收入50万元，收购的旧空调作价6万元，抵顶了收入，所以收入应该加上6万元。

应纳增值税税额 = (228+6)÷(1+13%)×13%−20.6 = 6.32（万元）

（3）采取还本销售方式销售

还本销售是指销售方将货物出售之后，按约定的时间一次或者分次将货款部分或全部退还给购买方，退还的货款即为还本支出。采取还本销售方式销售货物，其销售额就是货物的销售价格，不得从销售额中减除还本支出。

（4）采取以物易物方式销售

采取以物易物方式销售货物，以物易物双方以各自发出的货物核算销售额并计算销项税额。以物易物双方是否可以抵扣进项税额，要看能否取得对方开具的增值税专用发票等合法扣税凭证、换入的是否属于可抵扣进项税额的货物等因素。如果能取得对方开具的增值税专用发票等合法扣税凭证且换入的是可抵扣进项税额的货物，则可以抵扣进项税额。

（5）包装物押金

包装物是指纳税人包装本单位货物的各种物品。一般情况下，包装物是商品的组成部分。纳税人销售带包装的货物，无论包装物是否单独计价、在财务上是否单独核算，也不论这部分包装物是自制的还是外购的，均应包括在销售额内。但有的纳税人为了能收回包装物周转使用，对包装物不作价随同货物出售，而是另外收取押金，并单独记账核算。

纳税人为销售货物而出租、出借包装物收取的押金，单独记账核算的，时间在一年以内又未过期的，不并入销售额征税，但对因逾期未收回包装物不再退还的押金，应按所包装货物的适用税率计算销项税额。

逾期是指按合同约定实际逾期，或者以一年为期限，对收取一年以上的押金，无论是否退还均并入销售额征税。当然，在将包装物押金并入销售额征税时，需要先将该押金换算为不含税价，再并入销售额征税。

对销售除啤酒、黄酒外的其他酒类产品而收取的包装物押金，无论是否返还及会计上如何核算，均应并入当期销售额征税；对销售啤酒、黄酒所收取的包装物押金，按一般押金的规定处理。

注意，包装物押金不应混同于包装物租金。包装物租金在销货时作为价外费用直接并入销售额计算销项税额。

做中学

2021年12月，兴业酒厂销售白酒和啤酒给副食品公司。其中，白酒开具增值税专用发票，收取不含税价款50 000元，另外收取包装物押金3 000元；啤酒开具普通发票，收取的价税合计款23 400元，另外收取包装物押金1 500元。副食品公司按合同约定，于当年12月底将白酒、啤酒包装物全部退还给酒厂，并取回全部押金。该酒厂2021年12月的增值税税额为多少？

解析：增值税销项税额 = (50 000+3 000÷1.13+23 400÷1.13)×13% = 9 537.17（元）

（6）视同销售货物行为的销售额

视同销售中无价款结算的或价格明显偏低且无正当理由、无销售额、不具有合理商业目的的，税务机关有权按下列顺序确定其销售额。

① 按纳税人最近时期同类货物、劳务、服务、无形资产或不动产的平均价格确定。
② 按其他纳税人最近时期同类货物、劳务、服务、无形资产或不动产的平均价格确定。
③ 按组成计税价格确定。其计算公式为：

$$组成计税价格 = 成本 \times (1+成本利润率)$$

属于应征消费税的货物，其组成计税价格中应加上消费税税额。其计算公式为：

$$组成计税价格 = 成本 \times (1+成本利润率) + 消费税税额$$
$$= 成本 \times (1+成本利润率) \div (1-消费税税率)$$

成本利润率由国家税务总局确定。

（7）部分特殊服务的销售额

① 贷款服务。贷款服务以提供贷款服务取得的全部利息及利息性质的收入为销售额。

② 直接收费金融服务。直接收费金融服务以提供直接收费金融服务收取的手续费、佣金、酬金、管理费、服务费、经手费、开户费、过户费、结算费、转托管费等各类费用为销售额。

③ 金融商品转让。金融商品转让按照卖出价扣除买入价后的余额为销售额。

转让金融商品出现的正负差，按盈亏相抵后的余额为销售额。如果相抵后出现负差，则可结转下一纳税期与下期转让金融商品销售额相抵。但年末时仍出现负差的，不得转入下一个会计年度。

金融商品的买入价可以选择按照加权平均法或移动加权平均法进行核算，选择后36个月内不得变更。

金融商品转让不得开具增值税专用发票。

做中学

泰华商业银行为增值税一般纳税人，2021年第三季度7月1日购买债券支付价款3 000万元，9月20日转让购入的债券取得含税收入3 230万元。第二季度末金融商品转让负差50万元。计算应缴纳的销项税额。

解析：含税销售额 = 3 230−3 000−50 = 180（万元）

当期销项税额 = 180÷1.06×6% = 10.19（万元）

任务分析（二）

义乌红星皮具有限公司第㉒笔业务：销项税额 = (32−27.5)×20 000÷(1+6%)×6% = 5 094.34（元）

金融商品转让，按照卖出价扣除买入价后的余额为销售额。

④ 经纪代理服务。经纪代理服务以取得的全部价款和价外费用，扣除向委托方收取并代为支付的政府性基金或行政事业性收费后的余额为销售额。向委托方收取的政府性基金或行政事业性收费不得开具增值税专用发票。

⑤ 劳务派遣服务。劳务派遣服务可选择差额计税，以扣除代用工单位支付给劳务派遣员工的工资、福利和为其办理社会保险及住房公积金后的余额计税。

⑥ 航空运输企业的销售额。航空运输企业的销售额不包括代收的机场建设费和代售其他航空运输企业客票而代收转付的价款。

⑦ 一般纳税人提供客运场站服务。一般纳税人提供客运场站服务以其取得的全部价款和价外费用，扣除支付给承运方运费后的余额为销售额。

⑧ 一般纳税人提供旅游服务。一般纳税人提供旅游服务可以选择以取得的全部价款和价外费用，扣除向旅游服务购买方收取并支付给其他单位或个人的住宿费、餐饮费、交通费、签证费、门票费和支付给其他接团旅游企业的旅游费用后的余额为销售额。

选择上述办法计算销售额的纳税人，向旅游服务购买方收取并支付的上述费用，不得开具增值税专用发票,但可以开具普通发票。

⑨一般纳税人提供建筑服务适用简易计税方法的。一般纳税人提供建筑服务适用简易计税方法的,以取得的全部价款和价外费用扣除支付的分包款后的余额为销售额。

⑩房地产开发企业中的一般纳税人销售其开发的房地产项目(选择简易计税方法的房地产老项目除外),以取得的全部价款和价外费用,扣除受让土地时向政府部门支付的土地价款后的余额为销售额。

房地产老项目是指《建筑工程施工许可证》注明的合同开工日期在2016年4月30日前的房地产项目。

(二)进项税额的计算

进项税额是指纳税人购进货物、劳务、服务、无形资产或不动产,支付或负担的增值税税额。并不是所有的进项税额都可以抵扣。

1. 准予从销项税额中抵扣的进项税额

①从销售方取得的增值税专用发票(含税控机动车销售统一发票)上注明的增值税额,即增值税一般纳税人在购进货物,接受加工修理修配劳务,购进服务、无形资产或不动产,取得对方的增值税专用发票上注明的增值税税额。

任务分析(三)

义乌红星皮具有限公司3月份包括以下进项业务。

第①笔业务:进项税额 = 3 686×6% = 221.16(元)
第②笔业务:进项税额 = 1 232 400×13% = 160 212(元)
第③笔业务:进项税额 = 21 000×9% = 1 890(元)
第④笔业务:进项税额 = 15 000×6% = 900(元)
第⑦笔业务:进项税额 = 300 000×13% = 39 000(元)
第⑨笔业务:进项税额 = 2 000×13% = 260(元)
第⑩笔业务:进项税额 = 55 080×13% = 7 160.4(元)
第⑪笔业务:进项税额 = 56 860×13% = 7 391.8(元)
第⑫笔业务:进项税额 = 100 000×13% = 13 000(元)
第⑬笔业务:进项税额 = 2 000×13% = 260(元)
第⑮笔业务:进项税额 = 24 000×6% = 1 440(元)
第⑯笔业务:进项税额 = 3 200×6% = 192(元)
第⑰笔业务:进项税额 = 100 000×13% = 13 000(元)
第⑱笔业务:进项税额 = 60 000×3% = 1 800(元)
一般纳税人从小规模纳税人处取得的增值税专用发票进项抵扣税率是3%。
第⑲笔业务:进项税额 = 2 250×9%+2 500×6% = 202.5+150 = 352.5(元)
第⑳笔业务:进项税额 = 8 000×13% = 1 040(元)
第㉒笔业务:进项税额 = 3 000×13% = 390(元)
第㉔笔业务:进项税额 = 2 070.6×9% = 186.35(元)

第㉕笔业务：进项税额＝27 120×13%＝3 525.6（元）

其中，本期用于购建不动产的进项税额为：第④笔业务厂房勘察费进项税额900元，第⑮笔业务厂房设计费进项税额1 440元，第⑰笔业务购入水泥用于厂房建设进项税额13 000元，合计15 340元。不需要分两年抵扣，可一次性抵扣。

② 从海关取得的海关进口增值税专用缴款书上注明的增值税税额。

增值税一般纳税人进口货物时应准确填报企业名称，确保海关缴款书上的企业名称与税务登记的企业名称一致。

③ 农产品的进项税额。

- 纳税人购进农产品，取得一般纳税人开具的增值税专用发票或海关进口增值税专用缴款书的，以增值税专用发票或海关进口增值税专用缴款书上注明的增值税税额为进项税额。

- 纳税人购进农产品，从按照简易计税方法依照3%征收率计算缴纳增值税的小规模纳税人取得增值税专用发票的，以增值税专用发票上注明的金额和9%的扣除率计算进项税额。

- 纳税人购进农产品，取得（开具）农产品销售发票或收购发票的，以农产品销售发票或收购发票上注明的农产品买价和9%的扣除率计算进项税额。其中，买价是指纳税人购进农产品在农产品收购发票或销售发票上注明的价款和按照规定缴纳的烟叶税。

- 纳税人购进用于生产或委托加工13%税率货物的农产品，按照10%的扣除率计算进项税额。

做中学

万福超市为一般纳税人，本年7月购进某果园自产西瓜一批，销售发票注明价款为60 000元，一半放在超市直接销售，一半委托成光食品加工厂制作成西瓜汁再销售。计算该超市的进项税额。

解析：纳税人购进农产品，取得（开具）农产品销售发票或收购发票的，以农产品销售发票或收购发票上注明的农产品买价和9%的扣除率计算进项税额。纳税人购进用于生产或委托加工13%税率货物的农产品，按照10%的扣除率计算进项税额。

进项税额＝30 000×9%＋30 000×10%＝5 700（元）

- 纳税人从批发、零售环节购进适用免征增值税政策的蔬菜、部分鲜活肉蛋而取得的普通发票，不得作为计算抵扣进项税额的凭证。

- 纳税人购进农产品既用于生产销售或委托受托加工13%税率货物又用于生产销售其他货物服务的，应当分别核算用于生产销售或委托受托加工13%税率的货物和其他货物服务的农产品进项税额。

未分别核算的，统一以增值税专用发票或海关进口增值税专用缴款书上注明的增值税税额为进项税额，或者以农产品收购发票或销售发票上注明的农产品买价和9%的扣除率计算进项税额。

（4）旅客运输服务的进项抵扣

自2019年4月1日起，纳税人购进国内旅客运输服务，其进项税额允许从销项税额中抵扣。纳税人未取得增值税专用发票的，暂按照以下规定确定进项税额。

①取得增值税电子普通发票的，为发票上注明的税额。

②取得注明旅客身份信息的航空运输电子客票行程单的，为按照下列公式计算的进项税额。

航空旅客运输进项税额＝（票价＋燃油附加费）÷（1＋9%）×9%

③取得注明旅客身份信息的铁路车票的，为按照下列公式计算的进项税额。

铁路旅客运输进项税额＝票面全额÷（1＋9%）×9%

④取得注明旅客身份信息的公路、水路等其他客票的，为按照下列公式计算的进项税额。

公路、水路等其他旅客运输进项税额＝票面金额÷（1＋3%）×3%

（5）从境外单位或个人购进劳务、服务、无形资产或境内的不动产，从税务机关或扣缴义务人取得代扣代缴税款的完税凭证的，为完税凭证上注明的增值税税额

（6）进项税额的加计抵扣

自2019年4月1日至2021年12月31日，允许生产、生活性服务业纳税人按照当期可抵扣进项税额加计10%，抵减应纳税额。生产、生活性服务业纳税人是指提供邮政服务、电信服务、现代服务、生活服务取得的销售额占全部销售额的比重超过50%的纳税人。自2019年10月1日至2021年12月31日，允许生活性服务业纳税人按照当期可抵扣进项税额加计15%，抵减应纳税额。

①纳税人应按照当期可抵扣进项税额的10%计提当期加计抵减额。按照现行规定不得从销项税额中抵扣的进项税额，不得计提加计抵减额。已计提加计抵减额的进项税额，按规定做进项税额转出的，应在进项税额转出当期相应调减加计抵减额。其计算公式为：

当期计提加计抵减额＝当期可抵扣进项税额×10%

当期可抵减加计抵减额＝上期末加计抵减额余额＋当期计提加计抵减额－当期调减加计抵减额

②纳税人应按照现行规定计算一般计税方法下抵减前的应纳税额后，区分以下情形加计抵减。

- 抵减前的应纳税额等于0的，当期可抵减加计抵减额全部结转下期抵减。
- 抵减前的应纳税额大于0，且大于当期可抵减加计抵减额的，当期可抵减加计抵减额全额从抵减前的应纳税额中抵减。
- 抵减前的应纳税额大于0，且小于或等于当期可抵减加计抵减额的，以当期可抵减加计抵减额抵减应纳税额至0，未抵减完的当期可抵减加计抵减额，结转下期继续抵减。

③纳税人出口货物劳务、发生跨境应税行为不适用加计抵减政策，其对应的进项税额不得计提加计抵减额。纳税人兼营出口货物劳务、发生跨境应税行为且无法划分不得计提加计抵减顿的进项税额，按照以下公式计算。

不得计提加计抵减额的进项税额＝当期无法划分的全部进项税额×
当期出口货物劳务和发生跨境应税行为的销售额÷当期全部销售额

2. 不得从销项税额中抵扣的进项税额

（1）因扣税凭证不合法、不合规，不得从销项税额中抵扣进项税额的情形

纳税人购进货物、劳务、服务、无形资产、不动产，取得的增值税扣税凭证不符合法律、行政法规或税务主管机关有关规定的，其进项税额不得从销项税额中抵扣。

增值税扣税凭证是指增值税专用发票、海关进口增值税专用缴款书、农产品收购发票和农产品销售发票、旅客运输相关凭证、从税务机关或境内代理人取得的解缴税款的税收缴款凭证及增值税法律法规允许抵扣的其他扣税凭证。

（2）其他不得从销项税额中抵扣进项税额的情形

① 用于简易计税方法计税项目、免征增值税项目、集体福利或个人消费的购进货物、接受加工修理修配劳务、购进服务、无形资产和不动产。其中涉及的固定资产、无形资产、不动产，仅指专用于上述项目的固定资产、无形资产（不包括其他权益性无形资产）、不动产。但是发生兼用于上述不允许抵扣项目情况的，该进项税额准予全部抵扣。购进其他权益性无形资产不论是专用于还是兼用于均可以抵扣进项税额。

纳税人租入固定资产、不动产，既用于一般计税方法计税项目，又用于简易计税方法计税项目、免征增值税项目、集体福利或个人消费的，其进项税额准予从销项税额中全额抵扣。

纳税人的交际应酬消费属于个人消费，业务招待活动中所耗用的各类礼品，包括烟、酒、服装，不得抵扣进项税额。

② 非正常损失的购进货物，以及接受相关的加工修理修配劳务和购进交通运输服务。非正常损失是指因管理不善造成货物被盗、丢失、霉烂变质，以及因违反法律法规造成货物或不动产被依法没收、销毁、拆除的情形。

③ 非正常损失的在产品、产成品所耗用的购进货物（不包括固定资产）、接受加工修理修配劳务和购进交通运输服务。

④ 非正常损失的不动产，以及该不动产所耗用的购进货物、设计服务和建筑服务。

⑤ 非正常损失的不动产在建工程所耗用的购进货物、设计服务和建筑服务。纳税人新建、改建、扩建、修缮、装饰不动产，均属于不动产在建工程。

任务分析（三）

义乌红星皮具有限公司第㉖笔业务：不得抵扣的进项税额＝1 392×13%＝180.96（元）

疑中学

精飞制造公司购进一批货物，但在运输途中发生了交通事故，货物全部损毁。请问进项税额需要转出吗？

答：非正常损失是指因管理不善造成货物被盗、丢失、霉烂变质，以及因违反法律法规造成货物或不动产被依法没收、损毁、拆除的情形。因此，交通事故导致的损失不属于非正常损失，不需要做进项税额转出处理。

⑥ 购进的贷款服务、餐饮服务、居民日常服务和娱乐服务。支付的贷款利息进项税额不得抵扣，与该笔贷款直接相关的投融资顾问费、手续费、咨询费等费用进项税额也不

抵扣。

任务分析（三）

义乌红星皮具有限公司第⑥笔业务：

① 纳税人购进国内旅客运输服务，其进项税额允许从销项税额中抵扣。纳税人取得注明旅客身份信息的航空运输电子客票行程单的，航空旅客运输进项税额＝(票价＋燃油附加费)÷(1+9%)×9%＝(1 020+50+970+50)÷(1+9%)×9%＝172.57（元）。

② 支付住宿费取得的增值税专用发票可以做进项税额抵扣：进项税额＝638×6%＝38.28（元）。

③ 纳税人购进的餐饮服务进项税额不得抵扣。

> **疑中学**　　　　住宿与餐饮、娱乐费是否能开在同一张发票上？
>
> 答：在索要发票时，要区分不同的情况，小规模纳税人可以将项目开在同一张发票上。而对于一般纳税人，因为出差发生的住宿费取得的增值税专用发票可以抵扣进项税额，餐饮、娱乐费等不可以抵扣，所以要将住宿与餐饮、娱乐费等分别开票——住宿费开具增值税专用发票，餐饮、娱乐费等开具增值税普通发票。如果住宿与餐饮、娱乐费开在同一张增值税专用发票上，则认证后将餐饮、娱乐部分的税额做进项税额转出。

⑦ 财政部和国家税务总局规定的其他情形。

3. 进项税额的扣减与转增

（1）进项税额的扣减

① 已抵扣进项税额的购进货物（不含固定资产）、劳务、服务，发生规定的不得从销项税额中抵扣情形（上述第①至第⑦条，简易计税方法计税项目、免征增值税项目除外）的，应当将该进项税额扣减（进项税额转出）。

- 购进时凭票抵扣的，计算公式为：

$$进项税额转出数额＝采购成本×适用税率$$

- 购进时计算抵扣的，计算公式为：

$$进项税额转出数额＝[计入材料（货物）的成本÷(1-扣除率)]×扣除率$$

- 无法确定该项进项税额的，按当期实际成本计算应扣减的进项税额，计算公式为：

$$进项税额转出数额＝实际成本×适用税率$$

$$实际成本＝进价＋运费＋保险费＋其他有关费用$$

② 已抵扣进项税额的固定资产、无形资产或不动产，发生规定的不得从销项税额中抵扣情形的，按照下列公式计算不得抵扣的进项税额。

$$固定资产（无形资产）不得抵扣的进项税额＝固定资产（无形资产）净值×适用税率$$

$$不动产不得抵扣的进项税额＝已抵扣进项税额×不动产净值率$$

其中，

$$不动产净值率＝(不动产净值÷不动产原值)×100\%$$

固定资产、无形资产或不动产净值是指纳税人根据财务会计制度计提折旧或摊销后的余额。

③ 适用一般计税方法的纳税人，兼营简易计税方法计税项目、免征增值税项目而无法划分不得抵扣的进项税额的，按照下列公式计算不得抵扣的进项税额。

不得抵扣的进项税额＝当期无法划分的全部进项税额×（当期简易计税方法计税项目销售额＋免征增值税项目销售额）÷当期全部销售额

> **做中学**
>
> 　　康贝制药厂为增值税一般纳税人，2021 年 12 月销售免税药品取得价款 20 000 元、销售非免税药品取得含税价款 104 400 元。当月购进原材料共同生产免税药和非免税药，取得的增值税专用发票上注明税额 10 000 元。请计算该企业本月不可抵扣的进项税额。
> 　　解析：不可抵扣的进项税额＝10 000×20 000÷(104 400÷1.13＋20 000)＝1 779.53（元）

④ 因销售折让、中止或退回而收回的增值税税额，应当从当期的进项税额中扣减。

⑤ 商业企业向供货方收取的与商品销售量、销售额挂钩的各种返还收入按平销返利行为冲减当期进项税额。商业企业向供货方收取的各种返还收入，一律不得开具增值税专用发票。其计算公式为：

当期应冲减的进项税额＝当期取得的返还资金÷（1＋所购货物适用增值税税率）×所购货物适用税率

（2）进项税额的转增

不得抵扣且未抵扣进项税额的固定资产、无形资产、不动产发生用途改变，用于允许抵扣进项税额的应税项目，可在用途改变的次月，按照下列公式计算可以抵扣的进项税额。

固定资产（无形资产）可以抵扣的进项税额＝固定资产（无形资产）净值÷（1＋适用税率）×适用税率

不动产可以抵扣的进项税额＝增值税扣税凭证注明或计算的进项税额×不动产净值率

4. 进项税额的抵扣期限

自 2020 年 3 月 1 日起，对增值税一般纳税人取得的增值税扣税凭证，包括增值税专用发票、海关进口增值税专用缴款书、机动车销售统一发票、收费公路通行费增值税电子普通发票，取消了认证确认、稽核比对、申报抵扣期限（360 日）的规定。

（三）应纳税额的计算

增值税销项税额与进项税额确定后就可以计算出实际应缴纳的增值税税额。增值税一般纳税人应纳税额的计算公式为：

应纳税额＝当期销项税额－当期进项税额

上式计算结果如果为正数，则为当期应纳税额；计算结果如果为负数，则形成留抵税额，待下期抵扣。下期应纳税额的计算公式变为：

应纳税额＝当期销项税额－当期进项税额－上期留抵税额

任务分析（四）

综合以上第⑤、⑭、㉑、㉓笔业务，销项税额 = 124 429.5+153 179+214 386.77+5 094.34 = 497 089.61（元）。

综合以上第①、②、③、④、⑥、⑦、⑨、⑩、⑪、⑫、⑬、⑮、⑯、⑰、⑱、⑲、⑳、㉒、㉔、㉕、㉖笔业务，进项税额 = 221.16+160 212+1 890+900+(172.57+38.28)+39 000+260+7 160.4+7 391.8+13 000+260+1 440+192+13 000+1 800+(202.5+150)+1 040+390+186.35+3 525.6 = 252 432.66（元）；进项税额转出 = 180.96（元）；应纳税额 = 497 089.61-252 432.66+180.96 = 244 837.91（元）。

（四）建筑服务及不动产预缴税额的计算

① 一般纳税人跨县（市）提供建筑服务，适用一般计税方法计税的，应以取得的全部价款和价外费用为销售额计算应纳税额。纳税人应以取得的全部价款和价外费用扣除支付的分包款后的余额，按照2%的预征率在建筑服务发生地预缴税款后，向机构所在地主管税务机关进行纳税申报。

② 一般纳税人销售其2016年5月1日后取得（不含自建）的不动产，应适用一般计税方法，以取得的全部价款和价外费用为销售额计算应纳税额。纳税人应以取得的全部价款和价外费用减去该项不动产购置原价或取得不动产时的作价后的余额，按照5%的预征率在不动产所在地预缴税款后，向机构所在地主管税务机关进行纳税申报。

③ 一般纳税人销售其2016年5月1日后自建的不动产，应适用一般计税方法，以取得的全部价款和价外费用为销售额计算应纳税额。纳税人应以取得的全部价款和价外费用，按照5%的预征率在不动产所在地预缴税款后，向机构所在地主管税务机关进行纳税申报。

④ 房地产开发企业采取预收款方式销售所开发的房地产项目，在收到预收款时按照3%的预征率预缴增值税。

⑤ 一般纳税人出租其2016年5月1日后取得的、与机构所在地不在同一县（市）的不动产，应按照3%的预征率在不动产所在地预缴税款后，向机构所在地主管税务机关进行纳税申报。

⑥ 一般纳税人销售其2016年4月30日前取得的不动产（不含自建），选择一般计税方法计税的，应以取得的全部价款和价外费用为销售额计算应纳税额。纳税人应以取得的全部价款和价外费用减去该项不动产购置原价或取得不动产时的作价后的余额，按照5%的预征率在不动产所在地预缴税款后，向机构所在地主管税务机关进行纳税申报。

⑦ 房地产开发企业中的一般纳税人销售房地产项目，以及一般纳税人出租其2016年4月30日前取得的不动产，选择一般计税方法计税的，应以取得的全部价款和价外费用，按照3%的预征率在不动产所在地预缴税款后，向机构所在地主管税务机关进行纳税申报。

⑧ 一般纳税人销售其2016年4月30日前自建的不动产，选择一般计税方法计税的，应以取得的全部价款和价外费用为销售额计算应纳税额。纳税人应以取得的全部价款和价外费用，按照5%的预征率在不动产所在地预缴税款后，向机构所在地主管税务机关进行纳税申报。

二、简易计税方法应纳税额的计算

简易计税方法一般适用于小规模纳税人的应税行为，也适用于增值税一般纳税人选择简易计税方法的特定应税行为。简易计税方法的应纳税额是按照销售额和增值税征收率计算的增值税税额，不得抵扣进项税额。其计算公式为：

$$应纳税额 = 销售额 \times 征收率$$

简易计税方法下的销售额与一般计税方法下的销售额规定一致，都是销售货物、劳务、服务、无形资产或不动产向购买方收取的全部价款和价外费用，且不包括从购买方收取的增值税税额。

小规模纳税人销售或出租不动产应纳税额的计算如下。

① 小规模纳税人销售其取得（不含自建）的不动产（不含个体工商户销售购买的住房和其他个人销售不动产），应以取得的全部价款和价外费用减去该项不动产购置原价或取得不动产时作价后的余额为销售额，按照5%的征收率计算应纳税额。纳税人按照上述方法在不动产所在地预缴税款后，向机构所在地主管税务机关进行纳税申报。

② 小规模纳税人销售其自建的不动产，应以取得的全部价款和价外费用为销售额，按照5%的征收率计算应纳税额。纳税人按照上述方法在不动产所在地预缴税款后，向机构所在地主管税务机关进行纳税申报。

③ 房地产开发企业中的小规模纳税人销售自行开发的房地产项目，按照5%的征收率计税。

④ 小规模纳税人出租其取得的不动产（不含个人出租住房），按照5%的征收率计算应纳税额。如果不动产与机构所在地不在同一县，则纳税人按照上述方法在不动产所在地预缴税款后，向机构所在地主管税务机关进行纳税申报。

⑤ 小规模纳税人跨县（市）提供建筑服务，应以取得的全部价款和价外费用扣除支付的分包款后的余额为销售额，按照3%的征收率计算应纳税额。纳税人应按照上述计税方法在建筑服务发生地预缴税款后，向机构所在地主管税务机关进行纳税申报。

三、进口货物应纳税额的计算

报关进境的应税货物，不论是自行采购用于贸易还是自用，不论是购进还是国外捐赠，均应该缴纳增值税。

一般纳税人和小规模纳税人申报进口货物需要按规定的组成计税价格和规定的税率计算应纳增值税税额。其计算公式为：

$$应纳税额 = 组成计税价格 \times 税率$$

组成计税价格有以下两种情况。

① 进口货物只征收增值税的，组成计税价格的计算公式为：

$$组成计税价格 = 关税完税价格 + 关税 = 关税完税价格 \times (1 + 关税税率)$$

② 进口货物同时征收消费税的，组成计税价格有以下3种情况。

● 消费税实行从价计征办法，组成计税价格的计算公式为：

$$组成计税价格 = 关税完税价格 + 关税 + 消费税$$
$$= (关税完税价格 + 关税) \div (1 - 消费税比例税率)$$

项目二　增值税纳税实务

- 消费税实行从量定额办法，组成计税价格的计算公式为：

  组成计税价格＝关税完税价格＋关税＋消费税
  　　　　　　＝关税完税价格＋关税＋海关核定的应税消费品的进口数量×
  　　　　　　　消费税定额税率

- 消费税实行复合计征办法，组成计税价格的计算公式为：

  组成计税价格＝关税完税价格＋关税＋消费税
  　　　　　　＝（关税完税价格＋关税＋海关核定的应税消费品的进口数量×
  　　　　　　　消费税定额税率）÷（1－消费税比例税率）

关于关税完税价格的确认问题，将在项目四中详细介绍。

> **做中学**
>
> 大发商场 10 月进口货物一批，该批货物的关税完税价格为 60 万元。货物报关后，商场按规定缴纳了进口环节的增值税，并取得了海关开具的完税凭证。假定该批进口货物在国内全部销售，取得不含税销售额 80 万元。已知该批货物进口关税税率为 15%，增值税税率为 13%，计算该批货物进口环节、国内销售环节分别应缴纳的增值税税额。
>
> 解析：① 应缴纳进口关税＝60×15%＝9（万元）。
> ② 进口环节应缴纳增值税的组成计税价格＝60+9＝69（万元）。
> ③ 进口环节应缴纳的增值税税额＝69×13%＝8.97（万元）。
> ④ 国内销售环节的销项税额＝80×13%＝10.4（万元）。
> ⑤ 国内销售环节应缴纳的增值税税额＝10.4－8.97＝1.43（万元）。

任务三　增值税出口退税

一、增值税出口退（免）税政策

出口退税是指国家将报关出口的货物在出口前所缴纳的有关税金退还给出口企业；出口免税是指国家对企业报关出口的货物在出口环节免征有关税金。为了鼓励出口，增强本国货物在国际市场上的竞争能力，我国增值税对出口货物实行零税率的税收优惠政策，而且出口货物根据政策规定还可以退还在以前环节的已缴纳税款。

根据"征多少退多少，未征不退"的原则，我国出口货物退（免）税主要有出口免税并退税、出口免税不退税、出口不免税也不退税 3 种形式。

（一）出口免税并退税

出口免税是指对货物或劳务在出口销售环节不征增值税、消费税。这是把货物或劳务出口环节与出口前的销售环节都同样视为一个征税环节。出口退税是指对货物或劳务在出口前实际承担的税收按规定的退税率计算后予以退还。

出口免税并退税就是又免又退，即出口货物或劳务含有进项税，出口环节免税并退还

微课：
增值税出口退税

拓中学
出口免税并退税的货物和劳务

53

智能纳税管理

在之前环节所征的进项税，才可实现增值税税率为 0 的政策目标。

下列出口货物和劳务除另有规定外，给予免税并退税。

① 出口企业出口货物。出口货物是指向海关报关后实际离境并销售给境外单位或个人的货物，分为自营出口货物和委托出口货物两类。

② 出口企业或其他单位视同出口货物。

③ 出口企业对外提供加工修理修配劳务。这是指对进境复出口货物或从事国际运输的运输工具进行的加工、修理、修配。

④ 一般纳税人提供零税率的应税服务。

境内单位和个人属于增值税一般计税方法的适用增值税零税率，生产企业实行免抵退税办法。外贸企业分为两种情形：如果属于外购应税服务出口的，则实行免退税办法；如果属于直接将适用增值税零税率应税服务出口的，则视同生产企业，连同其出口货物统一实行免抵退税办法，如自行开发设计的应税服务项目出口。

（二）出口免税不退税

出口免税是指对货物或劳务在出口销售环节不征收增值税、消费税；出口不退税是指适用这个政策的出口货物因在前一道生产、销售环节或进口环节是免税的，因此出口时该货物的价格中本身就不含税，也就无须退税。

出口免税不退税就是只免不退，即出口货物或劳务不含进项税，直接免税即可实现增值税税率为 0 的政策目标。

下列企业出口的货物或劳务除另有规定外，适用增值税免税政策。

1. 出口企业或其他单位出口规定只免不退的货物

境内单位和个人提供适用增值税零税率的应税服务，如果属于适用简易计税方法的，则实行免征增值税办法，如小规模企业应税服务出口。

2. 出口企业或其他单位视同出口的下列货物或劳务

① 国家批准设立的免税店销售的免税货物。

② 特殊区域内的企业为境外的单位或个人提供加工修理修配劳务。

③ 同一特殊区域、不同特殊区域内的企业之间销售特殊区域内的货物。

3. 出口企业或其他单位未按规定申报或未补齐增值税退（免）税凭证的出口货物或劳务

① 未在国家税务总局规定的期限内申报增值税退（免）税的出口货物或劳务。

② 未在规定期限内申报开具"代理出口货物证明"的出口货物或劳务。

③ 已申报增值税退（免）税，却未在国家税务总局规定的期限内向税务机关补齐增值税退（免）税凭证的出口货物或劳务。

（三）出口不免税也不退税

增值税不免也不退就是不允许享受出口税收优惠，对不鼓励出口的货物或劳务的出口正常征收增值税。

下列出口货物或劳务不免税也不退税，即适用增值税征税政策。

① 出口企业出口或视同出口财政部和国家税务总局根据国务院决定明确的取消出口退

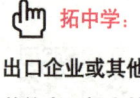

拓中学：
出口企业或其他单位出口规定的只免不退的货物

（免）税的货物。

②出口企业或其他单位销售给特殊区域内的生活消费用品和交通运输工具。

③出口企业或其他单位因骗取出口退税被税务机关停止办理增值税退（免）税期间出口的货物。

④出口企业或其他单位提供虚假备案单证的货物。

⑤出口企业或其他单位增值税退（免）税凭证有伪造或内容不实的货物。

⑥出口企业或其他单位未在国家税务总局规定期限内申报免税核销及主管税务机关审核不予免税核销的出口卷烟。

⑦出口企业或其他单位具有以下情形之一的出口货物或劳务。

- 将空白的出口货物报关单、出口收汇核销单等退（免）税凭证交由除签有委托合同的货代公司、报关行，或者由国外进口方指定的货代公司（提供合同约定或其他相关证明）以外的其他单位或个人使用的。
- 出口企业以自营名义出口，其出口业务实质上是由本企业及其投资的企业以外的其他经营者（或企业、个体经营者及其他个人）假借该出口企业名义操作完成的。
- 出口企业以自营名义出口，其出口的同一批货物既签订购货合同，又签订代理出口合同（或协议）的。
- 出口货物在海关验放后，出口企业自己或委托货代承运人对该笔货物的海运提单（其他运输方式的，以承运人交给发货人的运输单据为准）上的品名、规格等进行修改，造成出口货物报关单与海运提单有关内容不符的。
- 出口企业以自营名义出口，但不承担出口货物的质量、结汇或退税风险的，即出口货物发生质量问题不承担外方的索赔责任（合同中有约定质量责任承担者除外）；不承担未按期结汇导致不能核销的责任（合同中有约定结汇责任承担者除外）；不承担因申报出口退税的资料、单证等出现问题造成不退税责任的。
- 出口企业未实质参与出口经营活动、接受并从事由中间人介绍的其他出口业务，但仍以自营名义出口的。

二、增值税出口退税率

出口货物的退税率是指出口货物的实际退税额与退税计税依据的比例。其具体规定如下：

①除财政部和国家税务总局根据国务院决定而明确规定的增值税出口退税率外，出口货物的退税率为其适用征税率。申报出口退税时应查询国家税务总局发布的出口退税率文库，按照当时的有关规定执行。现行出口货物的增值税退税率在 5%～13%。

②出口企业委托加工修理修配货物，其加工、修理、修配费用的退税率为出口货物的退税率。

自 2019 年 4 月 1 日起，原适用 16% 税率且出口退税率为 16% 的出口货物或劳务，出口退税率调整为 13%；原适用 10% 税率且出口退税率为 10% 的出口货物、跨境应税行为，出口退税率调整为 9%。

③外贸企业购进按简易办法征税的出口货物、从小规模纳税人购进的出口货物，退税率分别为简易办法实际执行的征收率、小规模纳税人征收率。上述出口货物取得增值税专

用发票的，退税率按照增值税专用发票上的税率和出口货物退税率孰低的原则确定。

④出口服务、无形资产的纳税人，其适用退税率为其在境内提供对应服务、销售无形资产的增值税税率，即6%、9%和13%三档。境内的单位和个人销售适用增值税零税率的服务或无形资产的，可以放弃适用增值税零税率，选择免税或按规定缴纳增值税。放弃适用增值税零税率后，36个月内不得再申请适用增值税零税率。

⑤适用不同退税率的货物或劳务，应分开报关、核算并申报退（免）税，未分开报关、核算或划分不清的，从低适用退税率。

三、增值税退（免）税的计算

只有在适用既免税又退税的出口货物政策或提供适用零税率的应税服务时，才会涉及如何计算退税的问题。我国目前有两种退税计算方法：第一种是"免、抵、退"，主要适用于自营和委托出口自产货物的生产企业及提供适用零税率的应税服务和无形资产的企业；第二种是"免、退"，目前主要用于收购货物出口的外贸企业。

（一）生产企业出口货物、劳务、服务和无形资产的增值税免抵退税额的计算

以出口货物为例，实行免抵退税管理办法的免税是指对生产企业出口的自产货物，在出口时免征本企业生产销售环节增值税；抵税是指生产企业出口自产货物所耗用的原材料、零部件、燃料、动力等所含应予退还的进项税额，抵顶内销货物的应纳税额；退税是指生产企业出口的自产货物在当月内应抵顶的进项税额大于应纳税额时，对未抵顶完的部分予以退税。其具体步骤如下。

第1步 免税：是指对生产企业出口的自产货物和视同自产货物，免征本企业生产销售环节增值税。

第2步 剔税：是指计算不得免征、抵扣和退税的税额。当出口货物征税率与退税率不一致时，就会产生不予退税和不予抵扣的税额。其计算公式为：

当期免抵退税不得免征和抵扣税额＝当期出口货物离岸价格×外汇人民币牌价×（出口货物征税率－出口货物退税率）－当期免抵退税不得免征和抵扣税额抵减额

当期免抵退税不得免征当期免税和抵扣税额抵减额＝当期免税购进原材料价格×（出口货物征税率－出口货物退税率）

第3步 抵税：是指生产企业出口自产货物和视同自产货物所耗用的原材料、零部件、燃料、动力等所含应予退还的进项税额，抵顶内销货物的应纳税额，即计算当期应纳税额。其计算公式为：

当期应纳税额＝当期内销货物的销项税额－（当期进项税额－当期免抵退税不得免征和抵扣税额）－上期留抵税额

第4步 退税：是指生产企业出口自产货物在当月内应抵顶的进项税额大于应纳税额时，对未抵顶完的部分予以退税。根据第3步的计算结果，分为两种情况：

①如果当期应纳税额≥0，则表示应上缴的税额，不退税。

②如果当期应纳税额＜0，说明内销货物应纳税额与出口货物退税额相抵后尚有未抵完的进项税额，则其绝对值即是当期期末退税前的留抵税额，应根据第5步、第6步计算确定退税额。

项目二 增值税纳税实务

第 5 步　计算免抵退税额。

当期免抵退税额＝当期出口货物离岸价格×外汇人民币牌价×出口货物退税率－当期免抵退税额抵减额

当期免抵退税额抵减额＝当期免税购进原材料价格×出口货物退税率

第 6 步　计算当期应退税额和当期免抵税额。分别有以下几种情况。

① 当期应纳税额（第 3 步）≥0

当期期末退税前的留抵税额＝0

当期应退税额＝0

当期免抵税额＝当期免抵退税额

当期期末退税后的留抵税额＝0

② 当期应纳税额（第 3 步）＜0 且当期期末退税前的留抵税额（第三步绝对值）≤当期免抵退税额（第 5 步）

当期应退税额＝当期期末退税前的留抵税额

当期免抵税额＝当期免抵退税额－当期应退税额

当期期末退税后的留抵税额＝0

③ 当期应纳税额（第 3 步）＜0 且当期期末退税前的留抵税额（第 3 步绝对值）＞当期免抵退税额（第 5 步）

当期应退税额＝当期免抵退税额

当期免抵税额＝0

当期期末退税后的留抵税额＝当期期末留抵税额－当期应退税额

> **做中学**
>
> 某自营出口的生产企业为增值税一般纳税人，出口货物的征税率为 13%、退税率为 11%。
>
> 2021 年 5 月有关经营业务为：购进原材料一批，取得的增值税专用发票上注明的价款为 400 万元，外购货物准予抵扣的进项税额 52 万元通过认证；上期期末留抵税额 5 万元；本月内销货物不含税销售额 100 万元，收款 113 万元存入银行；本月出口货物的销售额折合人民币 200 万元。
>
> 2021 年 6 月有关经营业务为：购进原材料一批，取得的增值税专用发票上注明的价款为 150 万元；外购货物准予抵扣的进项税额 26 万元通过认证；本月内销货物不含税销售额 100 万元，收款 113 万元存入银行；本月出口货物的销售额折合人民币 200 万元。
>
> 请计算该企业 5 月和 6 月当期的免抵退税额。
>
> 解析：
>
> （1）5 月份
>
> ① 当期免抵退税不得免征和抵扣税额＝200×(13%-11%)＝4（万元）。
>
> ② 当期应纳税额＝100×13%-(52-4)-5＝13-48-5＝-40（万元）。
>
> ③ 出口货物免抵退税额＝200×11%＝22（万元）。
>
> ④ 按规定，如果当期期末留抵税额＞当期免抵退税额，则当期应退税额＝当期免抵退税额，即该企业当期应退税额＝22（万元）。

⑤当期免抵税额＝当期免抵退税额－当期应退税额时，该企业当期免抵税额＝22-22＝0。

⑥5月期末留抵结转下期继续抵扣税额＝40-22＝18（万元）。

（2）6月份

①当期免抵退税不得免征和抵扣税额＝200×(13%-11%)＝4（万元）。

②当期应纳税额＝100×13%-(26-4)-18＝13-22-18＝-27（万元）。

③出口货物免抵退税额＝200×11%＝22（万元）。

④按规定，如果当期期末留抵税额＞当期免抵退税额，则当期应退税额＝当期免抵退税额，即该企业当期应退税额＝22（万元）。

⑤当期免抵税额＝22-22＝0（万元）。

⑥6月期末留抵结转下期继续抵扣税额＝27-22＝5（万元）。

（二）零税率应税行为增值税免抵退税额的计算

免抵退税办法规定，零税率应税服务、无形资产提供者提供零税率应税服务和无形资产免征增值税。相应的进项税额抵减应纳税额（不包括适用增值税即征即退、先征后退政策的应纳税额），未抵减完的部分予以退还。其具体计算步骤如下。

第1步　当期应纳税额（或当期期末退税前的留抵税额）的计算。

$$当期应纳税额＝当期销项税额－当期进项税额－上期留抵税额$$

①如果当期应纳税额≥0，则表示应上缴的税额，不予退税。

②如果当期应纳税额＜0，则其绝对值即是当期期末退税前的留抵税额。

第2步　当期零税率服务或无形资产免抵退税额的计算。

$$当期零税率服务或无形资产免抵退税额＝当期零税率服务或无形资产免抵退税计税价格×外汇人民币牌价×零税率服务或无形资产增值税退税率$$

第3步　当期应退税额和当期免抵税额的计算。

（1）当期应纳税额（第1步）≥0

$$当期期末退税前的留抵税额＝0$$

$$当期应退税额＝0$$

$$当期免抵税额＝当期免抵退税额$$

$$当期期末退税后的留抵税额＝0$$

（2）当期应纳税额（第1步）＜0且当期期末退税前的留抵税额（第1步绝对值）≤当期免抵退税额（第2步）

$$当期应退税额＝当期期末退税前的留抵税额$$

$$当期免抵税额＝当期免抵退税额－当期应退税额$$

$$当期期末退税后的留抵税额＝0$$

（3）当期应纳税额（第1步）＜0且当期期末退税前的留抵税额（第1步绝对值）＞当期免抵退税额（第2步）

$$当期应退税额＝当期免抵退税额$$

$$当期免抵税额＝0$$

$$当期期末退税后的留抵税额＝当期期末退税前的留抵税额－当期应退税额$$

项目二 增值税纳税实务

> **做中学**
>
> 某国际运输公司已登记为一般纳税人,该企业实行免抵退税管理办法。该企业2021年8月实际发生如下业务。
> ① 该企业当月承接了3个国际运输业务,取得确认的收入60万元人民币。
> ② 该企业在增值税纳税申报时,期末留抵税额为15万元人民币。
> 要求:计算该企业当月的退税额。
> 解析:当期零税率服务免抵退税额=当期零税率服务免抵退税计税价格×外汇人民币牌价×零税率服务或无形资产增值税退税率=60×9%=5.4(万元)。
> 因为当期期末留抵税额15万元>当期免抵退税额5.4万元,所以当期应退税额=当期免抵退税额=5.4(万元)。
> 退税申报后,结转下期留抵的税额=15-5.4=9.6(万元)。

(三)外贸企业出口货物、劳务和应税行为增值税免抵退税额的计算

1. 外贸企业出口委托加工修理修配货物以外的货物

$$增值税应退税额=增值税退(免)税计税依据×出口货物退税率$$

2. 外贸企业出口委托加工修理修配货物

$$出口委托加工修理修配货物的增值税应退税额=委托加工修理修配的增值税退(免)税计税依据×出口货物退税率$$

3. 外贸企业兼营的零税率应税行为

$$外贸企业兼营的零税率应税行为应退税额=外贸企业兼营的零税率应税行为免退税计税依据×零税率应税行为增值税退税率$$

任务四 增值税纳税申报

一、增值税的征收管理

(一)纳税义务发生时间

1. 增值税纳税义务发生时间的一般规定

① 纳税人销售货物、劳务、服务、无形资产或不动产,其增值税纳税义务发生时间为收讫销售款或取得销售款凭据的当天;先开具发票的,为开具发票的当天。
② 纳税人进口货物,其增值税纳税义务发生时间为报关进口的当天。
③ 增值税扣缴义务发生时间为纳税人增值税纳税义务发生的当天。

2. 增值税纳税义务发生时间的具体规定

① 采取直接收款方式销售货物的,不论货物是否发出,均为收到销售款或索取销售款凭据的当天。

② 采取托收承付和委托银行收款方式销售货物的,为发出货物并办妥托收手续的当天。

③ 采取赊销和分期收款方式销售货物的,为书面合同约定的收款日期的当天,无书面合同的或书面合同没有约定收款日期的,为货物发出的当天。

④ 采取预收货款方式销售货物的,为货物发出的当天。但生产销售生产工期超过12个月的大型机械设备、船舶、飞机等货物,为收到预收货款或书面合同约定的收款日期的当天。

⑤ 纳税人提供建筑服务、租赁服务采取预收款方式的,其纳税义务发生时间为收到预收款的当天。

⑥ 委托其他纳税人代销货物的,为收到代销单位的代销清单或收到全部或部分货款的当天,未收到代销清单及货款的为发出代销货物满180天的当天。

⑦ 销售应税劳务的,为提供劳务同时收讫销售款或取得销售款凭据的当天。

⑧ 纳税人从事金融产品转让的,为金融商品所有权转移的当天。

⑨ 纳税人发生视同销售行为,其纳税义务发生时间为货物移送、服务及无形资产转让完成的当天或不动产权属变更的当天。

(二)纳税期限

增值税的纳税期限分为1日、3日、5日、10日、15日、1个月或1个季度。纳税人的具体纳税期限,由主管税务机关根据纳税人应纳税额的大小分别核定;不能按照固定期限纳税的,可以按次纳税。

纳税人以1个月或1个季度为一个纳税期的,自期满之日起15日内申报纳税;以1日、3日、5日、10日或15日为一个纳税期的,自期满之日起5日内预缴税款,于次月1日起15日内申报纳税并结清上月应纳税款。以1个季度为纳税期限的规定适用于小规模纳税人、银行、财务公司、信托投资公司、信用社,以及财政部和国家税务总局规定的其他纳税人。

扣缴义务人解缴税款的期限,依照上述规定执行。

纳税人进口货物,应当自海关填发进口增值税专用缴款书之日起15日内缴纳税款。

(三)纳税地点

① 固定业户应当向其机构所在地或居住地的主管税务机关申报纳税。总机构和分支机构不在同一县(市)的,应当分别向各自所在地的主管税务机关申报纳税;经国务院财政部和国家税务总局或其授权的财政和税务机关批准,可以由总机构汇总向总机构所在地的主管税务机关申报纳税。

固定业户跨县(市)提供建筑服务或销售不动产、租赁不动产,应按规定在建筑服务发生地或不动产所在地预缴税款后,向机构所在地税务机关进行纳税申报。

固定业户到外县(市)销售货物、劳务或应税服务,应当向其机构所在地的主管税务机关申请开具外出经营活动税收管理证明,并向其机构所在地的主管税务机关申报纳税;未开具证明的,应当向销售地、劳务或服务发生地的主管税务机关申报纳税;未向销售地、劳务或服务发生地的主管税务机关申报纳税的,由其机构所在地的主管税务机关补征税款。

② 非固定业户销售货物、劳务或应税服务,应当向应税行为发生地的主管税务机关申报纳税;未申报纳税的,由其机构所在地或居住地的主管税务机关补征税款。

③ 其他个人提供建筑服务、销售或租赁不动产、转让自然资源使用权,应向建筑服务发生地、不动产所在地、自然资源所在地主管税务机关申报纳税。

④ 进口货物,应当向报关地海关申报纳税。

⑤扣缴义务人应当向其机构所在地或居住地的主管税务机关申报缴纳其扣缴的税款。

二、增值税的纳税申报

（一）一般纳税人的纳税申报

1. 申报程序

一般纳税人办理纳税申报，需要经过专用发票认证、抄税、报税、办理申报等步骤。

① 专用发票认证（或增值税发票查询平台勾选确认）。增值税专用发票的认证方式可选择手工认证和网上认证：手工认证是由单位办税员月底持专用发票抵扣联到所属主管税务机关服务大厅认证窗口进行认证；网上认证是由纳税人月底前通过扫描仪将专用发票抵扣联扫入认证专用软件，生成电子数据，将数据文件传输给税务机关完成认证。

自2016年3月1日起，陆续将A级、B级、C级和M级的增值税一般纳税人纳入取消增值税发票认证的纳税人范围，可以不再进行扫描认证，而是登录增值税发票选择确认平台进行查询、勾选确认用于申报抵扣或出口退税的增值税发票信息。

② 抄税。抄税通常是在次月1日到报税前（一般为次月15日前）接入金税盘或税务Ukey，登录开票系统，点击汇总上传即可。经过抄税，所有开具的销项发票进入金税系统。

③ 办理申报。申报工作可分为上门申报和网上申报，即在报税期内（一般为次月15日前）到主管税务机关办理纳税申报，或者通过互联网将增值税及附加税费申报表主表、附表及其他必报资料的电子信息传送至电子申报系统。

④ 税款缴纳。税务机关将申报表单据送到开户银行，由银行进行自动转账处理。对于未实行税库银联网的纳税人，需要自己到税务机关指定的银行进行现金缴纳。

2. 申报资料

电子信息采集系统的一般纳税人纳税申报资料包括：

① 增值税及附加税费申报表（一般纳税人适用）（主表）和反映本期销售情况明细的增值税及附加税费申报表附列资料（一）；反映本期进项税额明细的增值税及附加税费申报表附列资料（二）；反映营改增纳税人服务、不动产和无形资产扣除明细的增值税及附加税费申报表附列资料（三）；反映税额抵减情况的增值税及附加税费申报表附列资料（四）；反映附加税费情况的增值税及附加税费申报表附列资料（五）；增值税减免税申报明细表。

② 资产负债表和利润表。

③ 海关完税凭证抵扣清单。

④ 代开发票抵扣清单。

⑤ 备查资料：已开具普通发票存根联；符合抵扣条件并且在本期申报抵扣的增值税专用发票抵扣联；海关进口货物完税凭证、购进农产品普通发票存根联原件及复印件；收购发票；代扣代缴税款凭证存根联；主管税务机关规定的其他备查资料。

任务分析（五）

张平依据《增值税暂行条例》《增值税暂行条例实施细则》填报义乌红星皮具有限公司8月增值税纳税申报表各表，如表2-1至表2-5所示。

表 2-1 增值税及附加税费申报表（一般纳税人适用）

根据国家税收征收法律法规及增值税相关法规规定制定本表。纳税人不论有无销售额，均应按税务机关核定的纳税期限填写本表，并向当地税务机关申报。

税款所属时间：自 2021 年 8 月 1 日至 2021 年 8 月 31 日　　填表日期：2021 年 9 月 7 日

金额单位：元至角分
所属行业：工业

纳税人识别号（统一社会信用代码）：91110106091564238						
纳税人名称	义乌红星皮具有限公司（公章）	法定代表人姓名	季诚	注册地址	义乌市稠州北路799号	生产经营地址	义乌市稠州北路799号
开户银行及账号	交通银行义乌分行 11000204905248615447			登记注册类型	其他有限责任公司	电话号码	86254723

	项　目	栏次	一般项目		即征即退项目	
			本月数	本年累计	本月数	本年累计
销售额	（一）按适用税率计税销售额	1	4 388 352.58	—	—	—
	其中：应税货物销售额	2	2 135 450	—	—	—
	应税劳务销售额	3	1 649 129	—	—	—
	纳税检查调整的销售额	4		—	—	—
	（二）按简易办法计税销售额	5		—	—	—
	其中：纳税检查调整的销售额	6		—	—	—
	（三）免抵退办法出口销售额	7		—	—	—
	（四）免税销售额	8		—	—	—
	其中：免税货物销售额	9		—	—	—
	免税劳务销售额	10		—	—	—
税款计算	销项税额	11	497 089.61			
	进项税额	12	252 432.66			
	上期留抵税额	13	0.00			
	进项税额转出	14	180.96			
	免抵退应退税额	15				
	按适用税率计算的纳税检查应补缴税额	16				
	应抵扣税额合计	17=12+13-14-15+16	252 251.70			
	实际抵扣税额	18（如17＜11，则为17，否则为11）	252 251.70			
	应纳税额	19=11-18	244 837.91			
	期末留抵税额	20=17-18	0.00			

(续表)

项目二 增值税纳税实务

项 目		栏 次	一般项目		即征即退项目	
			本月数	本年累计	本月数	本年累计
税款计算	按简易计税办法计算的纳税检查应补缴税额	22			—	—
	应纳税额减征额	23				
	应纳税额合计	24=19+21-23	244 837.91		—	—
	期初未缴税额（多缴为负数）	25	14 6235		—	—
	实收出口具专用缴款书退税税额	26	146 235.00		—	—
	本期已缴税额	27=28+29+30+31	146 235		—	—
	①分次预缴税额	28		—		—
	②出口开具专用缴款书预缴税额	29		—	—	—
	③本期缴纳上期应纳税额	30		—		—
税款缴纳	④本期缴纳欠缴税额	31		—	—	—
	期末未缴税额（多缴为负数）	32=24+25+26-27	244 837.91		—	—
	其中：欠缴税额（≥0）	33=25+26-27	0.00		—	—
	本期应补（退）税额	34=24-28-29	244 837.91		—	—
	即征即退实际退税额	35	—	—		
	期初未缴查补税额	36			—	—
	本期入库查补税额	37			—	—
	期末未缴查补税额	38=16+22+36-37			—	—
附加税费	城市维护建设税本期应补（退）税额	39	17 138.65			
	教育费附加本期应补（退）费额	40	7 345.14			
	地方教育附加本期应补（退）费额	41	4 896.76			

声明：此表是根据国家税收法律法规及相关规定填写的，本人（单位）对填报内容（及附带资料）的真实性、可靠性、完整性负责。

纳税人（签章）：

经办人：
经办人身份证号：
代理机构签章：
代理机构统一社会信用代码：

受理人：
受理税务机关（章）：
受理日期：　年 月 日

年 月 日

表2-2 增值税及附加税申报表附列资料（一）（本期销售情况明细）

税款所属时间：2021年8月1日至2021年8月31日

纳税人名称：（公章）　　　　　　　　　　　　　　　　　　　　　　　　金额单位：元至角分

项目及栏次		开具增值税专用发票		开具其他发票		未开具发票		纳税检查调整		合计			服务、不动产和无形资产扣除项目本期实际扣除金额	含税（免税）销售额	扣除后销项（应纳）税额
		销售额	销项（应纳）税额	销售额	销项（应纳）税额	销售额	销项（应纳）税额	销售额	销项（应纳）税额	销售额	销项（应纳）税额	价税合计			
		1	2	3	4	5	6	7	8	9=1+3+5+7	10=2+4+6+8	11=9+10	12	13=11-12	14=13÷(100%+税率或征收率)×税率或征收率
一、一般计税方法计税	全部征税项目														
	1　13%税率的货物及加工修理修配劳务	3784579	491995.27	0.00	0.00	0.00	0.00							—	—
	2　13%税率的服务、不动产和无形资产	0.00		0.00		0.00							—	—	—
	3　9%税率的货物及加工修理修配劳务	0.00		0.00		0.00							—	—	—
	4　9%税率的服务、不动产和无形资产	0.00		0.00		0.00									
	5　6%税率	603773.58	36226.42	0.00		0.00									

（续表）

项目及栏次		开具增值税专用发票		开具其他发票		未开具发票		纳税检查调整		合计			服务、不动产和无形资产扣除项目本期实际扣除金额	扣除后	
		销售额	销项(应纳)税额	销售额	销项(应纳)税额	销售额	销项(应纳)税额	销售额	销项(应纳)税额	销售额	销项(应纳)税额	价税合计		含税(免税)销售额	销项(应纳)税额
		1	2	3	4	5	6	7	8	9=1+3+5+7	10=2+4+6+8	11=9+10	12	13=11-12	14=13÷(100%+税率或征收率)×税率或征收率
一、一般计税方法计税	其中：即征即退项目	即征即退货物及加工修理修配劳务 6		—	—	—	—	—	—	—	—	—	—	—	—
		即征即退服务、不动产和无形资产 7		—	—	—	—	—	—	—	—	—	—	—	—
二、简易方法计税	全部征税项目	6%征收率 8													
		5%征收率的货物及加工修理修配劳务 9a														
		5%征收率服务、不动产和无形资产 9b														
		4%征收率 10														
		3%征收率的货物及加工修理修配劳务 11														
		3%征收率的服务、不动产和无形资产 12														

（续表）

项目及栏次			开具增值税专用发票	开具其他发票	未开具发票		纳税检查调整		合　计			服务、不动产和无形资产扣除项目本期实际扣除金额	扣除后	
			销售额	销项（应纳）税额	销售额	销项（应纳）税额	销售额	销项（应纳）税额	销售额	销项（应纳）税额	价税合计		含税（免税）销售额	销项（应纳）税额
			1	2	3	4	5	6	7	8	9=1+3+5+7	10=2+4+6+8	11=9+10	12	13=11-12	14=13÷(100%+税率或征收率)×税率或征收率
二、简易计税方法计税	全部征税项目	13a												
		13b 预征率 %	—	—	—	—	—	—	—	—	—	—	—	—
		13c 预征率 %	—	—	—	—	—	—	—	—	—	—	—	—
	其中：即征即退项目	14 即征即退货物及加工修理修配劳务												
		15 即征即退服务、不动产和无形资产												
三、免抵退税		16 货物及加工修理修配劳务		—		—		—		—		—	—	—
		17 服务、不动产和无形资产		—		—		—		—		—	—	—
四、免税		18 货物及加工修理修配劳务		—		—		—		—		—	—	—
		19 服务、不动产和无形资产		—		—		—		—		—	—	—

表 2-3　增值税及附加税申报表附列资料（二）（本期进项税额明细）

税款所属时间：2021 年 8 月 1 日至 2021 年 8 月 31 日

纳税人名称：（公章）　　　　金额单位：元至角分

项　目	栏次	份数	金　额	税　额
一、申报抵扣的进项税额				
（一）认证相符的增值税专用发票	1=2+3	21	2 020 804.60	252 260.09
其中：本期认证相符且本期申报抵扣	2	21	2 020 804.60	252 260.09
前期认证相符且本期申报抵扣	3			
（二）其他扣税凭证	4=5+6+7+8a+8b	2	1 917.43	172.57
其中：海关进口增值税专用缴款书	5			
农产品收购发票或销售发票	6			
代扣代缴税收缴款凭证	7	—	—	
加计扣除农产品进项税额	8a	2	1 917.43	172.57
其他	8b			
（三）本期用于购建不动产的扣税凭证	9	3	139 000	15340
（四）本期用于抵扣的旅客运输服务扣税凭证	10	2	1 917.43	172.57
（五）外贸企业进项税额抵扣证明	11	—	—	
当期申报抵扣进项税额合计	12=1+4+11	23	2 022 722.03	252 432.66
二、进项税额转出额				
本期进项税额转出额	13=14至23之和		180.96	
其中：免税项目用	14			
集体福利、个人消费	15		180.96	
非正常损失	16			
简易计税方法征税项目用	17			
免抵退税办法不得抵扣的进项税额	18			
纳税检查调减进项税额	19			
红字专用发票信息表注明的进项税额	20			

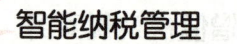

（续表）

项　目	栏　次		税　额
上期留抵税额抵减欠税	21		
上期留抵税额退税	22		
其他应做进项税额转出的情形	23		
三、待抵扣进项税额			
（一）认证相符的增值税专用发票	24	—	—
期初已认证相符但未申报抵扣	25		
本期认证相符且本期未申报抵扣	26		
期末已认证相符但未申报抵扣	27		
其中：按照税法规定不允许抵扣	28		
（二）其他扣税凭证	29=30至33之和	0	0.00
其中：海关进口增值税专用缴款书	30		
农产品收购发票或销售发票	31	—	—
代扣代缴税收缴款凭证	32		0.00
其他	33	—	—
四、其他	34		
本期认证相符的增值税专用发票	35	21	2 020 804.60
代扣代缴税额	36	—	252 260.09

纳税人名称：（公章）

表 2-4 增值税及附加税费申报表附列资料（三）（服务、不动产和无形资产扣除项目明细）

税款所属时间：2021 年 8 月 1 日至 2021 年 8 月 31 日

金额单位：元至角分

项目及栏次		本期服务、不动产和无形资产价税合计额（免税销售额）	服务、不动产和无形资产扣除项目			
			期初余额	本期发生额	本期应扣除金额 4=2+3	本期实际扣除金额 5（5≤1且5≤4）	期末余额 6=4-5
		1	2	3	4=2+3	5	6=4-5
13%税率的项目	1				0.00		0.00
9%税率的项目	2				0.00		0.00
6%税率的项目（不含金融商品转让）	3						
6%税率的金融商品转让项目	4	640 000		550 000	550 000.00	550 000	0.00
5%征收率的项目	5				0.00		0.00
3%征收率的项目	6				0.00		0.00
免抵退税的项目	7				0.00		0.00
免税的项目	8						

增值税及附加税费申报表附列资料（四）（税额抵减情况表）、增值税减免税申报明细表略。

表 2-5 增值税及附加税费申报表附列资料（五）（附加税费情况表）

税（费）款所属时间：2021年8月1日至2021年8月31日

纳税人名称：（公章）　　　　　　　　　　　　　　　　　　金额单位：元（列至角分）

税（费）种		计税（费）依据			税（费）率/%	本期应纳税（费）额	本期减免税（费）额		试点建设培育产教融合型企业		本期已缴税（费）额	本期应补（退）税额
		增值税税额	增值税免抵税额	留抵退税本期扣除额			减免性质代码	减免税（费）额	减免性质代码	本期抵免金额		11=5-7-9-10
		1	2	3	4	5=(1+2-3)×4	6	7	8	9	10	
城市维护建设税	1	244 837.91	0	0	7	17 138.65	—	0	—	0	10	17 138.65
教育费附加	2	244 837.91	0	0	3	7 345.14	—	0	—	0	0	7 345.14
地方教育附加	3	244 837.91	0	0	2	4 896.76	—	0	—	0	0	4 896.76
合 计	4	—	—	—	—	29 380.55	—	—	—	—	0	29 380.55
本期是否适用试点建设培育产教融合型企业抵免政策					否							
可用于扣除的增值税留抵退税额使用情况	当期新增抵投资额											5
	上期留抵可抵免金额											6
	结转下期可抵免金额											7
	当期新增可用于扣除的留抵退税额											8
	上期结存可用于扣除的留抵退税额											9
	结转下期可用于扣除的留抵退税额											10

（二）小规模纳税人的纳税申报

小规模纳税人纳税申报时，应填写增值税及附加税费申报表（小规模纳税人适用）及其附列资料。

知识小结

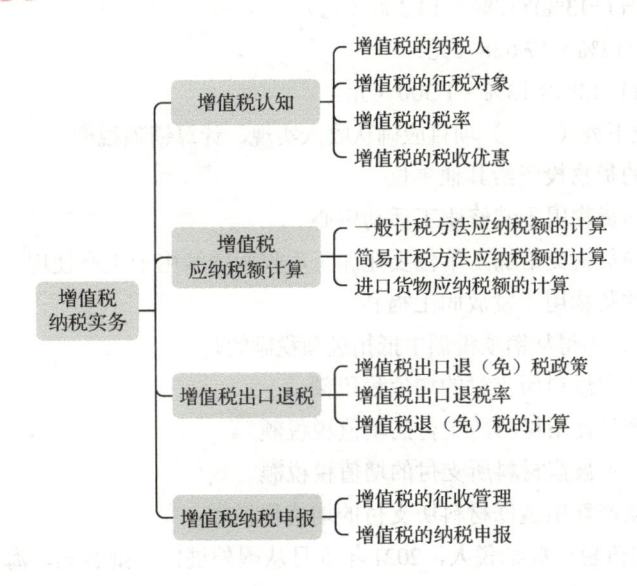

```
                  ┌─ 增值税认知 ──┬─ 增值税的纳税人
                  │              ├─ 增值税的征税对象
                  │              ├─ 增值税的税率
                  │              └─ 增值税的税收优惠
                  │
                  ├─ 增值税应纳税 ┬─ 一般计税方法应纳税额的计算
                  │   额计算     ├─ 简易计税方法应纳税额的计算
  增值税纳税实务 ─┤              └─ 进口货物应纳税额的计算
                  │
                  ├─ 增值税出口退税 ┬─ 增值税出口退（免）税政策
                  │                ├─ 增值税出口退税率
                  │                └─ 增值税退（免）税的计算
                  │
                  └─ 增值税纳税申报 ┬─ 增值税的征收管理
                                   └─ 增值税的纳税申报
```

知识巩固

一、单项选择题

1. 下列纳税人中，不属于增值税一般纳税人的是（　　）。
   A. 年销售额为 600 万元的从事货物生产的个体经营者
   B. 年销售额为 600 万元的从事货物批发的其他个人
   C. 年销售额为 800 万元的从事货物生产的企业
   D. 年销售额为 700 万元的从事货物批发零售的企业

2. 下列增值税税目，（　　）属于交通运输业服务。
   A. 港口码头服务　　　　　　　　B. 无运输工具承运业务
   C. 水路运输的光租业务　　　　　D. 航空运输的干租业务

3. 下列选项中，不属于生活服务的是（　　）。
   A. 文化体育服务　　　　　　　　B. 教育医疗服务
   C. 餐饮住宿服务　　　　　　　　D. 贷款服务

4. 下列关于租赁服务的表述中，不正确的是（　　）。
   A. 将建筑物、构筑物等不动产或飞机、车辆等有形动产的广告位出租给其他单位或个人用于发布广告，按照经营租赁服务缴纳增值税
   B. 技术转让按销售服务缴纳增值税
   C. 水路运输的光租业务、航空运输的干租业务，属于经营租赁

D. 车辆停放服务,按不动产经营租赁服务缴纳增值税

5. 金花首饰店为增值税一般纳税人。2021年9月采取"以旧换新"方式销售一批金项链。该批金项链含增值税价款为145 600元,换回的旧项链作价134 300元,该首饰店实际收取差价款11 300元。该首饰店当月该笔业务增值税销项税额的下列计算中,正确的是(　　)。
  A. 145 600÷(1+13%)×13% = 15 600(元)
  B. 124 300÷(1+13%)×13% = 14 300(元)
  C. 145 600×13% = 17 628(元)
  D. 11 300÷(1+13%)×13% = 1 300(元)

6. 某生产企业下列(　　)项目应确认收入实现,计算销项税额。
  A. 将购买的货物投资给其他单位
  B. 将购买的货物用于装修职工活动中心
  C. 将购买的货物交给加工单位委托加工后收回继续用于生产使用
  D. 将购买的货物用于发放职工福利

7. 下列各项中,不得从销项税额中抵扣进项税额的是(　　)。
  A. 购进生产用燃料所支付的增值税税额
  B. 不合格产品耗用材料所支付的增值税税额
  C. 因管理不善被盗材料所支付的增值税税额
  D. 购进不动产耗用装修材料所支付的增值税税额

8. 甲公司为增值税一般纳税人,2021年5月从国外进口一批音响,海关核定的关税完税价格为116万元,缴纳关税11.6万元。该笔业务应缴纳增值税税额的下列计算中,正确的是(　　)。
  A. 116×13% = 15.08(万元)
  B. (116+11.6)×13% = 16.588(万元)
  C. 116÷(1+13%)×13% = 13.35(万元)
  D. (116+11.6)÷(1+13%)×13% = 14.68(万元)

9. 下列选项中,应征收增值税的是(　　)。
  A. 被保险人获得的保险赔付　　　B. 存款利息
  C. 银行销售金银　　　D. 代收的住宅专项维修资金

10. 一般纳税人销售货物可以开具增值税专用发票的是(　　)。
  A. 零售劳保专用品　　　B. 向消费者个人销售货物
  C. 批发计生用品　　　D. 二手车经销单位销售非自用二手车

二、多项选择题

1. 增值税纳税义务发生时间可以是(　　)。
  A. 进口货物为报关进口的当天
  B. 发生视同销售行为的,为货物移送的当天
  C. 委托他人代销货物的,为发出代销货物的当天
  D. 直接收款方式销售货物的,无论货物是否发出,均为收讫销货款或收取销货款凭据的当天

2. 下列选项中,属于增值税销售额组成部分的价外费用的有(　　)。

A. 向购买方收取的手续费、补贴、集资费

B. 向购买方收取的包装费、包装物租金

C. 向购买方收取的销项税额

D. 向购买方收取的滞纳金、延期付款的利息、赔偿金

3. 纳税人购进国内旅客运输服务未取得增值税专用发票，取得注明旅客身份信息的旅客客运发票的，暂按以下（　　　　）确定进项税额。

A. 航空旅客运输进项税额＝（票价＋燃油附加费）÷(1+9%)×9%

B. 铁路旅客运输进项税额＝票面金额÷(1+9%)×9%

C. 公路水路等其他旅客运输进项税额＝票面金额÷(1+3%)×3%

D. 公路水路等其他旅客运输进项税额＝票面金额÷(1+6%)×6%

4. 根据增值税法律制度的规定，一般纳税人购进货物取得的下列合法凭证中，属于增值税扣税凭证的有（　　　　）。

A. 税控机动车销售统一发票　　　　B. 海关进口增值税专用缴款书

C. 农产品收购发票　　　　　　　　D. 增值税普通发票

5. 根据增值税法律制度的规定，下列表述正确的有（　　　　）。

A. 增值税一般纳税人资格实行登记制

B. 个体工商户以外的其他个人年应税销售额超过小规模纳税人标准的，不需要向主管税务机关提交书面说明

C. 除国家税务总局另有规定外，纳税人一经认定为一般纳税人后，不得转为小规模纳税人

D. 纳税人（除个人外）年应税销售额超过规定标准且符合有关政策规定，选择按小规模纳税人纳税的，无须向主管税务机关提交书面说明

6. 根据增值税法律制度的规定，纳税人提供的下列应税服务，适用增值税零税率的有（　　　　）。

A. 在境内载运旅客、货物出境服务　　B. 国际货物运输代理服务

C. 在境外提供的研发服务　　　　　　D. 在境外提供的广播影视节目的播映服务

7. 根据增值税法律制度的规定，一般纳税人企业下列进项税额，准予从销项税额中扣除的有（　　　　）。

A. 餐饮服务　　B. 广告服务　　C. 贷款服务　　D. 住宿服务

8. 我国出口货物增值税的退税政策有（　　　　）。

A. 先征后退　　　　　　　　　B. 出口免税并退税

C. 出口免税不退税　　　　　　D. 出口不免税也不退税

9. 大发公司以价值 200 000 元的货物与兴欣公司价值 190 000 元货物相交换，余款开出转账支票补付。两公司的税务处理正确的是（　　　　）。

A. 大发公司以 200 000 元计算销项税额，并开具增值税专用发票，作为兴欣公司抵扣进项税额的合法凭证

B. 兴欣公司以 190 000 元计算销项税额，并开具增值税专用发票，作为大发公司抵扣进项税额的合法凭证

C. 兴欣公司以 10 000 元计算销项税额，大发公司不用缴纳增值税

D. 大发公司、兴欣公司各自以 390 000 元计算销项税额，大发公司不用缴纳增值税

10. 下列关于单独核算、为销售货物而出租出借包装物所收取的押金是否计入销售额的规定，正确的有（　　　　）。

  A. 时间在一年以内，又未过期的，不计入销售额征税

  B. 除啤酒、黄酒之外的其他酒类包装物押金，一律并入销售额征税

  C. 对收取一年以上的押金无论是否退回均并入销售额征税

  D. 并入销售额征税时，先将包装物押金换算成不含税价

三、判断题

1. 年应税销售额超过小规模纳税人标准的非企业性单位和不经常发生应税行为的企业可以自行选择小规模纳税人纳税。（　　）

2. 纳税人提供有形动产租赁服务采取预收款方式的，其纳税义务发生时间为收到预收款的当天。（　　）

3. 根据营改增的规定，单位和个体工商户向其他单位或个人无偿提供交通运输服务、邮政服务和部分现代服务视同提供应税服务，征收增值税。但以公益活动为目的或以社会公众为对象的除外。（　　）

4. 大昌运输公司以自有的货车从事运输服务，后又划拨一部分货车成立租赁分公司。分公司专营对外出租货车的业务，不能独立核算租赁收入。按照税法规定，该运输公司从事运输服务和租赁服务的收入应全部按照"交通运输服务"税目缴纳增值税。（　　）

5. 纳税人出口货物适用零税率，但是国务院另有规定的除外。（　　）

6. 赵四于 2021 年 5 月出售自有房屋一套，售价 600 万元，由于销售服务、无形资产或不动产的年应税销售额超过 500 万元，因此应当登记为一般纳税人。（　　）

7. 房地产开发企业中的一般纳税人销售其开发的房地产项目（选择简易计税方法的房地产老项目除外），以取得的全部价款和价外费用为销售额。（　　）

8. 个人提供应税服务的销售额未达到增值税起征点的，免征增值税；达到起征点的，就超过部分计算缴纳增值税。（　　）

9. 固定业户应当向其机构所在地的主管税务机关申报缴纳增值税。（　　）

10. 纳税人进口货物，应当自海关填发进口增值税专用缴款书之日起 10 日内缴纳税款。（　　）

四、业务题

1. 某公司为增值税一般纳税人，本年 9 月份发生业务如下。

（1）外购原材料一批，取得的增值税专用发票上注明价款 100 万元、增值税税额 13 万元。

（2）进口原材料一批，海关完税凭证上注明的已纳税额为 10 万元。

（3）外购免税农产品，用于销售的支付价款 100 万元，另支付运费。取得的增值税专用发票上注明价款 10 万元、增值税税额 0.9 万元。

（4）因管理不善，产品被盗损失 20 万元。已知产品适用 13% 的税率。

（5）购买 200 套服装用于职工福利。价值 3 万元，取得增值税专用发票。

（6）总经理因公出差，餐费支出 3 000 元，取得增值税普通发票；住宿费支出 1 000 元，

项目二 增值税纳税实务

取得增值税专用发票，注明增值税税额 60 元；交回本人高铁票两张，票价分别为 150 元、170 元。

要求：计算该企业本月准予抵扣的进项税额。

2. 嘉年华酒店为增值税一般纳税人，主要提供餐饮、住宿服务。本年 8 月有关经营情况如下。

（1）提供餐饮、住宿服务取得含增值税收入 1 230 万元。

（2）出租餐饮设备取得含增值税收入 30 万元，出租房屋取得含增值税收入 6.2 万元。

（3）提供车辆停放服务取得含增值税收入 9 万元。

（4）员工出差，火车票、飞机票（注明员工身份信息）支出合计 10 万元。

（5）支付技术咨询服务费，取得的增值税专用发票上注明增值税税额 1.2 万元。

（6）购进卫生用具一批，取得的增值税专用发票上注明增值税税额 1.6 万元。

（7）从农业合作社购进蔬菜，取得农产品销售发票，注明买价 100 万元。

已知取得的扣税凭证均已通过税务机关认证。

要求：（1）计算嘉年华酒店当月的销项税额。

（2）计算嘉年华酒店当月的进项税额。

（3）计算嘉年华酒店当月的应纳税额。

3. 华康电视机厂为增值税一般纳税人，本年 12 月有关经营情况如下。

（1）向五星商场销售 L 型彩电 500 台，每台不含税售价 4 300 元。货款已收到，已开出增值税专用发票，另收取包装物租金 56 500 元。

（2）采取以旧换新方式销售 M 型彩电 400 台，M 型彩电同期含增值税销售单价 4 520 元/台，旧彩电每台折价 316.4 元。

（3）购进生产用液晶面板，取得的增值税专用发票上注明增值税税额 480 000 元。

（4）购进劳保用品，取得的增值税普通发票上注明增值税税额 300 元。

（5）购进一辆销售部门和职工食堂混用的货车，取得的税控机动车销售统一发票上注明增值税税额 96 000 元。

（6）组织职工夏季旅游，支付住宿费，取得的增值税专用发票上注明增值税税额 1 200 元。

（7）将自产 L 型彩电无偿赠送给某医院 100 台、委托某商场代销 600 台、作为投资提供给某培训机构 200 台；购进 30 台计算机奖励给业绩突出的职工。

已知取得的扣税凭证已通过税务机关认证。

要求：（1）计算华康电视机厂本月销项税额。

（2）计算华康电视机厂本月进项税额。

（3）计算华康电视机厂本月应纳税额。

项目三

消费税纳税实务

↘ 知识目标
- 了解消费税纳税人、征税范围。
- 掌握消费税的纳税环节。
- 掌握消费税应纳税额的计算。
- 了解消费税出口退（免）税政策。
- 掌握消费税纳税申报表的填列方法。
- 熟悉消费税纳税申报流程和方法。

↘ 技能目标
- 能准确判断消费税的纳税环节和纳税人。
- 能计算消费税的应纳税额。
- 能准确计算自产自用应税消费品的消费税应纳税额。
- 能准确计算委托加工应税消费品的消费税应纳税额。

↘ 素质目标
培养爱岗敬业、诚实守信、坚持准则、依法纳税、强化服务等职业道德。

任务情境

前进卷烟厂为增值税一般纳税人，2021年10月发生的业务如下。

① 10月8日，购买一批烟叶。取得的增值税专用发票上注明的价款为20万元、增值税税额为2.6万元。

② 10月10日，外购一批烟丝。取得的增值税专用发票上注明的价款为165万元、增值税税额为21.45万元。当月领用80%用于继续生产卷烟。

③ 10月12日，缴纳上月应缴未缴消费税80万元。

④ 10月15日，采用分期收款的方式销售前进牌卷烟180标准箱（1标准箱=250标准条，1标准条=250支）。不含税销售额为650万元，合同规定当月收取价款的70%，实际收到40%。采用直接收款的方式销售跃进牌卷烟80标准箱，不含税销售额为380万元。

⑤ 10月20日，将200标准箱跃进牌卷烟转移给下设的非独立核算门市部。门市部当月将其销售，取得不含税销售额900万元。

⑥ 10月25日，没收前进牌卷烟逾期包装物押金3.39万元。

项目三　消费税纳税实务

⑦ 10月27日，接受大福林卷烟厂委托加工一批烟丝，前进卷烟厂代收代缴消费税。已知大福林卷烟厂提供烟叶的成本为不含税价95万元，前进卷烟厂收取加工费不含税价20万元。大福林卷烟厂尚未销售收回的烟丝。

任务要求

（一）分析任务情境中消费税的纳税人、征税范围和税率。
（二）分析任务情境中消费税的应纳税额。
（三）对任务情境中的应税消费品进行消费税纳税申报。

知识研学

任务一　消费税认知

消费税是对我国境内从事生产、委托加工和进口应税消费品的单位与个人，就其销售额或销售数量在特定环节征收的一种税。简而言之，消费税是对特定的消费品和消费行为征收的一种税。征收消费税的目的是调节产品结构、引导消费方向、保证国家财政收入。

微课：消费税认知

一、消费税的纳税人

按照《中华人民共和国消费税法（征求意见稿）》（以下简称《消费税法》）规定，在我国境内生产、委托加工和进口规定的消费品的单位与个人，以及国务院确定的销售规定的消费品的其他单位和个人，为消费税的纳税人。其中，境内是指生产、委托加工和进口属于应当缴纳消费税的消费品的起运地或所在地在境内。消费税是在对所有货物普遍征收增值税的基础上选择少量消费品征收的，因此消费税的纳税人同时也是增值税的纳税人。其具体包括：

① 生产销售除金银首饰、钻石及钻石饰品、铂金首饰以外的应税消费品的单位和个人。
② 零售金银首饰、钻石及钻石饰品、铂金首饰和超豪华小汽车的单位与个人。
③ 委托加工应税消费品的单位和个人。
④ 进口应税消费品的单位和个人。
⑤ 批发卷烟的单位和个人。

法规：《中华人民共和国消费税法（征求意见稿）》

任务分析（一）

在任务情境中，前进卷烟厂的主营业务是烟丝、卷烟的生产、进口及销售，消费税的纳税人为前进卷烟厂。大福林卷烟厂委托前进卷烟厂加工烟丝，受托加工的烟丝也应代扣代缴消费税。

二、消费税的征税范围

消费税的征税范围包括烟、酒、高档化妆品等 15 个税目，有的税目还进一步划分若干子目。

（一）烟

烟是指以烟叶为原料加工生产的产品，包括卷烟（分生产环节和批发环节）、雪茄烟和烟丝。

① 卷烟包括出口卷烟、白包卷烟、手工卷烟和未经国务院批准纳入计划的企业及个人生产的卷烟。卷烟按照每标准条（200 支）调拨价格不同，分成甲类卷烟和乙类卷烟：甲类卷烟是指每标准条（200 支）不含增值税调拨价格在 70 元以上（含 70 元）的卷烟；乙类卷烟是指每标准条（200 支）不含增值税调拨价格在 70 元以下的卷烟。

② 雪茄烟包括各种规格、型号的雪茄烟。

③ 烟丝包括以烟叶为原料加工生产的不经卷制的散装烟。

（二）酒

酒是指酒精度在 1 度以上的各种酒精饮料，包括白酒、黄酒、啤酒和其他酒（含葡萄酒）。

① 啤酒分为甲类啤酒和乙类啤酒：出厂价（含包装物及包装物押金，包装物押金不含重复使用的塑料周转箱的押金）在 3 000 元（不含增值税）及以上的为甲类啤酒；出厂价在 3 000 元以下的为乙类啤酒。对饮食业、商业、娱乐业开办的啤酒屋（啤酒坊）利用啤酒生产设备生产的啤酒应当征收消费税；果啤属于啤酒，按啤酒征收消费税。

② 调味料酒不征消费税。

③ 葡萄酒适用其他酒税目。

（三）高档化妆品

高档化妆品包括高档美容、修饰类化妆品，高档护肤类化妆品和成套化妆品。其中，美容、修饰类化妆品是指香水、香水精、香粉、口红、指甲油、胭脂、眉笔、唇笔、蓝眼油、眼睫毛及成套化妆品；高档美容、修饰类化妆品和高档护肤类化妆品是指生产（进口）环节销售（完税）价格（不含增值税）在 10 元/毫升（克）或 15 元/片（张）及以上的美容、修饰类化妆品和护肤类化妆品。

高档化妆品不包括舞台、戏剧、影视演员化妆用的上妆油、卸妆油、油彩。

（四）贵重首饰及珠宝玉石

贵重首饰及珠宝玉石包括以金、银、铂金、宝石、珍珠、钻石、翡翠、珊瑚、玛瑙等高贵稀有物质及其他金属、人造宝石等制作的各种纯金银首饰与镶嵌首饰和经采掘、打磨、加工的各种珠宝玉石。

出国人员免税品商店销售的金银首饰征税；金店销售的黄金摆件和金条不属于金银首饰范围，在零售环节不征收消费税。

（五）鞭炮、焰火

体育上用的发令纸、鞭炮药引线不按本税目征税。

（六）成品油

成品油包括汽油、柴油、石脑油、溶剂油、航空煤油、润滑油、燃料油。

① 汽油。汽油是指用原油或其他原料加工生产的辛烷值不小于 66 的可用作汽油发动机燃料的各种轻质油。以汽油、汽油组分调和生产的甲醇汽油、乙醇汽油也属于本税目征税范围。

② 柴油。柴油是指用原油或其他原料加工生产的凝点或倾点在 -50℃～30℃ 的可用作柴油发动机燃料的各种轻质油和以柴油组分为主、经调和精制可用作柴油发动机燃料的非标油。以柴油、柴油组分调和生产的生物柴油也属于本税目征税范围。

③ 石脑油。石脑油又称化工轻油，是以石油加工生产的或二次加工汽油经加氢精制而得的用于化工原料的轻质油。石脑油的消费税征税范围包括除汽油、柴油、航空煤油、溶剂油以外的各种轻质油。

④ 溶剂油。溶剂油是以石油加工生产的用于涂料、油漆生产、食用油加工、印油墨、皮革、农药、橡胶、化妆品生产的轻质油。

⑤ 航空煤油。航空煤油也叫喷气燃料，是以石油加工生产的用于喷气发动机和喷气推进系统中作为能源的燃料。

⑥ 润滑油。润滑油是用于内燃机、机械加工过程的润滑产品。润滑油的消费税征税范围包括矿物性润滑油、植物性润滑油、动物性润滑油和化工原料合成润滑油。

⑦ 燃料油。燃料油也称重油、渣油。燃料油的消费税征税范围包括用于电厂发电、船舶锅炉燃料、加热炉燃料、冶金和其他工业炉的各类燃料油。

（七）摩托车

摩托车包括轻便摩托车、摩托车。

对最大设计车速不超过 50 千米/小时、发动机气缸总工作容量不超过 50 毫升的三轮摩托车不征收消费税；对气缸容量在 250 毫升（不含）以下的小排量摩托车不征收消费税。

（八）小汽车

小汽车是指由动力驱动，具有 4 个或 4 个以上车轮的非轨道承载的车辆，包括乘用车、中轻型商用客车、超豪华小汽车。

乘用车的消费税征税范围包括含驾驶员座位在内最多不超过 9 个座位（含）的，在设计和技术特性上用于载运乘客与货物的各类乘用车；中轻型商用客车的消费税征税范围包括含驾驶员座位在内的座位数在 10～23 座（含 23 座）的，在设计和技术特性上用于载运乘客和货物的各类中轻型商用客车，含驾驶员人数（额定载客）为区间值的（如 8～10 人、17～26 人）小汽车按其区间值下限人数确定征税范围；超豪华小汽车的消费税征税范围为每辆零售价格 130 万元（不含增值税）及以上的乘用车和中轻型商用客车。

用排气量小于 1.5 升（含）的乘用车底盘（车架）改装、改制的车辆属于乘用车的消费税征税范围；用排气量大于 1.5 升的乘用车底盘（车架）或用中轻型商用客车底盘（车架）改装、改制的车辆属于中轻型商用客车的消费税征税范围。

电动汽车、沙滩车、雪地车、卡丁车、高尔夫车不征收消费税。

（九）高尔夫球及球具

高尔夫球及球具是指从事高尔夫球运动所需的各种专用装备，包括高尔夫球、高尔夫

智能纳税管理

球杆及高尔夫球包（袋）等。其中，高尔夫球是指重量不超过 45.93 克、直径不超过 42.67 毫米的高尔夫球运动比赛、练习用球；高尔夫球杆是指被设计用来打高尔夫球的工具，由杆头、杆身和握把三部分组成；高尔夫球包（袋）是指专用于盛装高尔夫球及球杆的包（袋）。

高尔夫球杆的杆头、杆身和握把属于本税目的征税范围。

（十）高档手表

高档手表是指销售价格（不含增值税）每块在 10 000 元（含）以上的各类手表。

（十一）游艇

游艇是指艇身长度大于 8 米（含）小于 90 米（含），船体由玻璃钢、钢、铝合金、塑料等多种材料制作，内置发动机，可以在水上移动，一般为私人或团体购置，主要用于水上运动和休闲娱乐等非牟利活动的各类机动艇。

游艇按照动力划分，分为无动力艇、帆艇和机动艇。无动力艇和帆艇不在本税目征税范围内。

（十二）木制一次性筷子

木制一次性筷子又称卫生筷子，是指以木材为原料，经过锯段、浸泡、旋切、刨切、烘干、筛选、打磨、倒角、包装等环节加工而成的各类一次性使用的筷子。

未经打磨、倒角的木制一次性筷子属于本税目征税范围。

（十三）实木地板

实木地板是指以木材为原料，经锯割、干燥、刨光、截断、开样、涂漆等工序加工而成的块状或条状的地面装饰材料。实木地板按生产工艺不同，可分为独板（块）实木地板、实木指接地板、实木复合地板三类；按表面处理状态不同，可分为未涂饰地板（白坯板、素板）和漆饰地板两类。

本税目的征税范围包括各种规格的实木地板、实木指接地板、实木复合地板及用于装饰墙壁、天棚的侧端面为榫、槽的实木装饰板和未经涂饰的素板。

（十四）电池

电池包括原电池、蓄电池、燃料电池、太阳能电池和其他电池。

对无汞原电池、金属氢化物镍蓄电池、锂原电池、锂离子蓄电池、太阳能电池、燃料电池和全钒流电池免征消费税。

（十五）涂料

涂料是指涂于物体表面能形成具有保护、装饰或特殊性能的固态涂膜的一类液体或固体材料的总称。

对施工状态下挥发性有机物（Volatile Organic Compounds，VOC）含量低于 420 克/升（含）的涂料免征消费税。

做中学　（多选题）下列消费品中属于消费税征税范围的有（　　）。

A. 酒精　　B. 护发液　　C. 合成宝石　　D. 果木酒　　E. 卡丁车

解析：C、D。选项 C，合成宝石属于珠宝玉石，属于消费税的征税范围；选项 D，果木酒属于其他酒，属于消费税的征税范围。

项目三 消费税纳税实务

任务分析（一）

前进卷烟厂在10月份的各项业务中：

① 10月15日，采用分期收款的方式销售前进牌卷烟、采用直接收款的方式销售跃进牌卷烟均应缴纳消费税。

② 10月25日，没收前进牌卷烟逾期包装物押金，按照规定也视同销售卷烟缴纳消费税。

③ 10月27日，受托加工的一批烟丝也属于消费税的征税范围，应按委托加工应税产品的规定缴纳消费税。

三、消费税的税率

消费税实行比例税率、定额税率及比例与定额相结合的复合税率3种形式，设置有不同的税率（税额）。多数消费品采用比例税率；对成品油、黄酒和啤酒等实行定额税率；对卷烟和白酒实行复合税率。现行消费税税目税率（税额）如表3-1所示。

表3-1 消费税税目税率（税额）

税 目	税率		
	生产（进口）环节	批发环节	零售环节
一、烟			
1. 卷烟			
（1）甲类卷烟	56% 加 0.003 元/支		
（2）乙类卷烟	36% 加 0.003 元/支	11% 加 0.005 元/支	
2. 雪茄烟	36%		
3. 烟丝	30%		
二、酒			
1. 白酒	20% 加 0.5 元/500 克（或者 500 毫升）		
2. 黄酒	240 元/吨		
3. 啤酒			
（1）甲类啤酒	250 元/吨		
（2）乙类啤酒	220 元/吨		
4. 其他酒	10%		
三、高档化妆品	15%		
四、贵重首饰及珠宝玉石			
1. 金银首饰、铂金首饰和钻石及钻石饰品			5%
2. 其他贵重首饰和珠宝玉石	10%		
五、鞭炮、焰火	15%		
六、成品油			

(续表)

税　目	税　率		
	生产（进口）环节	批发环节	零售环节
1. 汽油	1.52 元 / 升		
2. 柴油	1.2 元 / 升		
3. 航空煤油	1.2 元 / 升		
4. 石脑油	1.52 元 / 升		
5. 溶剂油	1.52 元 / 升		
6. 润滑油	1.52 元 / 升		
7. 燃料油	1.2 元 / 升		
七、摩托车			
1. 气缸容量在 250 毫升及以下	3%		
2. 气缸容量在 250 毫升（不含）以上的	10%		
八、小汽车			
1. 乘用车			
（1）气缸容量（排气量，下同）在 1.0 升（含 1.0 升）以下的	1%		
（2）气缸容量在 1.0 升以上至 1.5 升（含 1.5 升）的	3%		
（3）气缸容量在 1.5 升以上至 2.0 升（含 2.0 升）的	5%		
（4）气缸容量在 2.0 升以上至 2.5 升（含 2.5 升）的	9%		
（5）气缸容量在 2.5 升以上至 3.0 升（含 3.0 升）的	12%		
（6）气缸容量在 3.0 升以上至 4.0 升（含 4.0 升）的	25%		
（7）气缸容量在 4.0 升以上的	40%		
2. 中轻型商用客车	5%		
3. 超豪华小汽车	按子税目 1 和子税目 2 的规定征收		10%
九、高尔夫球及球具	10%		
十、高档手表	20%		
十一、游艇	10%		
十二、木制一次性筷子	5%		
十三、实木地板	5%		
十四、电池	4%		
十五、涂料	4%		

在消费税税率运用中应注意以下几个具体问题。

① 对兼营不同税率的应税消费品适用税目、税率的规定。对纳税人兼营不同税率的应税消费品，应当分别核算其销售额或销售数量。未分别核算销售额或销售数量的，从高适用税率征收消费税。

纳税人将应税消费品与非应税消费品及适用不同税率的应税消费品组成成套消费品销售的，应根据成套消费品的销售金额按应税消费品中适用最高税率的消费品税率征收消费税。

② 对卷烟适用税目税率的具体规定。对白包卷烟、手工卷烟、自产自用没有同牌号规格调拨价格的卷烟、委托加工没有同牌号规格调拨价格的卷烟、未经国务院批准的列入计划的企业和个人生产的卷烟，除按定额税率征收外，一律按56%的比例税率征收。

残次品卷烟应当按照同牌号规格正品卷烟的征税类别确定适用税率。

拓中学：消费税的特点

任务分析（一）

卷烟按照每标准条（200支）调拨价格不同，分成甲类卷烟和乙类卷烟：甲类卷烟是指每标准条（200支）不含增值税调拨价格在70元以上（含70元）的卷烟，折合每标准箱不含税调拨价格为 70×250 = 17 500（元），生产环节适用的税率为56%加0.003元/支；乙类卷烟是指每标准条（200支）不含增值税调拨价格在70元以下的卷烟，生产环节适用的税率为36%加0.003元/支。

查找相关规定，国家税务总局核定的前进牌卷烟计税价格为每标准箱30 000元；跃进牌卷烟计税价格为每标准箱46 000元。前进卷烟厂销售的前进牌卷烟和跃进牌卷烟实际销售价格高于核定价格。

因此，查找消费税税目、税率表，前进牌卷烟和跃进牌卷烟适用的税率均为56%的比例税率与0.003元/支的定额税率。

四、消费税的纳税环节

消费税的纳税环节主要有生产、委托加工、进口、批发（卷烟）、零售（超豪华小汽车、金银首饰等）。

（一）消费税的基本纳税环节

纳税人生产的应税消费品，于纳税人销售时纳税。纳税人自产自用的应税消费品，用于连续生产应税消费品的，不纳税；用于其他方面的，于移送使用时纳税。委托加工的应税消费品，除受托方为个人外，由受托方在向委托方交货时代收代缴税款。进口的应税消费品，于报关进口时纳税。

以上所称的应税消费品，是除在零售环节纳税的金银首饰、铂金首饰、钻石及钻石饰品以外的其他应税消费品。

（二）消费税的特殊纳税环节

1. 金银首饰、铂金首饰、钻石及钻石饰品的纳税环节

金基、银基合金首饰及金、银和金基、银基合金的镶嵌首饰，铂金首饰，钻石及钻石饰品，

智能纳税管理

在零售环节纳税，其他环节不纳税。

2. 卷烟的纳税环节

卷烟的消费税是双环节征收，除了在生产、委托加工或进口环节征收，还要在批发环节加征一道消费税。纳税人兼营卷烟批发和零售业务的，应当分别核算批发和零售环节的销售额、销售数量；未分别核算批发和零售环节销售额、销售数量的，按照全部销售额、销售数量计征批发环节消费税。

3. 超豪华小汽车的纳税环节

对超豪华小汽车，在生产（进口）环节按现行税率征收消费税的基础上，在零售环节加征消费税。对我国驻外使领馆工作人员、外国驻华机构及人员、非居民常住人员、政府间协议规定等应税（消费税）进口自用，且完税价格130万元及以上的超豪华小汽车的消费税，按照生产（进口）环节税率和零售环节税率（10%）加总计算，由海关代征。

> **做中学** （单选题）根据消费税法律制度的规定，下列各项中应缴纳消费税的是（　　）。
> A. 汽车厂销售雪地车　　　　B. 手表厂销售高档手表
> C. 珠宝店销售珍珠项链　　　D. 商场销售高档化妆品
> 解析：B。雪地车不征收消费税，珍珠项链、高档化妆品不在零售环节缴纳消费税。

> **思中学**
> 消费税和增值税有什么联系与区别？

讨论提示： 消费税与增值税有什么联系与区别？

任务二　消费税应纳税额计算

消费税实行从价定率、从量定额、复合计税3种计征办法。

一、直接对外销售应税消费品消费税应纳税额的计算

（一）从价定率法下应纳税额的计算

用从价定率法计算消费税的应纳税额的基本公式为：

$$应纳税额 = 应税消费品销售额 \times 消费税比例税率$$

应税消费品销售额的基本规定为：

① 销售额为纳税人销售应税消费品向购买方收取的全部价款和价外费用，不包括向购买方收取的增值税税额，包含消费税。其中，价外费用是指价外向购买方收取的手续费、补贴、基金、集资费、返还利润、奖励费、违约金、滞纳金、延期付款利息、赔偿金、代收款项、代垫款项、包装费、包装物租金、储备费、优质费、运输装卸费及其他各种性质的价外收费。白酒生产企业向商业销售单位收取的品牌使用费，不论企业采取何种方式或以何种名义收取价款，均应并入白酒的销售额中缴纳消费税。

微课： 消费税应纳税额的计算

② 一般情形下，计算消费税的销售额与计算增值税的销售额是一致的。与增值税的销售额规定一样，下列项目不包括在计算消费税的销售额内。
- 同时符合以下两项条件的代垫运输费用：承运部门的运输费用发票开具给购买方的；纳税人将该项发票转交给购买方的。
- 同时符合以下3项条件代为收取的政府性基金或行政事业性收费：由国务院或财政部批准设立的政府性基金，由国务院或省级人民政府及其财政、价格主管部门批准设立的行政事业性收费；收取时开具省级以上财政部门印制的财政票据；所收款项全额上缴财政。

③ 如果纳税人应税消费品的销售额中未扣除增值税税款或因不得开具增值税专用发票而导致价款和增值税税款合并收取的，则在计算消费税时应当换算为不含增值税的销售额。其换算公式为：

$$应税消费品的销售额 = 含增值税的销售额 \div (1 + 增值税税率或征收率)$$

④ 应税消费品连同包装物销售的，无论包装物是否单独计价及在会计上如何核算，均应并入应税消费品的销售额中缴纳消费税。

如果包装物不作价随同产品销售，而是收取押金，则此项押金不应并入应税消费品的销售额中征税。但对因逾期未收回的包装物不再退还的或已收取的时间超过12个月的押金，应并入应税消费品的销售额，按照应税消费品的适用税率缴纳消费税。

对既作价随同应税消费品销售，又另外收取押金的包装物，凡纳税人在规定的期限内没有退还的，其押金均应并入应税消费品的销售额，按照应税消费品的适用税率缴纳消费税。

值得注意的是，对销售啤酒、黄酒外的其他酒类产品而收取的包装物押金，无论押金是否返还及在会计上如何核算，均须并入酒类产品销售额中，依据酒类产品的适用税率计征消费税。包装物押金为含税收入。

思中学

关于包装物押金，增值税和消费税在包装物押金收取及逾期时的处理有何不同？

应税消费品销售额的其他规定：

① 纳税人销售的应税消费品以人民币以外的货币结算销售额的，其销售额的人民币折合率可以选择销售额发生的当天或当月1日的人民币汇率中间价。纳税人应事先确定采用何种折合率，确定后一年内不得变更。

② 纳税人通过自设非独立核算门市部销售自产应税消费品，应当按照门市部对外销售数额计算征收消费税。

③ 纳税人用于换取生产资料和消费资料、投资入股和抵偿债务等方面的应税消费品应当以纳税人同类应税消费品的最高销售价格为依据计算消费税。

（二）从量定额法下应纳税额的计算

用从量定额法计算消费税的应纳税额的基本公式为：

$$应纳税额 = 应税消费品的销售数量 \times 消费税定额税率$$

1. 应税消费品销售数量的确定

① 销售应税消费品的，为应税消费品的销售数量。

> **讨论提示：**
> 关于包装物押金，增值税和消费税在包装物押金收取和逾期时的处理有何不同？

② 自产自用应税消费品的，为应税消费品的移送使用数量。
③ 委托加工应税消费品的，为纳税人收回的应税消费品数量。
④ 进口的应税消费品为海关核定的应税消费品进口征税数量。

2. 计量单位的换算标准

按照《消费税法》的规定，对黄酒、啤酒、成品油等应税消费品采取从量定额法计算应纳税额。黄酒、啤酒以吨为税额单位；汽油、柴油以升为税额单位。

（三）复合计税法下应纳税额的计算

用复合计税法计算消费税的应纳税额的基本公式为：

应纳税额 = 应税消费品的销售额 × 消费税比例税率 + 应税消费品的销售数量 × 消费税定额税率

现行消费税的征税范围中，只有卷烟和白酒采用复合计税法。

> **拓中学：**
> 卷烟和白酒最低计税价格的核定

做中学

六福酒厂为增值税一般纳税人。2021年5月销售粮食白酒4吨，取得不含税收入400 000元、包装物押金23 400元（单独记账核算），并收取运费47 970元。该酒厂上述业务应缴纳的消费税税额为多少？

解析：啤酒、黄酒以外的酒类包装物押金应于收取时并入销售额征税，销售货物的同时负责运输收取的运费应作为价外费用并入销售额征税。

酒厂应纳消费税税额 = [400 000+(23 400+47 970)÷(1+13%)]×20%+4×2 000×0.5 = 96 631.86（元）。

任务分析（二）

① 10月15日，采用分期收款的方式销售前进牌卷烟180标准箱。不含税销售额为650万元，合同规定当月收取价款的70%，实际收到40%。采用直接收款的方式销售跃进牌卷烟80标准箱，不含税销售额为380万元。

纳税人采用赊销和分期收款结算方式的，消费税纳税义务的发生时间为书面合同约定的收款日期的当天。

该笔业务应缴纳的消费税税额 = (650×56%+180×150÷10 000)×70%+380×56%+ 80×150÷10 000 = 470.69（万元）。

② 10月20日，将200标准箱跃进牌卷烟转移给下设的非独立核算门市部。门市部当月将其销售，取得不含税销售额900万元。

纳税人通过自设非独立核算门市部销售的自产应税消费品，应按门市部对外销售额或销售数量征收消费税。

该笔业务应缴纳的消费税税额 = 900×56%+0.003×10×20×250×200÷10 000 = 507（万元）。

③ 10月25日，没收前进牌卷烟逾期包装物押金3.39万元。

没收包装物押金应缴纳的消费税税额 = 3.39÷(1+13%)×13% = 0.39（万元）。

二、自产自用应税消费品消费税应纳税额的计算

自产自用应税消费品是指纳税人生产应税消费品后，不是用于直接对外销售，而是用于自己连续生产应税消费品，或者用于其他方面。如果纳税人用于连续生产应税消费品，则在自产自用环节不缴纳消费税，于生产出最终的应税消费品销售时纳税；如果纳税人用于其他方面，则一律于移送使用时，按视同销售缴纳消费税。用于其他方面是指用于本企业连续生产非应税消费品、在建工程、管理部门、非生产机构、提供劳务、馈赠、赞助、集资、广告、样品、职工福利、奖励等方面。

（一）从价定率法下应纳税额的计算

用从价定率法计算消费税的应纳税额的基本公式为：

$$应纳税额 = 自产自用应税消费品销售额或组成计税价格 \times 消费税比例税率$$

纳税人自产自用的应税消费品凡用于其他方面，应当纳税的，按照纳税人生产的同类消费品的销售价格计算纳税。同类消费品的销售价格是指纳税人当月销售的同类消费品的销售价格，如果当月同类消费品各期销售价格高低不同，则应按销售数量加权平均计算。但销售的应税消费品有下列情况之一的，不得列入加权平均计算：销售价格明显偏低又无正当理由的；无销售价格的。

如果当月无销售或当月未完结，则应按照同类消费品上月或最近月份的销售价格计算纳税。

没有同类消费品销售价格的，按照组成计税价格计算纳税。组成计税价格的计算公式为：

$$组成计税价格 = (成本 + 利润) \div (1 - 消费税比例税率)$$
$$= [成本 \times (1 + 成本利润率)] \div (1 - 消费税比例税率)$$

式中，成本是指应税消费品的产品生产成本；利润是指根据应税消费品全国平均成本利润率计算的利润（应税消费品全国平均成本利润率由国家税务总局确定）。

（二）从量定额法下应纳税额的计算

用从量定额法计算消费税的应纳税额的基本公式为：

$$应纳税额 = 自产自用应税消费品移送使用数量 \times 消费税定额税率$$

（三）复合计税法下应纳税额的计算

用复合计税法计算消费税的应纳税额的基本公式为：

$$应纳税额 = 自产自用应税消费品销售额或组成计税价格 \times 消费税比例税率 + 自产自用应税消费品移送使用销售数量 \times 消费税定额税率$$

自产自用应税消费品如果没有同类消费品销售价格的，则在复合计税方法下组成计税价格的计算公式为：

$$组成计税价格 = [成本 + 利润 + 自产自用数量 \times 消费税定额税率] \div (1 - 消费税比例税率)$$

式中，成本和利润的确定与用从价定率法征税的情况一样。

智能纳税管理

> **做中学**
>
> 某白酒厂 2022 年春节前，将新研制的薯类白酒 1 吨作为过节福利发放给员工。该薯类白酒无同类产品市场销售价格。已知该批薯类白酒生产成本为 20 000 元、成本利润率为 5%、白酒消费税比例税率为 20%、定额税率为 0.5 元/500 克。计算该批薯类白酒应纳消费税税额。
>
> 解析：纳税人自产自用的应税消费品用于企业员工福利的，应按照同类消费品的销售价格计算缴纳消费税。没有同类消费品销售价格的，按照组成计税价格计算纳税。
>
> ① 从量消费税 = 1×2 000×0.5 = 1 000（元）。
> ② 组成计税价格 = [20 000×(1+5%)+1 000]÷(1−20%) = 27 500（元）。
> ③ 应纳消费税税额 = 27 500×20%+1 000 = 6 500（元）。

（四）外购应税消费品已纳消费税的扣除

由于某些应税消费品是用外购已缴纳消费税的应税消费品连续生产出来的，因此在对这些连续生产出来的应税消费品计算征税时，为了避免重复征税，《消费税法》规定应按当期生产领用数量计算准予扣除外购的应税消费品已缴纳的消费税税额。扣除范围包括：

① 以外购的已税烟丝为原料生产的卷烟。
② 以外购的已税高档化妆品为原料生产的高档化妆品。
③ 以外购的已税珠宝玉石为原料生产的贵重首饰及珠宝玉石。
④ 以外购的已税鞭炮、焰火为原料生产的鞭炮、焰火。
⑤ 以外购的已税杆头、杆身和握把为原料生产的高尔夫球杆。
⑥ 以外购的已税木制一次性筷子为原料生产的木制一次性筷子。
⑦ 以外购的已税实木地板为原料生产的实木地板。
⑧ 以外购的已税汽油、柴油、石脑油、燃料油、润滑油为原料生产应税成品油。
⑨ 纳税人从葡萄酒生产企业购进、进口葡萄酒连续生产应税葡萄酒的，准予从葡萄酒消费税应纳税额中扣除所耗用应税葡萄酒已纳消费税税额。

用外购已税消费品连续生产应税消费品销售时，按当期生产领用数量计算准予扣除外购的应税消费品已缴纳的消费税税额。其具体计算公式为：

当期准予扣除的已纳税额 = 当期准予扣除的外购应税消费品的买价 × 适用税率

当期准予扣除的外购应税消费品买价 = 期初库存的外购应税消费品的买价 + 当期购进的应税消费品的买价 − 期末库存的外购应税消费品的买价

注意，扣除范围中的外购包括进口。外购已税消费品的买价是指购货发票上注明的销售额（不含增值税税额）。

纳税人用外购的已税珠宝玉石生产的改在零售环节征收消费税的金银首饰（镶嵌首饰），在计税时一律不得扣除外购珠宝玉石的已纳税额。

允许扣除已纳税额的应税消费品只限于从工业企业购进的应税消费品和进口环节已缴纳消费税的应税消费品，对从境内商业企业购进的应税消费品的已纳税额一律不得扣除。

项目三　消费税纳税实务

> **做中学**
>
> 红星卷烟厂是一般纳税人，月初库存外购烟丝 3 万元，本月又购入烟丝。取得的增值税专用发票上注明价款 8 万元。烟丝全部用于生产成卷烟对外销售，月末结存烟丝 1 万元。本月甲类卷烟含增值税的销售额为 35.1 万元，数量为 10 箱。已知烟丝适用的消费税税率为 30%，甲类卷烟适用的消费税税率为 56%，0.003 元/支；每标准箱有 250 条，每条 200 支。计算该厂本月应纳消费税。
>
> 解析：准予扣除外购应税消费品已纳消费税税额 = (3+8−1)×30% = 3（万元）
>
> 当月应纳消费税税额 = 35.1÷1.13×56%+10×0.003×250×200÷10 000−3 = 14.54（万元）

任务分析（二）

10 月 10 日，外购一批烟丝。取得的增值税专用发票上注明价款 165 万元、增值税税额 21.45 万元。当月领用 80% 用于继续生产卷烟。

将外购烟丝用于连续生产卷烟的，可以按照生产领用量计算扣除外购烟丝已纳的消费税税额。外购烟丝可扣除的已纳消费税税额 = 165×80%×30% = 39.6（万元）。

三、委托加工应税消费品消费税应纳税额的计算

委托加工应税消费品是指由委托方提供原料和主要材料，受托方只收取加工费和代垫部分辅助材料加工费的应税消费品。对于由受托方提供原材料生产的应税消费品，或者受托方先将原材料卖给委托方，然后再接受加工的应税消费品，以及由受托方以委托方名义购进原材料生产的应税消费品，不论在会计上是否做销售处理，都不得作为委托加工应税消费品，而应当按照直接对外销售应税消费品缴纳消费税。

委托加工的应税消费品除受托方为个人外，由受托方在向委托方交货时代收代缴税款。委托个人加工的应税消费品，由委托方收回后缴纳消费税。

委托加工的应税消费品收回后，以不高于受托方的计税价格出售的，为直接出售，不再缴纳消费税；委托方以高于受托方的计税价格出售的，不属于直接出售，需要按照规定缴纳消费税，在计税时准予扣除受托方已代收代缴的消费税税额。

（一）从价定率法下应纳税额的计算

用从价定率法计算消费税的应纳税额的基本公式为：

应纳税额 = 委托加工应税消费品销售额或组成计税价格 × 消费税比例税率

委托加工的应税消费品，如果受托方有同类消费品销售价格的，则按照受托方同类消费品的销售价格计算纳税；如果没有同类消费品销售价格的，则按组成计税价格计算纳税。组成计税价格的计算公式为：

组成计税价格 = (材料成本 + 加工费) ÷ (1− 消费税比例税率)

式中，材料成本是指委托方提供加工材料的实际成本。委托加工应税消费品的纳税人，必须在委托加工合同上注明（或以其他方式提供）材料成本。凡未提供材料成本的，受托方所在地主管税务机关有权核定其材料成本。加工费是指受托方加工应税消费品向委托方所

拓中学：
金银首饰的计税依据

收取的全部费用（包括代垫辅助材料的实际成本）。

（二）从量定额法下应纳税额的计算

用从量定额法计算消费税的应纳税额的基本公式为：

$$应纳税额 = 纳税人收回的应税消费品数量 \times 消费税定额税率$$

（三）复合计税法下应纳税额的计算

用复合计税方法计算消费税的应纳税额的基本公式为：

$$应纳税额 = 纳税人收回的应税消费品数量 \times 消费税单位税额 + 委托加工应税消费品销售额或组成计税价格 \times 消费税税率$$

在受托方没有同类产品价格时，复合计税法下委托加工应税消费品组成计税价格的计算公式为：

$$组成计税价格 = (材料成本 + 加工费 + 委托加工数量 \times 消费税定额税率) \div (1 - 消费税比例税率)$$

式中，材料成本和加工费与用从价定率法征税的情况一样。

任务分析（二）

10月27日，接受大福林卷烟厂委托加工一批烟丝，前进卷烟厂代收代缴消费税。已知大福林卷烟厂提供烟叶的成本为不含税价95万元、前进卷烟厂收取加工费为不含税价20万元，大福林卷烟厂尚未销售收回的烟丝。前进卷烟厂代收代缴的消费税税额 = (95+20)÷(1-30%)×30% = 49.29（万元）。

（四）委托加工收回的应税消费品已纳消费税税额的扣除

委托加工的应税消费品因为已由受托方代收代缴消费税，因此委托方收回货物后用于连续生产应税消费品的，其已纳税额准予按照规定从连续生产的应税消费品应纳税额中扣除。其扣除范围包括：

① 以委托加工收回的已税烟丝为原料生产的卷烟。
② 以委托加工收回的已税高档化妆品为原料生产的高档化妆品。
③ 以委托加工收回的已税珠宝玉石为原料生产的贵重首饰及珠宝玉石。
④ 以委托加工收回的已税鞭炮、焰火为原料生产的鞭炮、焰火。
⑤ 以委托加工收回的已税杆头、杆身和握把为原料生产的高尔夫球杆。
⑥ 以委托加工收回的已税木制一次性筷子为原料生产的木制一次性筷子。
⑦ 以委托加工收回的已税实木地板为原料生产的实木地板。
⑧ 以委托加工收回的已税汽油、柴油、石脑油、燃料油、润滑油为原料生产的应税成品油。

委托加工收回的应税消费品连续生产的应税消费品准予从应纳消费税税额中按当期生产领用数量计算扣除其已缴纳的消费税税额。其具体计算公式为：

$$\begin{aligned}\text{当期准予扣除的委托加工} \\ \text{应税消费品已纳税款}\end{aligned} = \begin{aligned}\text{期初库存的委托加工} \\ \text{应税消费品已纳税额}\end{aligned} + \begin{aligned}\text{当期收回的委托加工} \\ \text{应税消费品已纳税额}\end{aligned} - \begin{aligned}\text{期末库存的委托加工} \\ \text{应税消费品已纳税额}\end{aligned}$$

纳税人用委托加工收回的已税珠宝玉石生产的改在零售环节征收消费税的金银首饰，在计税时一律不得扣除已税珠宝玉石的已纳税额。

四、进口应税消费品应纳税额的计算

（一）从价定率法下应纳税额的计算

用从价定率法计算消费税的应纳税额的基本公式为：

$$应纳税额 = 组成计税价格 \times 消费税比例税率$$

进口应税消费品实行从价定率法计算应纳税额，以组成计税价格为计税依据。其计算公式为：

$$组成计税价格 = (关税完税价格 + 关税) \div (1 - 消费税比例税率)$$

式中，关税完税价格是指海关核定的关税计税价格。

> **做中学**
>
> 福华贸易公司 2021 年 9 月以邮运方式从国外进口一批高档化妆品，经海关审定的货物价格为 30 万元、邮费 1 万元。当月将该批化妆品销售，取得不含税收入 55 万元。已知该批化妆品关税税率为 10%、消费税税率为 15%。该公司当月应缴纳的消费税税额是多少？
>
> 解析：高档化妆品从价计征消费税，应纳消费税税额 = 组成计税价格 × 消费税税率。其中，组成计税价格 = (关税完税价格 + 关税) ÷ (1 - 消费税税率)。因此，应纳消费税税额 = (30+1)×(1+15%)÷(1-15%)×15% = 6.29（万元）。

（二）从量定额法下应纳税额的计算

用从量定额法计算消费税的应纳税额的基本公式为：

$$应纳税额 = 海关核定的应税消费品进口征税数量 \times 消费税定额税率$$

（三）复合计税法下应纳税额的计算

用复合计税法计算消费税的应纳税额的基本公式为：

$$应纳税额 = 组成计税价格 \times 消费税比例税率 + 海关核定的应税消费品进口征税数量 \times 消费税定额税率$$

进口应税消费品用复合计税法计算应纳税额的组成计税价格的公式为：

$$组成计税价格 = (关税完税价格 + 关税 + 进口数量 \times 消费税定额税率) \div (1 - 消费税比例税率)$$

> **做中学**
>
> 某烟草公司 2021 年 9 月进口甲类卷烟 100 标准箱，海关核定的每箱卷烟关税完税价格为 3 万元。已知卷烟关税税率为 25%，消费税比例税率为 56%，定额税率为 0.003 元/支；每标准箱有 250 条，每条 200 支。计算该公司进口卷烟应缴纳的消费税税额。

解析：① 应纳关税税额 = 100×3×25% = 75（万元）。
② 组成计税价格 = (100×3+75+100×250×200×0.003÷10 000)÷(1-56%) = 855.68（万元）。
③ 应纳消费税税额 = 855.68×56%+100×250×200×0.003÷10 000 = 480.68（万元）。

任务三　消费税出口退税

一、出口应税消费品退（免）税政策

出口应税消费品退（免）消费税在政策上分为以下3种情况。

（一）出口免税并退税

出口免税并退税是指对应税消费品在出口环节不征收消费税，并且对应税消费品在出口前实际缴纳的消费税按规定的退税率计算后予以退还。此政策适用于有出口经营权的外贸企业购进应税消费品直接出口，以及外贸企业受其他外贸企业委托代理出口应税消费品。

无论是直接采购出口，还是委托代理出口，由于购进的货物来自国内，相当于国内生产企业所缴纳的消费税税额包含在外贸企业的买价中，因此外贸企业将此应税消费品出口时，买价中所含的消费税应予以退还。需要注意的是，外贸企业只有受其他外贸企业委托，代理出口应税消费品才可办理退税，受其他企业（主要是非生产性的商贸企业）委托代理出口应税消费品是不予退（免）税的。

（二）出口免税但不退税

出口免税但不退税是指依据其实际出口数量免征消费税，不予办理退还消费税。此政策适用于有出口经营权的生产性企业自营出口或生产企业委托外贸企业代理出口自产的应税消费品。

免征消费税是指对生产性企业按其实际出口数量免征生产环节的消费税；不予办理退还消费税是指因已免征生产环节的消费税，该应税消费品出口时已不含消费税，所以无须再办理退还消费税。

（三）出口不免税也不退税

这一政策适用于除生产企业、外贸企业外的其他企业，具体是指一般商贸企业，这类企业委托外贸企业代理出口应税消费品一律不予退（免）税。

二、出口应税消费品退税额的计算

根据出口应税消费品退（免）税政策，外贸企业从生产企业购进货物直接出口或受其他外贸企业委托代理出口应税消费品时，涉及退还采购环节的消费税按该应税消费品所适用的消费税税率或单位税额计算，按照从价定率、从量定额、复合计税3种方法计算。

企业应将不同消费税税率的出口应税消费品分开核算和申报。凡划分不清适用税率的，

一律从低适用税率计算应退消费税税额。

（一）采用从价定率法计征消费税的应税消费品

对采用从价定率法计征消费税的应税消费品，其退税依据是外贸企业从工厂购进货物时计算征收消费税的价格。对含增值税的购进金额，换算成不含增值税的金额来作为计算退税的依据。其计算公式为：

$$应退消费税税额 = 出口货物的工厂销售额 \times 消费税比例税率$$

（二）采用从量定额法计征消费税的应税消费品

采用从量定额法计征消费税的应税消费品，其退税依据是货物购进和报关出口的数量。其计算公式为：

$$应退消费税税额 = 出口数量 \times 消费税定额税率$$

（三）采用复合计税法计征消费税的应税消费品

采用复合计税法计征消费税的应税消费品，应按货物购进和报关出口的数量及外贸企业从工厂购进货物时征收消费税的价格计算应退消费税税额。其计算公式为：

$$应退消费税税额 = 出口货物的工厂销售额 \times 消费税比例税率 + 出口数量 \times 消费税定额税率$$

三、应税消费品办理退（免）税后的管理

（一）外贸企业出口应税消费品后发生退关或国外退货

已办理退税的出口应税消费品，发生退关或国外退货，进口时予以免税的，报关出口者必须及时向其所在地主管税务机关申抵补缴已退消费税。

（二）生产企业直接出口应税消费品发生退关或国外退货

纳税人直接出口的应税消费品办理免税后发生退关或国外退货，进口时已予以免税的，经所在地主管税务机关批准，可暂不办理补税，待其转为国内销售时，再向其主管税务机关申报补缴消费税。

任务四　消费税纳税申报

一、消费税的征收管理

（一）消费税的纳税义务发生时间

① 纳税人销售应税消费品的，按不同的销售结算方式，其纳税义务发生时间分别为：
- 采取赊销和分期收款结算方式的，为书面合同约定的收款日期的当天；书面合同没有约定收款日期或无书面合同的，为发出应税消费品的当天。
- 采取预收货款结算方式的，为发出应税消费品的当天。

智能纳税管理

- 采取托收承付和委托银行收款方式的，为发出应税消费品并办妥托收手续的当天。
- 采取其他结算方式的，为收讫销售款或取得销售款凭据的当天。

② 纳税人自产自用应税消费品的，为移送使用的当天。

③ 纳税人委托加工应税消费品的，为纳税人提货的当天。

④ 纳税人进口应税消费品的，为报关进口的当天。

（二）消费税的纳税期限

消费税的纳税期限分别为1日、3日、5日、10日、15日、1个月或1个季度。纳税人的具体纳税期限，由主管税务机关根据纳税人应纳税额的大小分别核定；不能按照固定期限纳税的，可以按次纳税。

纳税人以1个月或1个季度为一期纳税的，自期满之日起15日内申报纳税；以1日、3日、5日、10日或15日为一期纳税的，自期满之日起5日内预缴税款，于次月1日起至15日内申报纳税并结清上月应纳税款。

纳税人进口应税消费品，应当自海关填发海关进口消费税专用缴款书之日起15日内缴纳税款。

（三）消费税的纳税地点

① 纳税人销售应税消费品及自产自用应税消费品，除国家另有规定外，应当向机构所在地或居住地的主管税务机关申报纳税。

② 纳税人的总机构与分支机构不在同一县（市）的，应当分别向各自机构所在地的主管税务机关申报纳税；经财政部、国家税务总局或其授权的财政、税务机关批准，可以由总机构汇总向总机构所在地的主管税务机关申报纳税。

③ 纳税人到外县（市）销售或委托外县（市）代销自产应税消费品的，于应税消费品销售后，向机构所在地或居住地主管税务机关申报纳税。

④ 委托加工的应税消费品，除受托方为个人外，由受托方向机构所在地或居住地的主管税务机关解缴消费税税款。委托个人加工的应税消费品，由委托方向其机构所在地或居住地主管税务机关申报纳税。

⑤ 进口的应税消费品，由进口人或其代理人向报关地海关申报纳税。

⑥ 出口的应税消费品办理退税后，发生的退关或国外退货进口时予以免税的，报关出口者必须及时向其机构所在地或居住地主管税务机关申报补缴已退还的消费税税款。

二、消费税的纳税申报

（一）申报和缴纳税款的方法

纳税人报缴税款的方法，由所在地主管税务机关视不同情况，从下列方法中确定一种。

① 纳税人按期向税务机关填报纳税申报表并填开纳税缴款书向其所在地代理金库的银行缴纳税款。

② 纳税人按期向税务机关填报纳税申报表，由税务机关审核后填发缴款书，按期缴纳。

③ 对会计核算不健全的小型业户，税务机关可根据其产销情况，按季或按年核定其应纳税额，分月缴纳。

（二）填报消费税的纳税申报表及其附表

纳税申报工作的关键是填报纳税申报表。自 2021 年 8 月 1 日起，国家税务总局推行消费税与附加税费申报表整合工作，纳税人在申报消费税时，应一并申报附征的城市维护建设税、教育费附加和地方教育附加等附加税费，启用消费税及附加税费申报表。优化后的消费税及附加税费申报表将原分税目的 8 张消费税纳税申报表主表整合为 1 张主表，适用 15 个税目，将原分税目的 22 张消费税申报表附表整合为 7 张附表，包括本期准予扣除税额计算表、本期减（免）税额明细表、本期委托加工收回情况报告表、卷烟批发企业月份销售明细清单、卷烟生产企业合作生产卷烟消费税情况报告表、消费税附加税费计算表等。

任务分析（三）

1. **消费税及附加税费申报表（见表 3-2）**

表 3-2 消费税及附加税费申报表

税款所属期：2021 年 10 月 1 日至 2021 年 10 月 31 日

纳税人识别号：92501234567377438N

纳税人名称（公章）：前进卷烟厂　　　　　　　　　　　　　　　　金额单位：人民币元（列至角分）

应税消费品名称	适用税率		计量单位	项目		
	定额税率	比例税率		本期销售数量	本期销售额	本期应纳税额
	1	2	3	4	5	6
卷烟	30元/万支	56%	万支	460.00	17 380 000.00	9 780 800.00
卷烟	30元/万支	36%	万支	0.00	0.00	0.00
雪茄烟	—	36%	支	0.00	0.00	0.00
烟丝	—	30%	千克	0.00	0.00	0.00
合 计	—	—	—	—	—	9 780 800.00

项 目	栏 次	本期税费额
本期减（免）税额	7	0.00
期初留抵税额	8	0.00
本期准予扣除税额	9	396 000.00
本期应扣除税额	10=8+9	396 000.00
本期实际扣除税额	11[10＜（6-7），则为10，否则为6-7	396 000.00
期末留抵税额	12	0.00
本期预缴税额	13	
本期应补（退）税额	14=6-7-11-13	9 384 800.00
城市维护建设税本期应补（退）税额	15	656 936.00
教育费附加本期应补（退）税额	16	281 544.00
地方教育附加本期应补（退）税额	17	187 696.00

　声明：此表是根据国家税收法律法规及相关规定填写的，本人（单位）对填报内容（及附带资料）的真实性、可靠性、完整性负责。

　　　　　　　　　　　　　　　　　　　　　　　　　　　　　　　纳税人（签章）：　　　　　年　月　日

经办人：	受理人：
经办人身份证号：	受理税务机关（章）：
代理机构签章：	受理日期：　　年　月　日
代理机构统一社会信用代码：	

2. 本期准予扣除税额计算表（见表3-3）

表3-3　本期准予扣除税额计算表

元（列至角分）

准予扣除项目			金　额	合　计
一、本期准予扣除的委托加工应税消费品已纳税款计算		期初库存委托加工应税消费品已纳税款	1		
		本期收回委托加工应税消费品已纳税款	2		
		期末库存委托加工应税消费品已纳税款	3		
		本期领用不准予扣除委托加工应税消费品已纳税款	4		
		本期准予扣除委托加工应税消费品已纳税款	5=1+2-3-4		
二、当期准予扣除的外购烟丝已纳税款计算	（一）从价计税	期初库存外购应税消费品买价	6	0	0
		本期购进应税消费品买价	7	1 650 000	1 650 000
		期末库存外购应税消费品买价	8	330 000	330 000
		本期领用不准予扣除外购应税消费品买价	9	0	0
		适用税率	10	30%	30%
		本期准予扣除外购应税消费品已纳税款	11=(6+7-8-9)×10	396 000	396 000
	（二）从量计税	期初库存外购应税消费品数量	12		
		本期外购应税消费品数量	13		
		期末库存外购应税消费品数量	14		
		本期领用不准予扣除外购应税消费品数量	15		
		适用税率	16		
		计量单位	17		
		本期准予扣除的外购应税消费品已纳税款	18=(12+13-14-15)×16		
三、本期准予扣除税款合计			19=5+11+18	396 000	396 000

3. 本期消费税附加税费计算表（见表3-4）

表3-4 消费税附加税费计算表

金额单位：元（列至角分）

税（费）种		计税（费）依据		税（费）率/%	本期应纳税（费）额	本期减免税（费）额		本期是否适用增值税小规模纳税人"六税两费"减征政策		本期已缴税（费）额	本期应补（退）税（费）额
		消费税税额				减免性质代码	减免税（费）额	减征比例/%	减征额		
		1		2	3=1×2	4	5	6	7=(3-5)×6	8	9=3-5-7-8
城市维护建设税	1	9 384 800.00		7	656 936.00		0	—	—	0	656 936.00
教育费附加	2	9 384 800.00		3	281 544.00		0	—	0	0	281 544.00
地方教育附加	3	9 384 800.00		2	187 696.00		0	—	0	0	187 696.00
合计	4	—		—	1 126 176.00		—	—	0	0	1 126 176.00

准予扣除消费税凭证明细表的填报、生产经营情况表的填报、本期减（免）税额明细表的填报略。

（三）办理税款抵扣手续

纳税人在办理纳税申报时，如果需要办理消费税税款抵扣手续，则除按有关规定提供纳税申报所需资料外，还应当提供以下资料。

① 外购应税消费品连续生产应税消费品的，提供外购应税消费品增值税专用发票（抵扣联）原件和复印件。

② 委托加工收回应税消费品连续生产应税消费品的，提供代扣代收税款凭证原件和复印件。

③ 进口应税消费品连续生产应税消费品的，提供海关进口消费税专用缴款书原件和复印件。

知识小结

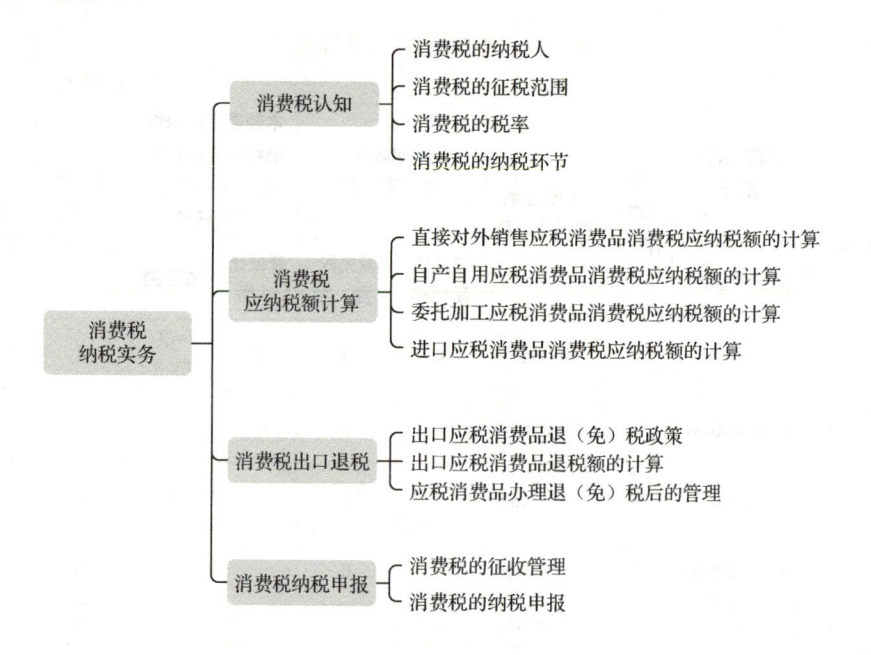

```
                            ┌─ 消费税的纳税人
              ┌─ 消费税认知 ─┤─ 消费税的征税范围
              │             │─ 消费税的税率
              │             └─ 消费税的纳税环节
              │
              │                  ┌─ 直接对外销售应税消费品消费税应纳税额的计算
              │─ 消费税        ─┤─ 自产自用应税消费品消费税应纳税额的计算
消费税         │  应纳税额计算   │─ 委托加工应税消费品消费税应纳税额的计算
纳税实务  ─────┤                  └─ 进口应税消费品消费税应纳税额的计算
              │
              │                  ┌─ 出口应税消费品退（免）税政策
              │─ 消费税出口退税 ─┤─ 出口应税消费品退税额的计算
              │                  └─ 应税消费品办理退（免）税后的管理
              │
              │                  ┌─ 消费税的征收管理
              └─ 消费税纳税申报 ─┤
                                 └─ 消费税的纳税申报
```

知识巩固

一、单项选择题

1. 关于消费税纳税义务发生时间的说法正确的是（　　）。
   A. 采用预收货款结算方式的，为收到货款的当天
   B. 采用赊销方式的，为收到货款的当天
   C. 采用其他结算方式销售的，为收讫销货款或取得销货款凭据的当天
   D. 采用分期收款结算方式的，为收到货款的当天

2. 根据消费税法律制度的规定，下列各项中应缴纳消费税的是（　　）。
   A. 商场销售卷烟　　　　　　　　B. 商场销售白酒
   C. 商场销售金银首饰　　　　　　D. 商场销售高档化妆品

3. 企业生产的下列消费品，无须缴纳消费税的是（　　）。
   A. 地板企业生产的用于装修本企业办公室的实木地板
   B. 汽车企业生产的用于本企业管理部门的轿车
   C. 化妆品企业生产的用于交易会样品的化妆品
   D. 卷烟企业生产的用于连续生产卷烟的烟丝

4. 某酒厂为一般增值税纳税人。2021年5月生产白酒共20吨，当月共销售15吨。每吨不含增值税售价为5 000元。销售白酒的同时向购货方外收取了品牌使用费11 700元，包装物押金为4 346元。该酒厂当月应缴纳消费税的税额是（　　）元。
   A. 38 840　　　　B. 34 820　　　　C. 38 420　　　　D. 32 840

5. 某百货公司（增值税一般纳税人）黄金饰品部2021年2月直接零售金首饰3 000克，每

克零售价 200 元；采取以旧换新方式销售金首饰 600 克，收回旧首饰 200 克，收取差价 80 000 元，并收取旧首饰折价补偿 20 元/克。该黄金饰品部当月应缴纳消费税（　　）元。

  A. 30 769.23 B. 34 177 C. 30 940.17 D. 29 230.77

  6. 某化妆品厂（增值税一般纳税人）2021 年 8 月外购已税高档香水精，取得的增值税专用发票上注明的价款为 280 万元、增值税税额为 47.6 万元；当月领用部分外购高档香水精用于继续生产高档化妆品，已知本月期初库存外购已税高档香水精 10 万元、期末库存外购已税高档香水精 150 万元。该企业当月可扣除的外购高档香水精已缴纳的消费税税额为（　　）万元。

  A. 21 B. 42 C. 84 D. 87

  7. 甲企业委托乙企业加工一批实木地板。甲企业提供原材料的实际成本为 7 000 元，另支付乙企业加工费 2 500 元（不含税），其中包括乙企业代垫的辅助材料价款 500 元（不含税）。已知实木地板消费税税率为 5%，乙企业无同类实木地板的销售价格。在该业务中，乙企业应代收代缴消费税（　　）元。

  A. 473.68 B. 475 C. 500 D. 550

  8. 某汽车销售公司 2021 年 5 月进口 12 辆乘用车，消费税税率为 9%，每辆车的关税完税价格为 30 万元、关税税率为 80%；进口中轻型商用客车 8 辆，消费税税率为 5%，每辆车的关税完税价格为 25 万元、关税税率为 30%。该汽车销售公司进口环节应缴纳消费税（　　）万元。

  A. 42.4 B. 46.13 C. 71.32 D. 77.77

二、多项选择题

  1. 雅美是一家化妆品公司，2021 年 1 月将一批自产化妆品作为福利发放给职工，其成本为 10 万元、消费税税率为 15%，此消费品成本利润率为 5%，则（　　）。

  A. 消费税组成计税价格为 12.35 万元 B. 消费税组成计税价格为 10.5 万元
  C. 增值税组成计税价格为 12.35 万元 D. 增值税组成计税价格为 10.5 万元

  2. 下列关于消费税纳税地点的说法中，正确的有（　　）。

  A. 进口应税消费品，由进口人在其机构所在地申报纳税
  B. 一般情况下，纳税人的总机构与分支机构不在同一县（市）的，应当分别向各自机构所在地的主管税务机关申报纳税
  C. 委托加工的应税消费品，受托方为个人的，由委托方向机构所在地的主管税务机关申报纳税
  D. 纳税人销售的应税消费品，以及自产自用的应税消费品，除国务院财政、税务部门另有规定外，应当向纳税人机构所在地或居住地的主管税务机关申报纳税

  3. 根据消费税法律制度的规定，下列应税消费品中，采用从量计征办法计缴消费税的有（　　）。

  A. 黄酒 B. 葡萄酒 C. 啤酒 D. 药酒

  4. 根据消费税的暂行规定，下列表述正确的是（　　）。

  A. 消费税税收负担具有转嫁性
  B. 消费税的税率呈现单一税率的形式
  C. 消费品生产企业没有对外销售的应税消费品均不缴纳消费税
  D. 消费税税目列举的消费品都属于消费税的征税范围

5. 下列业务中，应同时征收增值税和消费税的有（　　　）。
   A. 地板厂销售自产实木地板　　　　B. 汽车厂销售自产电动汽车
   C. 百货商场销售高档手表　　　　　D. 进出口公司进口高尔夫球及球具

6. 根据消费税的有关规定，下列货物应该计算缴纳消费税的有（　　　）。
   A. 酒厂以福利形式发给职工的自产药酒
   B. 汽车制造商赞助汽车拉力赛的越野车
   C. 化妆品厂无偿发放的一批小包装试用高档香水
   D. 日化厂用于广告的一批普通护发品

7. 下列应税消费品，以纳税人同类应税消费品的最高销售价格作为计税依据计算消费税的有（　　　）。
   A. 用于抵债的应税消费品　　　　　B. 用于馈赠的应税消费品
   C. 用于换取生产资料的应税消费品　D. 用于对外投资入股的应税消费品

8. 根据消费税法律制度的有关规定，纳税人外购和委托加工的特定应税消费品，用于继续生产应税消费品的，已缴纳的消费税税额准予从应纳消费税税额中抵扣。下列各项中，可以抵扣已缴纳的消费税税额的有（　　　）。
   A. 以外购的已税高档化妆品为原料用于生产高档化妆品
   B. 以委托加工收回的烟丝为原料用于生产卷烟
   C. 外购的已税汽车用于改装成小货车
   D. 以外购的已税润滑油为原料用于生产润滑油

三、判断题

1. 兼营不同税目、税率的应税消费品出口的，应分别核算销售额或销售数量。未分别核算的，从低适用征税率，从高适用退税率。（　　）

2. 用于换取生产资料的卷烟，应按同类商品的平均售价作为计税依据计算征收消费税。（　　）

3. 缴纳增值税的货物并不都缴纳消费税，而缴纳消费税的货物一定要缴纳增值税。（　　）

4. 纳税人自产自用的应税消费品用于连续生产应税消费品的，不纳税；用于其他方面的，于移送使用时纳税。（　　）

5. 我国的消费税主要在生产和委托加工环节课征，实行单一环节征税，批发、零售等环节一律不征收消费税。（　　）

6. 实行从价定率法征收消费税的应税消费品，对包装物既作价随同应税消费品销售，又另外收取包装物的押金，凡纳税人在规定的期限内没有退还的，均应并入应税消费品的销售额，按照应税消费品的适用税率缴纳消费税。（　　）

7. 纳税人销售的应税消费品，如因质量等原因由购买者退回时，经机构所在地或居住地税务机关审核批准后，可退还已缴纳的消费税税款。（　　）

8. 某卷烟厂通过自设独立核算门市部销售自产卷烟，应当按照门市部对外销售额或销售数量计算征收消费税。（　　）

四、业务题

1. 长城酒厂 2021 年 1 月销售粮食白酒 7 500 千克，售价为 3 元 / 千克，随同销售的包装物价格 5 000 元；本月销售礼品盒 4 000 套，售价为 400 元 / 套，每套包括粮食白酒 2.5 千克，单价 30 元 / 千克，干红酒 2.5 千克，单价 50 元 / 千克。

要求：计算该企业当月应纳消费税税额。（题中的价格均为不含税价格，白酒比例税率为 20%，定额税率为 0.25 元 / 千克；其他酒税率为 10%）

2. 辰星礼花厂本年 6 月发生如下业务。

（1）委托灿烂烟花厂加工一批焰火。辰星礼花厂提供原料，成本 37.5 万元；当月灿烂烟花厂将加工完毕的焰火交付辰星礼花厂，开具增值税专用发票，注明收取加工费 5 万元。

（2）辰星礼花厂将委托加工收回的焰火 60% 用于销售，取得不含税销售额 38 万元，将其余的 40% 用于连续生产 A 型组合焰火。

（3）将生产的 A 型组合焰火的 80% 对外销售，取得不含税销售额 36 万元。另将剩余的 20% 赠送给客户。

已知焰火的消费税税率为 15%。

要求：（1）计算业务（1）中灿烂烟花厂代收代缴的消费税税额。

（2）说明业务（2）中用于销售的焰火是否应缴纳消费税。如果需要缴纳，则计算应缴纳的消费税税额。

（3）计算业务（3）中应缴纳的消费税税额。

项目四

关税纳税实务

↘ 知识目标
- 掌握关税完税价格的计算。
- 掌握关税应纳税额的计算。
- 掌握关税纳税申报表的填制。

↘ 技能目标
- 能准确计算关税应纳税额。
- 能准确填写关税纳税申报表,进行纳税申报。

↘ 素质目标
培养爱岗敬业、诚实守信、坚持准则、依法纳税、强化服务等职业道德。

任务情境

上海市五金矿产进出口公司是一家以经营五金产品、矿产品、建筑材料进出口业务为主的大型专业外贸公司。2021年5月,公司从德国进口一批硅藻土。该月又向马来西亚出口一批铜废碎料。两笔业务的报关单如表4-1和表4-2所示。

任务要求

(一)分析任务情境中进出口关税的纳税人、征税范围和税率。
(二)分析该公司进口关税的完税价格。
(三)分析该公司的进口关税。
(四)分析该公司出口关税的完税价格。
(五)分析该公司的出口关税。

项目四 关税纳税实务

表 4-1 进口货物报关单

中华人民共和国海关进口货物报关单

预录入编号：320951876422663　　　　　　　　　　　　　　　海关编号：183465949857563223

进口口岸 上海海关 2200	备案号		进口日期 20210511	申报日期 20210512
经营单位 上海市五金矿产进出口公司	运输方式 水路运输		运输工具名称 LVZHOU2500	提运单号 22140214310
收货单位 上海市五金矿产进出口公司	贸易方式 一般贸易		征免性质 一般征税	征税比例 照章
许可证号 ××××××××	起运国（地区） 德国	装货港 汉堡		境内目的地 上海
批准文号	成交方式 CFR	运费	保费 0.3%	杂费
合同协议号 2021SH001Y	件数 100	包装种类 件	毛重/千克 110 000	净重/千克 100 000
集装箱号 MRKU2589635*1（2）	随附单据 入境货物通关单，原产地证明			用途 销售
标记唛码及备注				

项号	商品编码	商品名称、规格型号	数量及单位	原产国（地区）	单价	总价	币制	征免
1	25120010	硅藻土	100 000 千克	德国	0.288	28 800.00	USD	照章征税

税费征收情况
进口关税税率为 3%

录入员	录入单位	兹声明以上申报无讹并承担法律责任	海关审单批注及放行日期（签章）	
报关员			审单	
单位地址		申报单位（签章）	征税	统计
邮编	电话	填制日期	查验	放行

103

表4-2 出口货物报关单

中华人民共和国海关出口货物报关单

预录入编号：220951676424561　　　　　　　　　　　　　　　　　　海关编号：263475949857565267

境内发货人 上海市五金矿产进出口公司		出境关别 外港海关		出口日期	申报日期 20210515	备案号	
境外收货人 Malaysia Locomotive Construction Ltd. Company		运输方式 水路运输		运输工具名称及航次号 NORTHERN DIAMOND/903		提运单号 581204870	
生产销售单位 上海市五金矿产进出口公司		监管方式 一般贸易		征免性质 一般征税		许可证号 ××××××××	
合同协议号 2021EY0034W		贸易国（地区） 马来西亚		运抵国（地区） 马来西亚	指运港 关丹	离境口岸 上海海关	
包装种类 件	件数 300	毛重/千克 920 000		净重/千克 900 000	成交方式 CIF	运费 2/1	保费 0.3/1	杂费
随附单证及编号 随附单证1：350020016332							
标记唛码及备注							
项号　商品编码　商品名称、规格型号　数量及单位　原产国（地区）　单价　总价　币制　征免							
1　74040000　铜废碎料　900 000 千克　中国　0.1　90 000.00　USD　照章征税							
税费征收情况 进口关税税率为15%							
报关人员 电话 申报单位	报关人员证号	兹声明对以上内容承担如实申报、依法纳税之法律责任 申报单位（签章） 报关专用章			海关批注及签章 验讫章		

知识研学

任务一　关税认知

关税是海关依法对进出关境的货物、物品征收的一种税，包括进口关税、出口关税和过境关税 3 种。所谓"境",是指关境,又称海关境域或关税领域,是《中华人民共和国海关法》全面实施的领域。

> **思中学**
> 关境等于国境吗?

一、关税的纳税人

关税的纳税人包括贸易性商品的纳税人和物品的纳税人。贸易性商品的纳税人是指经营进出口货物的收、发货人,具体包括外贸进出口公司、工贸或农贸结合的进出口公司及其他经批准经营进出口商品的企业。物品的纳税人具体包括入境旅客随身携带的行李、物品的持有人,各种运输工具上服务人员入境时携带自用物品的持有人,馈赠物品及其他方式入境个人物品的所有人及个人邮递物品的收件人。

讨论提示:
关境等于国境吗

二、关税的征税对象

关税的征税对象是准许进出境的货物和物品。对从境外采购进口的原产于中国境内的货物,也应按规定征收进口关税。货物是指贸易性商品;物品是非贸易性商品,包括入境旅客随身携带的行李和物品、个人邮递物品、各种运输工具上的服务人员携带进口的自用物品、馈赠物品及其他方式进入国境的个人物品。

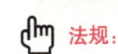

法规:
《中华人民共和国进出口关税条例》

三、关税的税率

关税的税目、税率都由《中华人民共和国进出口税则》(2021)规定。它包括 3 个主要部分:进口税则、出口税则、规则与说明。进出口税则中的商品分类目录为关税税目。按照税则归类总规则及其归类方法,每一种商品都能找到一个最合适的对应税目。

(一) 进口关税税率

进口关税设置最惠国税率、协定税率、特惠税率、普通税率、关税配额税率等税率。对进口货物在一定期限内可以实行暂定税率。我国对来自不同国家和地区的商品给予不同的关税待遇,如表 4-3 中的第 4 列到第 7 列所示。

法规:
《中华人民共和国进出口税则》(2021)

① 最惠国税率。最惠国税率适用原产于与我国共同适用最惠国待遇条款的世界贸易组织成员或地区的进口货物、原产于与我国签订含有相互给予最惠国待遇条款的双边贸易协定的国家或地区的进口货物,以及原产于我国境内的进口货物。

② 协定税率。协定税率适用原产于与我国签订含有关税优惠条款的区域性贸易协定的国家或地区的进口货物。

③ 特惠税率。特惠税率适用原产于与我国签订有特殊优惠关税协定的国家或地区的进口货物。

④ 普通税率。普通税率适用原产于上述国家或地区以外的国家或地区的进口货物。

⑤ 关税配额税率。按照国家规定实行关税配额管理的进口货物,关税配额内的适用关税配额税率。

表 4-3　2021 年部分商品的进口关税税率

序号	税则号列	中文货品名称	最惠国税率 /%	协定税率 /%	特惠税率 /%	普通税率 /%
893	1108.1200	玉米淀粉	20	0 东盟 AS，新加坡 SG，智利 CL，新西兰 NZ，秘鲁 PE，哥 CR，冰岛 IS，澳大利亚 AU，香港 HK，澳门 MO 4 瑞士 CH 10.6 韩国 KR	0 受惠国 LD	50
2736	3401.1910	洗衣皂	6.5	0 东盟 AS，新加坡 SG，智利 CL，新西兰 NZ，秘鲁 PE，哥伦比亚 CR，瑞士 CH，冰岛 IS，澳大利亚 AU，香港 HK，澳门 MO，格鲁吉亚 GE 4 巴基斯坦 PK	0 受惠国 LD	80

适用最惠国税率的进口货物有暂定税率的，应当适用暂定税率；适用协定税率、特惠税率的进口货物有暂定税率的，应当从低适用税率；适用普通税率的进口货物，不适用暂定税率。

（二）出口关税税率

国家仅对少数资源性产品及易于竞相杀价、盲目出口、需要规范出口秩序的半制成品征收出口关税。具体参见《中华人民共和国进出口税则（2021）》。

（三）特别关税

特别关税包括报复性关税、反倾销税与反补贴税、保障性关税。

① 报复性关税是指为报复他国对本国出口货物的关税歧视，而对相关国家的进口货物征收的一种进口附加税。任何国家或地区对其进口的原产于我国的货物征收歧视性关税或给予其他歧视性待遇的，我国对原产于该国家或地区的进口货物征收报复性关税。

② 反倾销税是指对倾销商品所征收的进口附加税。当进口国因外国倾销某种产品，国内产业受到损害时，征收相当于出口国国内市场价格和倾销价格之间差额的进口税。

反补贴税是指对进口商品使用的一种超过正常关税的特殊关税。出口国为其出口商品提供补贴的目的是提高出口商品在国外的竞争力。

③ 保障性关税是指当某类商品进口量剧增，对我国相关产业带来巨大威胁或损害时，按照 WTO 有关规则可以启动一般保障措施，即在与实质利益的国家或地区进行磋商后，在一定时期内提高该项商品的进口关税或采取数量限制措施，以保护国内相关产业不受损害。

（四）税率的运用

① 进出口货物应当适用海关接受该货物申报进口或出口之日实施的税率。

- 进口货物到达前，经海关核准先行申报的，应当适用装载该货物的运输工具申报进境之日实施的税率。
- 因纳税义务人违反规定需要追征税款的进出口货物，应当适用违反规定的行为发生之日实施的税率；行为发生之日不能确定的,适用海关发现该行为之日实施的税率。

② 已申报进境并且放行的保税货物、减免税货物、租赁货物或已申报进出境并且放行的暂时进出境货物,有下列情形之一需要缴纳税款的,应当适用海关接受纳税义务人再次填写报关单申报办理纳税及有关手续之日实施的税率。

- 保税货物经批准不复运出境的。
- 保税仓储货物转入国内市场销售的。
- 减免税货物经批准转让或移作他用的。
- 可以暂不缴纳税款的暂时进出境货物,经批准不复运出境或进境的。
- 租赁进口货物,分期缴纳税款的。

任务分析（一）

① 上海市五金矿产进出口公司从德国进口的硅藻土属于进口关税的征税对象,该公司属于进口关税的纳税人。德国属于世界贸易组织成员国,适用最惠国税率,根据商品编码 25120010 查找关税进口税则,硅藻土的最惠国税率为 3%。因此,该公司应以 3% 的最惠国税率对硅藻土缴纳进口关税。

② 上海市五金矿产进出口公司向马来西亚出口的铜废碎料属于出口关税的征税对象,该公司为出口关税的纳税人。根据商品编码 74040000 查找关税出口税则,铜废碎料 2021 年的出口暂定税率为 15%。

四、关税的税收优惠

关税减免是对某些纳税人和征税对象给予鼓励与照顾的一种特殊调节手段。关税减免分为法定减免、特定减免和临时减免。

（一）法定减免

法定减免税是税法中明确列出的减税或免税。符合税法规定可予以减免税的进出口货物,纳税义务人无须提出申请,海关可按规定直接予以减免税。海关对法定减免税货物一般不进行后续管理。

1. 下列进出口货物免征关税

① 关税税额在人民币 50 元以下的货物。
② 无商业价值的广告品和货样。
③ 外国政府、国际组织无偿赠送的物资。
④ 在海关放行前损失的货物。
⑤ 进出境运输工具装载的途中必需的燃料、物料和饮食用品。

2. 下列进出口货物可以暂不缴纳关税

暂时进境或暂时出境的下列货物,在进境或者出境时纳税义务人向海关缴纳相当于应纳税额的保证金或提供其他担保的,可以暂不缴纳关税,并应当自进境或者出境之日起 6 个月内复运出境或复运进境；需要延长复运出境或复运进境期限的,纳税义务人应当根据海关总署的规定向海关办理延期手续。

① 在展览会、交易会、会议及类似活动中展示或使用的货物。
② 文化、体育交流活动中使用的表演、比赛用品。
③ 进行新闻报道或摄制电影、电视节目使用的仪器、设备及用品。
④ 开展科研、教学、医疗活动使用的仪器、设备及用品。
⑤ 在第①项至第④项所列活动中使用的交通工具及特种车辆。
⑥ 货样。
⑦ 供安装、调试、检测设备时使用的仪器、工具。
⑧ 盛装货物的容器。
⑨ 其他用于非商业目的的货物。

3. 下列进出口货物可以申请退还关税

有下列情形之一的，纳税义务人自缴纳税款之日起一年内可以申请退还关税，并应当以书面形式向海关说明理由，提供原缴款凭证及相关资料。
① 已征进口关税的货物，因品质或规格原因，原状退货复运出境的。
② 已征出口关税的货物，因品质或规格原因，原状退货复运进境，并已重新缴纳因出口而退还的国内环节有关税款的。
③ 已征出口关税的货物，因故未装运出口，申报退关的。

（二）特定减免

特定减免是指在法定减免之外，国家按照国际通行规则和我国实际情况，制定发布的有关进出口货物减免关税的政策，称为特定或政策性减免税。它包括科教用品；残疾人专用品；慈善捐赠物资；加工贸易产品；边境贸易产品；保税区进出口货物；出口加工区进出口货物；进口设备；特定行业或用途的减免税政策；特定地区的减免税政策。

（三）临时减免

临时减免是指以上法定和特定减免税以外的其他减免税，即由国务院根据《中华人民共和国海关法》对某个单位、某类商品、某个项目或某批进出口货物的特殊情况给予特别照顾，一案一批、专文下达的减免税。临时减免一般有单位、品种、期限、金额或数量等限制，不能比照执行。

任务二　关税应纳税额计算

一、关税完税价格的计算

（一）一般进口货物完税价格的计算

1. 以成交价格为基础的完税价格

完税价格是指货物的计税价格。进口货物的成交价格是指卖方向我国境内销售该货物时，买方为进口该货物向卖方实付、应付的并按照规定调整后的价款总额，包括直接支付的价款和间接支付的价款。进口货物的完税价格由海关以货物的成交价格为基础审查确定，并应当包括该货物运抵中华人民共和国境内输入地点起卸前的运输及其相关费用、保险费。

（1）应计入进口货物成交价格的费用

① 由买方负担的除购货佣金以外的佣金和经纪费。例如，支付的卖方佣金。购货佣金是指买方为购买进口货物向自己的采购代理人支付的劳务费用。经纪费是指买方为购买进口货物向代表买卖双方利益的经纪人支付的劳务费用。

② 由买方负担的与该货物视为一体的容器费用。

③ 由买方负担的包装材料和包装劳务费用。

④ 与该货物的生产和向我国境内销售有关的，由买方以免费或以低于成本的方式提供并可按适当比例分摊的料件、工具、模具、消耗材料及类似货物的价款，以及在境外开发、设计等相关服务的费用。

⑤ 与该货物有关并作为卖方向我国销售该货物的一项条件，应当由买方直接或间接支付的特许权使用费。但是在估定完税价格时，进口货物在境内的复制权费不得计入该货物的实付或应付价格之中。

⑥ 卖方直接或间接从买方对该货物进口后转售、处置或使用所得中获得的收益。

（2）不应计入进口货物成交价格的费用

① 厂房、机械或设备等货物进口后发生的建设、安装、装配、维修或技术援助费用，但是保修费用除外。

② 进口货物运抵境内输入地点起卸后发生的运输及其相关费用、保险费。

③ 进口关税、进口环节海关代征税及其他国内税。

④ 为在境内复制进口货物而支付的费用。

⑤ 境内外技术培训及境外考察费用。

（3）进口货物的运输费用和保险费

① 一般进口。陆运、空运、海运进口货物的运费和保险费，应当按照实际支付的费用计算。如果进口货物的保险费无法确定或未实际发生，则按照同期同行业运费率计算，即保险费＝（货价＋运费）×3‰。

② 其他方式进口。邮运的进口货物，以邮费作为运输及其相关费用、保险费；以境外边境口岸价格条件成交的铁路或公路运输进口货物，海关应当按照境外边境口岸价格的1%计算运输及其相关费用、保险费。自驾进口的运输工具不另行计入运费。

做中学

美美化妆品进出口公司2021年5月进口一批化妆品，支付国外的买价200万元、国外的经纪费5万元，向自己的采购代理人支付佣金4万元，支付运抵我国海关进境地前的运输费20万元、装卸费和保险费10万元。另外，将该批化妆品从海关进境地运往公司支付运费6万元、装卸费和保险费3万元。确定该批化妆品进口关税的完税价格。

解析：关税完税价格＝货价＋卖方佣金＋运费＋保险费、装卸＝200+5+20+10＝235（万元）

拓中学： 加工贸易内销货物完税价格的计算

2. 完税价格的估定

进口货物的价格不符合成交价格条件或成交价格不能确定的，海关应当依次以下列方法估定完税价格。

① 相同或类似货物成交价格方法，即以与被估的进口货物同时或大约同时（在海关接受申报进口之日的前后各45天以内）进口的相同或类似货物的成交价格为基础，估定完税价格。

② 倒扣价格方法，即以与被估的进口货物相同或类似进口货物在境内销售的价格为基础估定完税价格。

③ 计算价格方法，即按下列各项总和计算的价格估定完税价格：生产该货物所使用的原材料价值和进行装配或其他加工的费用；向境内出口销售同等级或同种类货物通常的利润和一般费用；货物运抵境内输入地点起卸前的运输及相关费用、保险费。

④ 其他合理的方法，即根据《中华人民共和国海关审定进出口货物完税价格办法》规定的估价原则，以在境内获得的数据资料为基础估定完税价格。但不得使用以下价格：境内生产的货物在境内的销售价格；可供选择的价格中较高的价格；货物在出口地市场的销售价格；以计算价格方法规定的有关各项之外的价值或费用计算的价格；出口到第三国或地区的货物的销售价格；最低限价或武断虚构的价格。

拓中学：
特殊进口货物完税价格的计算

任务分析（二）

上海市五金矿产进出口公司进口报关单的 CFR 价格为 28 800 美元，需要调整为 CIF 价格计算完税价格。该公司进口硅藻土的关税完税价格计算如下（外汇折算率：1 美元 = 人民币 6.39 元）。

完税价格 = CFR 价格 + 保费 = CFR 价格 ÷（1− 保险费率）
= 28 800÷(1−0.3%)×6.39
= 184 585.76（元）

（二）出口货物完税价格的计算

1. 以成交价格为基础的完税价格

出口货物的完税价格由海关以该货物的成交价格为基础审查确定，并且应当包括货物运至我国境内输出地点装载前的运输及其相关费用、保险费。

出口货物的成交价格是指该货物出口销售时，卖方为出口该货物应当向买方直接收取和间接收取的价款总额。下列税收、费用不计入出口货物的完税价格。

① 出口关税。

② 在货物价款中单独列明的货物运至我国境内输出地点装载后的运输及其相关费用、保险费。

2. 出口货物海关估价方法

出口货物的成交价格不能确定时，海关依次以下列价格审查确定该货物的完税价格。
① 同时或大约同时向同一国家或地区出口的相同货物的成交价格。
② 同时或大约同时向同一国家或地区出口的类似货物的成交价格。

③ 根据境内生产相同或类似货物的成本、利润和一般费用（包括直接费用和间接费用）、境内发生的运输及其相关费用、保险费计算所得的价格。
④ 按照合理方法估定的价格。

任务分析（三）

上海市五金矿产进出口公司出口报关单的成交价格为 90 000 美元，为到岸价格。该公司出口关税的完税价格计算如下。

完税价格 = FOB 价格 ÷ (1+ 出口关税税率)
    = CIF 价格 ×(1− 保险费率)×(1− 运费率)÷(1+ 税率)
    = 90 000×6.39×(1−0.3%)×(1−2%)÷(1+15%)
    = 488 614.96（元）

二、关税应纳税额的计算

（一）一般进口货物关税的应纳税额

进口商品多数实行从价税，对部分产品实行从量税、复合税、滑准税。

1. 从价税应纳税额的计算

其计算公式为：

$$应纳税额 = 完税价格 × 比例税率$$

我国进口货物的完税价格是以 CIF（到岸）价格来计算的，以其他国际贸易术语成交的进口货物，应按规定调整为 CIF 价格计算完税价格。

（1）以 FOB（离岸）价格作为成交价格

其计算公式为：

完税价格 = FOB 价格 + 运杂费 + 保险费 =（FOB 价格 + 运杂费）÷（1− 保险费率）

（2）以 CFR（离岸加运费）价格作为成交价格

    完税价格 = CFR 价格 + 保险费 = CFR 价格 ÷（1− 保险费率）

思中学

FOB、CFR、CIF 价格有什么区别？

任务分析（四）

根据任务分析（二），上海市五金矿产进出口公司进口硅藻土的关税完税价格为 184 585.76 元，应纳进口关税税额 = 184 585.76×3% = 5 537.57（元）。

2. 从量税应纳税额的计算

从量税是以进口商品的重量、长度、容量、面积等计量单位为计税依据的。我国目前对原油、啤酒、胶卷等实行从量税。其计算公式为：

$$应纳税额 = 应税进口货物数量 × 定额税率$$

讨论提示：
FOB、CFR、CIF 价格有什么区别？

智能纳税管理

3. 复合税应纳税额的计算

复合税是对某种进口商品同时使用从价和从量计征的一种计征关税的方法。目前，我国对广播用录像机、放像机、摄像机等实行复合税。其计算公式为：

$$应纳税额 = 完税价格 \times 比例税率 + 应税进口货物数量 \times 定额税率$$

做中学

上海微画影视文化公司2021年从韩国进口5台广播级磁带录像机，成交价格CIF价格为3 000美元/台。计算应纳进口关税税额（征税日外汇折算率：1美元＝人民币6.90元）。

解析：① 税则归类。进口产品广播级磁带录像机税则号列为8521.1011。

② 确定税率。原产国韩国适用协定税率，协定税率为：价格≤2 000美元/台，采用从价税21%；价格＞2 000美元/台，采用复合税，从价税2.1%加上从量税3 061.80元/台。因此，该公司进口的广播级磁带录像机应采用复合税。

③ 完税价格 ＝ 5×3 000×6.90 ＝ 103 500（元）

④ 应纳进口关税 ＝ 103 500×2.1%＋5×3 061.80 ＝ 17 482.50（元）

4. 滑准税应纳税额的计算

滑准税是一种关税税率随进口商品价格由高到低而由低到高设置计征关税的方法，可以使进口商品价格越高，其进口关税税率越低；进口商品的价格越低，其进口关税税率越高。目前，我国对新闻纸实行滑准税。其计算公式为：

$$应纳税额 = 完税价格 \times 滑准税税率$$

（二）出口货物关税的计算

其计算公式为：

$$应纳税额 = 出口货物完税价格 \times 出口关税税率$$
$$出口货物完税价格 = FOB价格 \div (1 + 出口关税税率)$$

任务分析（五）

根据任务分析（三），上海市五金矿产进出口公司出口铜废碎料的关税完税价格为488 614.96元，出口关税税额 ＝ 488 614.96×15% ＝ 73 292.24（元）。

任务三　关税纳税申报

一、关税的纳税申报

进口货物自运输工具申报进境之日起14日内，出口货物在货物运抵海关监管区后装货的24小时以前，向货物进（出）境地海关申报，海关根据税则归类和完税价格计算应缴纳的关税与进口环节代征税，并填发海关进出口关税专用缴款书，如表4-4和表4-5所示。

项目四 关税纳税实务

表 4-4　海关进出口关税专用缴款书

收入系统：海关系统　　　填发日期：2021 年 05 月 12 日　　　NO.220020201080000011-A01

收款单位	收入机关		中央金库		缴款单位（人）		名　称	上海市五金矿产进出口公司
	科　目	进口关税	预算级次	中央			账　号	356786798900005620
	收缴国库						开户银行	华商银行上海市分行
税　号	货物名称		数　量	单位	完税价格 /¥	税率 /%		税款金额 /¥
2512.0010	硅藻土		100 000	千克	184 585.76	3		5 537.57
金额人民币（大写）伍仟伍佰叁拾柒元伍角柒分						合计 /¥		5 537.57
	申请单位编号	2200000018		报关编号	183465949857563223	填制单位（银行）	收款国库	
	合同（批文）号	2021SH001Y		运输工具（号）	LVZHOU2500			
	缴款期限	2021 年 5 月 26 日前		提/装货单号	22140214310			
备注	一般征税、照章征税 国际代码：32010300000018					制单人： 复核人：		

表 4-5　海关进出口关税专用缴款书

收入系统：海关系统　　　填发日期：2021 年 05 月 15 日　　　NO.220020201080000012-A11

收款单位	收入机关		中央金库		缴款单位（人）		名称	上海市五金矿产进出口公司
	科目	进口关税	预算级次	中央			账号	356786798900005620
	收缴国库						开户银行	华商银行上海分行
税　号	货物名称		数　量	单位	完税价格 /¥	税率 /%		税款金额 /¥
7404.0000	铜碎废料		900 000	千克	488 614.96	15		73 292.24
金额人民币（大写）柒万叁仟贰佰玖拾贰元贰角肆分						合计 /¥		73 292.24
	申请单位编号	2200000018		报关编号	263475949857565267	填制单位（银行）	收款国库	
	合同（批文）号	2021EY0034W		运输工具（号）	NORTHERN DIAMOND/903			
	缴款期限	2021 年 5 月 29 日前		提/装货单号	581204870			
备注	一般征税、照章征税 国际代码：32010300000018					制单人： 复核人：		

二、关税的缴纳

在海关填发税款缴款书之日起 15 日内，缴纳税款。税款期限届满日遇星期六、星期日等休息日或法定节假日，关税缴纳期限顺延至休息日或法定节假日之后的第一个工作日。关税纳税义务人因不可抗力或在国家税收政策调整的情形下，不能按期缴纳税款的，经海关总署批准，可以延期缴纳税款，但最长不得超过 6 个月。

三、关税的强制执行

关税的强制执行措施主要有以下两类。

第一，征收关税滞纳金。自关税缴纳期限届满之日起，至纳税义务人缴纳关税之日止，按滞纳税款万分之五的比例按日征收，周末或法定节假日不予扣除。其计算公式为：

$$关税滞纳金金额 = 滞纳关税税额 \times 滞纳金征收比例（0.5‰）\times 滞纳天数$$

第二，强制征收。如果纳税义务人自海关填发缴款书之日起 3 个月仍未缴纳税款，则经海关关长批准，海关可以采取强制扣缴、变价抵缴等强制措施。强制扣缴即海关从纳税义务人在开户银行或其他金融机构的存款中直接扣缴税款；变价抵缴即海关将应税货物依法变卖，以变卖所得抵缴税款。

四、关税的退补

（一）关税退还

海关多征的税款，海关发现后应当立即退还。纳税义务人应当自收到海关通知之日起 3 个月内办理有关退税手续。

有下列情形之一的，进出口货物的纳税义务人可以自缴纳税款之日起 1 年内，书面声明理由，连同原纳税收据向海关申请退税，并加算同期活期存款利息，逾期不予受理。

① 因海关误征，多纳税款的。

② 海关核准免验进口的货物，在完税后发现有短卸情况，经海关审查认可的。

③ 已征出口关税的货物，因故未装运出口，申报退关，经海关查验属实的。海关应当自受理退税申请之日起 30 日内，做出书面答复并通知退税申请人。

（二）关税补征和追征

① 关税补征是非因纳税人违反海关规定造成的少征或漏征关税。关税补征期为缴纳税款或货物放行之日起 1 年内。

② 关税追征是因纳税人违反海关规定造成少征或漏征关税。关税追征期为自纳税人应缴纳税款之日起 3 年内，并从缴纳税款之日起按日加收少征或漏征税款万分之五的滞纳金。

项目四 关税纳税实务

知识小结

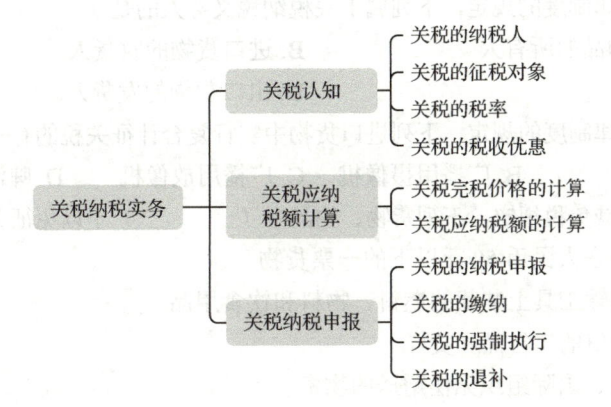

```
                    ┌─ 关税认知 ─┬─ 关税的纳税人
                    │            ├─ 关税的征税对象
                    │            ├─ 关税的税率
                    │            └─ 关税的税收优惠
关税纳税实务 ───────┼─ 关税应纳 ─┬─ 关税完税价格的计算
                    │   税额计算 └─ 关税应纳税额的计算
                    │
                    └─ 关税纳税 ─┬─ 关税的纳税申报
                        申报     ├─ 关税的缴纳
                                 ├─ 关税的强制执行
                                 └─ 关税的退补
```

知识巩固

一、单项选择题

1. 根据关税法律制度的规定，进口原产于与我国签订含有特殊关税优惠条款的贸易协定的国家的货物，适用的关税税率是（　　）。
   A. 最惠国税率　　B. 协定税率　　C. 特惠税率　　D. 关税配额税率

2. 根据关税法律制度的规定，对原产地不明的进口货物，按（　　）征税。
   A. 普通税率　　B. 最惠国税率　　C. 协定税率　　D. 特惠税率

3. 关税税率随进口商品价格由高到低而由低到高设置计征关税的方法是（　　）。
   A. 从价税　　B. 从量税　　C. 复合税　　D. 滑准税

4. 进出口货物的完税价格，海关以该货物的（　　）为基础审查确定。
   A. 成交价格　　B. 市场价格　　C. 估算价格　　D. 重置价格

5. 下列费用不应计入关税完税价格的是（　　）。
   A. 保险费　　B. 买价　　C. 特许权使用费　　D. 国内运杂费

6. 进出口货物的纳税义务人，应当自海关填发税收缴款书之日起（　　）日内，向指定银行缴纳税款。
   A. 10　　B. 7　　C. 15　　D. 30

7. 因纳税义务人违反《中华人民共和国海关法》规定而造成少征或漏征，海关在（　　）年内可以追征。
   A. 1　　B. 2　　C. 3　　D. 5

8. 某企业2021年5月进口一台机器设备，设备价款60万元，支付运抵我国关境内输入地点起卸前的包装费、运费3万元，成交价格外另支付给卖方佣金1万元。进口关税税率为10%，则该企业应纳进口关税税额的下列计算中，正确的是（　　）。
   A. 60×10% = 6（万元）　　　　　　B. (60+3)×10% = 6.3（万元）
   C. (60+1)×10% = 6.1（万元）　　　D. (60+3+1)×10% = 6.4（万元）

二、多项选择题

1. 根据关税法律制度的规定，下列属于关税纳税义务人的是（　　）。
   A. 进出境物品的所有人　　　　B. 进口货物的收货人
   C. 代理人　　　　　　　　　　D. 出口货物的发货人

2. 根据关税法律制度的规定，下列进口货物中实行复合计征关税的有（　　）。
   A. 原油　　　B. 广播用摄像机　　C. 广播用放像机　　D. 啤酒

3. 根据关税的减免税规定，下列货物、物品中（　　）予以免征关税。
   A. 关税税额在人民币 50 元以下的一票货物
   B. 进出境运输工具上装载的燃料、物料和饮食用品
   C. 无商业价值的广告品和货样
   D. 外国政府、国际组织无偿赠送的物资

4. 进口货物的价格不符合成交价格条件或成交价格不能确定的，海关应当依次以（　　）及其他合理方法确定的价格为基础，估定完税价格。
   A. 相同货物成交价格法　　　　B. 类似货物成交价格法
   C. 国际市场价格法　　　　　　D. 国内市场价格倒扣法

5. 根据关税的规定，下列各项中应计入进口货物关税完税价格的有（　　）。
   A. 货物运抵我国关境内输入地点起卸前的运费、保险费
   B. 货物运抵我国关境内输入地点起卸后的运费、保险费
   C. 支付给卖方的佣金
   D. 向境外采购代理人支付的买方佣金

三、判断题

1. 在通常情况下，一国的关境与其国境的范围是一致的。（　　）
2. 纳税义务人自海关填发税收缴款书之日起 3 个月内仍未缴纳税款，经海关关长批准，海关可以采取强制扣缴、变价抵缴等强制措施。（　　）
3. 根据我国关税法律制度，个人邮递物品可以不缴纳关税。（　　）
4. 出口货物应以海关审定的以成交价格为基础的离岸价格为关税的完税价格。（　　）
5. 在进口货物成交过程中，卖方付给进口人的正常回扣，在计算进口货物完税价格时不得从成交价格中扣除。（　　）

四、业务题

1. 昌茂公司是一家生产企业，2021 年 5 月从日本进口一批牙膏。其成交价格为 100 万美元；货物运抵我国境内输入地点起卸前的运输费为 3 万元，从该输入地点到该公司的运输费用为 1 万元；货物运抵我国境内输入地点起卸前的保险费为 2 万元；为购买该批货物，该企业支付购货佣金之外的佣金费用 5 万元。已知征税日美元与人民币的外汇折算率为 1∶7，该货物的关税税率为 3%。

   要求：计算该公司应纳进口关税税额。

2. 前门卷烟厂 2021 年 6 月进口一批烟丝，境外成交价格为 150 万元，运至我国境内输入地点起卸前的运费为 20 万元，无法确知保险费用；将烟丝从海关监管区运往仓库，运费为 12

万元，取得合法货运增值税专用发票。

要求：计算该卷烟厂当月进口环节应缴纳的税额（关税税率为10%、消费税税率为30%）。

3. 甲公司从境外进口一批设备，货物离岸价格500万元；支付给卖方佣金5万元，向境外采购代理人支付买方佣金2万元；将货物运抵我国关境内输入地点，发生运费、保险费合计5万元；支付报关费2万元、商检费1万元；将该设备由境内输入地口岸运抵使用地支付运费1万元；安装该设备支付安装费用1万元；为在境内使用该仪器，另外支付软件和资料费30万元、员工培训费5万元。该货物的关税税率为10%。

要求：计算该公司当月关税税额。

项目五

企业所得税纳税实务

↘ 知识目标

- 掌握企业所得税的概念、纳税义务人、征税对象及税率。
- 掌握企业所得税的收入及视同销售收入、不征税收入、免税收入的范围。
- 掌握各种可扣除类项目的范围及可扣除的标准。
- 熟悉企业所得税税收优惠政策。
- 掌握查账征收方式下计算应纳税额的两种方法。
- 熟悉企业所得税纳税申报表主表内容的构成和纳税申报工作流程。

↘ 技能目标

- 能区分企业所得税纳税人。
- 能准确判断企业业务中的收入总额、不征税收入和免税收入。
- 能完成各种扣除类项目的计算。
- 能根据企业的类型,确定企业所得税计算方式,正确计算应纳税额。
- 能准确填写企业所得税纳税申报表,并进行纳税申报。

↘ 素质目标

培养爱岗敬业、诚实守信、坚持准则、依法纳税、强化服务等职业道德。

任务情境

北京红星皮具有限公司是一家以皮具生产、销售为主的公司。从表5-1可知,该公司2021年取得了4 091 816.49元的利润。那么,企业应该从中拿出多少交给国家呢?是表中的412 720.20元吗?结合北京红星皮具有限公司利润表、研发费用明细表(见表5-2)、企业所得税弥补亏损明细表(见表5-3)、1月至12月科目余额表(见表5-4)等相关表单数据进行分析。

表 5–1　北京红星皮具有限公司 2021 年利润表

元

项　目	本年累计金额
一、营业收入	42 159 928.25
减:营业成本	31 659 696.19

(续表)

项　目	本年累计金额
税金及附加	190 199.33
销售费用	2 454 435.91
管理费用	2 821 043.40
研发费用	592 653.43
财务费用	34 503.50
其中：利息费用	40 000.00
利息收入	8 620.00
加：其他收益	
投资收益（损失以"-"号填列）	50 000.00
其中：对联营企业和合营企业的投资收益	
公允价值变动收益（损失以"-"号填列）	10 000.00
信用减值损失（损失以"-"号填列）	1 420.00
资产减值损失（损失以"-"号填列）	
资产处置收益（损失以"-"号填列）	
二、营业利润（亏损以"-"号填列）	446 8816.49
加：营业外收入	2 000.00
减：营业外支出	379 000.00
三、利润总额（亏损总额以"-"号填列）	4 091 816.49
减：所得税费用	412 720.20
四、净利润（净亏损以"-"号填列）	3 679 096.29

表 5-2　北京红星皮具有限公司 2021 年研发费用明细表

元

项　目	金　额
工资	271 227.84
四险一金	56 663.10
直接材料	206 904.13
设备折旧费	12 480.00
差旅费、会议费等	39 953.80
工会经费	5 424.66
合　计	592 653.43

表 5-3　企业所得税弥补亏损明细表

单位：元

行次	项目	年度	当年境内所得额	合并、分立转入、分立转出的亏损额	合并、分立转入的亏损额 可弥补年限 5年	合并、分立转入的亏损额 可弥补年限 10年	弥补亏损企业类型	当年亏损额	当年待弥补的亏损额	用本年度所得额弥补的以前年度亏损额 使用境内所得弥补	用本年度所得额弥补的以前年度亏损额 使用境外所得弥补	当年可结转以后年度弥补的亏损额
		1	2	3	4	5	6	7	8	9	10	11
1	前十年度	2011										
2	前九年度	2012										
3	前八年度	2013										
4	前七年度	2014										
5	前六年度	2015										
6	前五年度	2016										
7	前四年度	2017										
8	前三年度	2018	-5 682 673.18	0.00			100	-5 682 673.18	-4 086 330.34	4 086 330.34		0.00
9	前二年度	2019	-2 469 570.63	0.00			100	-2 469 570.63	-2 469 570.63	28 634.92		2 440 935.71
10	前一年度	2020	1 596 342.84	0.00			100	0.00	0.00	0.00		0.00
11	本年度	2021	4 114 965.26	0.00			100	0.00	0.00	0.00		0.00
12	可结转以后年度弥补的亏损额合计											2 440 935.71

表 5–4 北京红星皮具有限公司 2021 年 1 月至 12 月科目余额表（部分）

单位：元

科目名称	科目编码	期初余额 借	期初余额 贷	累计借方	累计贷方	期末余额 借	期末余额 贷
长期股权投资	1511	0	0	600 000	0	600 000	0
北京奇特机械设备有限公司	151101	0	0	600 000	0	600 000	0
成本	15110101	0	0	450 000	0	450 000	0
损益调整	15110102	0	0	50 000	0	50 000	0
其他综合收益	15110103	0	0	100 000	0	100 000	0
固定资产	1601	4 468 600	0	0	0	4 468 600	0
房屋建筑物	160101	3 000 000	0	0	0	3 000 000	0
生产设备	160102	1 064 000	0	0	0	1 064 000	0
运输设备	160103	256 600	0	0	0	256 600	0
管理设备	160104	148 000	0	0	0	148 000	0
累计折旧	1602	0	962 992	0	336 144	0	1 299 136
房屋建筑物	160201	0	364 800	0	144 000	0	508 800
生产设备	160202	0	323 456	0	102 144	0	425 600
运输设备	160203	0	184 752	0	61 584	0	246 336
管理设备	160204	0	89 984	0	28 416	0	118 400
无形资产	1701	2 950 000	0	0	0	2 950 000	0
土地使用权 A	170101	2 100 000	0	0	0	2 100 000	0
商标权	170102	500 000	0	0	0	500 000	0
非专利技术（版权）	170103	350 000	0	0	0	350 000	0
累计摊销	1702	0	430 833.38	0	155 000.04	0	585 833.42
土地使用权 A	170201	0	227 499.87	0	69 999.96	0	297 499.83
商标权	170202	0	162 500.13	0	50 000.04	0	212 500.17
非专利技术（版权）	170203	0	40 833.38	0	35 000.04	0	75 833.42
工资	22110101	0	475 414.12	8 812 617.9	8 842 963.48	0	50 5759.7
医疗保险	22110102	0	0	686 488	686 488	0	0
工伤保险	22110103	0	0	13 729.76	13 729.76	0	0
生育保险	22110104	0	0	54 919.04	54 919.04	0	0
住房公积金	22110105	0	0	823 785.6	823 785.6	0	0
工会经费	22110106	0	11 785.93	139 625.6	140 377.89	0	12 538.22
职工福利费	22110107	0	0	0	0	0	0
职工教育经费	22110108	0	0	105 979.52	105 979.52	0	0
离职后福利	221102	0	0	1 359 246.24	1 359 246.24	0	0
养老保险	22110201	0	0	1 304 327.2	1 304 327.2	0	0
失业保险	22110202	0	0	54 919.04	54 919.04	0	0

(续表)

科目名称	科目编码	期初余额		累计借方	累计贷方	期末余额	
		借	贷			借	贷
主营业务收入	6001	0	0	42 159 928.25	42 159 928.25	0	0
主营业务成本	6401	0	0	31 659 696.19	31 659 696.19	0	0
销售费用	6601	0	0	2 454 435.91	2 454 435.91	0	0
职工薪酬	660101	0	0	1 298 612	1 298 612	0	0
职工教育经费	660102	0	0	48 000	48 000	0	0
业务宣传费	660103	0	0	860 000	860 000	0	0
运费	660104	0	0	57 530.91	57 530.91	0	0
水电费	660105	0	0	6 223	6 223	0	0
折旧费	660106	0	0	4 800	4 800	0	0
包装物	660107	0	0	179 270	179 270	0	0
管理费用	6602	0	0	3 348 768.83	3 348 768.83	0	0
职工薪酬	660201	0	0	1 817 295.2	1 817 295.2	0	0
职工教育经费	660202	0	0	48 000	48 000	0	0
办公费	660203	0	0	24 500	24 500	0	0
通讯费	660204	0	0	19 200	19 200	0	0
维修费	660205	0	0	11 670	11 670	0	0
业务招待费	660206	0	0	340 177	340 177	0	0
差旅费	660207	0	0	85 200	85 200	0	0
车辆费用	660208	0	0	51 000	51 000	0	0
水电费	660209	0	0	36 153.16	36 153.16	0	0
折旧费	660210	0	0	139 920	139 920	0	0
无形资产摊销	660211	0	0	155 000.04	155 000.04	0	0
研发支出	660213	0	0	592 653.43	592 653.43	0	0
审计费	660214	0	0	28 000	28 000	0	0
手续费	660301	0	0	3 123.5	3 123.5	0	0
利息收入	660302	0	0	8 620	8 620	0	0
利息支出	660303	0	0	40 000	40 000	0	0
现金折扣	660304	0	0	64 928	64 928	0	0

根据企业账证资料，有如下与企业所得税相关的数据。

① 期间费用。公司目前不存在境外业务，也没有境外相关费用。

② 资产折旧、摊销情况。会计核算与税法一致，既不存在调整事项，也不存在固定资产加速计提折旧。

③ 2021年12月31日，长期股权投资确认投资收益50 000元；交易性资产海宁皮城股票价格每股13.00元，已确认公允价值变动；资产减值损失为应收账款计提跌价准备

1 420 元。

④ 营业外支出。其中，300 000 元为捐赠红十字会并取得法定票据；70 000 元为税务罚款，9 000 元为税款滞纳金。

⑤ 营业外收入。2 000 元为员工罚款收入。

⑥ 本年度实际预缴所得税 412 720.20 元。

⑦ 职工教育经费不存在全额扣除人员支出，上年度无留抵。

⑧ 研发费用符合加计扣除条件。

⑨ 所有的费用及职工薪酬都已实际全部发放，并且有合法票据；无股权激励发放；不存在税收优惠及其他特殊事项。

⑩ 本企业为一般企业，一般企业代码为 100。

任务要求

（一）分析北京红星皮具有限公司是否应该缴纳企业所得税。如果是，则判断其按照我国企业所得税纳税人分类属于哪种纳税人、应该缴纳多大比例的企业所得税。

（二）分析北京红星皮具有限公司哪些收入属于应税收入、收入调整金额是多少、扣除类项目调整金额是多少、不得扣除项目调整金额是多少、本年可弥补以前年度亏损额是多少。

（三）分析北京红星皮具有限公司可享受的企业所得税优惠有哪些。

（四）计算北京红星皮具有限公司应纳税所得额及应纳税额。

（五）填制北京红星皮具有限公司企业所得税年度纳税申报表。

知识研学

任务一　企业所得税认知

一、企业所得税的纳税人

企业所得税是以企业取得的生产经营所得和其他所得为征税对象所征收的一种税，是规范和处理国家与企业分配关系的重要形式。

企业所得税的纳税人为在中华人民共和国境内的企业和其他取得收入的组织（以下统称企业）。除个人独资企业、合伙企业不征收企业所得税外，其他企业均为企业所得税的纳税人。不同企业向中国政府缴纳所得税时，其纳税义务是不同的，根据登记注册地和实际管理机构地双重标准，我国把企业所得税的纳税义务人分为居民企业和非居民企业。

（一）居民企业

居民企业是指依法在中国境内成立，或者依照外国（地区）法律成立但实际管理机构

微课：企业所得税认知

法规：《中华人民共和国企业所得税法》

智能纳税管理

在中国境内的企业,包括国有企业、集体企业、私营企业、联营企业、股份制企业、外商投资企业、外国企业,以及有生产、经营所得和其他所得的其他组织。

实际管理机构是指对企业的生产经营、人员、账务、财产等实施实质性全面管理和控制的机构。

(二) 非居民企业

非居民企业是指依照外国(地区)法律成立且实际管理机构不在中国境内,但在中国境内设立机构场所的,或者在中国境内未设立机构、场所,但有来源于中国境内所得的企业。

非居民企业委托营业代理人在中国境内从事生产经营活动的,包括委托单位或个人经常代其签订合同,或者储存、交付货物等。该营业代理人视为非居民企业在中国境内设立的机构、场所。

二、企业所得税的征税对象

企业所得税的征税对象是指企业的生产经营所得、其他所得和清算所得。

(一) 居民企业的征税对象

居民企业应当就其来源于中国境内、境外的所得,缴纳企业所得税。这里的所得包括销售货物所得、提供劳务所得、转让财产所得、股息红利所得、利息所得、租金所得、特许权使用费所得、接受捐赠所得和其他所得。

(二) 非居民企业的征税对象

非居民企业在中国境内设立机构、场所的,应当就其所设机构、场所取得的来源于中国境内的所得,以及发生在中国境外但与其所设机构、场所有实际联系的所得,缴纳企业所得税。

非居民企业在中国境内未设立机构、场所的,或者虽设立机构、场所但取得的所得与其所设机构、场所没有实际联系的,应当就其来源于中国境内的所得缴纳企业所得税。

(三) 所得来源地的确定

来源于中国境内、境外的所得,按照以下原则确定。

① 销售货物和提供劳务的所得,按经营活动发生地确定。

② 转让财产所得,不动产按财产所在地确定;动产按转让动产的企业或机构、场所所在地确定;权益性投资资产转让按被投资企业所在地确定。

③ 股息、红利所得,按分配股息、红利的企业所在地确定。

④ 利息所得,按实际负担或支付利息的企业或机构、场所所在地确定。

⑤ 租金所得,按实际负担或支付租金的企业或机构、场所所在地确定。

⑥ 特许权使用费所得,按实际负担或支付特许权使用费的企业或机构、场所所在地确定。

⑦ 其他所得,由国务院财政、税务主管部门确定。

拓中学:
企业所得税纳税人种类和纳税义务

项目五　企业所得税纳税实务

> **做中学**
>
> 注册地与实际管理机构所在地均在法国的某银行取得的下列所得中，应按规定缴纳我国企业所得税的有（　　）。
> A. 转让位于我国的一处不动产取得的财产转让所得
> B. 在香港证券交易所购入我国某公司股票后取得的分红所得
> C. 在我国设立的分行为我国某公司提供理财咨询服务取得的服务费收入
> D. 在我国设立的分行为位于日本的某电站提供流动资金贷款取得的利息收入
> E. 转让位于美国的一处不动产取得的财产转让所得
> 解析：ABCD。选项E，不动产转让，按照不动产所在地确认所得。

三、企业所得税的税率

企业所得税实行比例税率。

（一）基本税率为 25%

居民企业及在中国境内设立机构、场所且取得的所得与其机构、场所有实际联系的非居民企业，应当就其来源于中国境内、境外的所得缴纳企业所得税，适用税率为25%。

（二）低税率为 20%（减按 10% 执行）

非居民企业在中国境内未设立机构、场所的，或者虽设立机构、场所但取得的所得与其所设机构、场所没有实际联系的，应当就其来源于中国境内的所得缴纳企业所得税，适用税率为20%。

（三）优惠税率

1. 符合条件的小型微利企业，减按 20% 的税率征收企业所得税

自2021年1月1日至2022年12月31日，对符合规定条件的小型微利企业年应纳税所得额不超过100万元的部分，减按12.5%计入应纳税所得额，按20%的税率缴纳企业所得税。自2022年1月1日至2024年12月31日，对符合规定条件的小型微利企业年应纳税所得额超过100万元但不超过300万元的部分，减按25%计入应纳税所得额，按20%的税率缴纳企业所得税。

> **疑中学**　　　　　**小型微利企业的判定标准是什么？**
>
> 小型微利企业是指从事国家非限制和禁止性行业，并同时符合年度应纳税所得额不超过300万元、从业人数不超过300人、资产总额不超过5 000万元3个条件的企业。

2. 国家需要重点扶持的高新技术企业，减按 15% 的税率征收

3. 自 2019 年 1 月 1 日起，对经认定的技术先进型服务企业（服务贸易类），减按 15% 的税率征收企业所得税

智能纳税管理

任务分析（一）

① 按照现有已知条件分析，北京红星皮具有限公司为一般企业，不属于个人独资企业或合伙企业，应为企业所得税的纳税人。

② 北京红星皮具有限公司在中国境内成立，实际管理机构在中国境内，属于居民企业。

③ 北京红星皮具有限公司不属于享受优惠税率企业，税率应为25%。

任务二　企业所得税应纳所得额计算

企业所得税的计税依据是应纳税所得额，即企业每一纳税年度的收入总额，减除不征税收入、免税收入、各项扣除及允许弥补的以前年度亏损后的余额。

微课：企业所得税的收入

一、应纳税所得额的确定

企业应纳税所得额的计算，以权责发生制为原则，属于当期的收入和费用，不论款项是否收付，均作为当期收入和费用；不属于当期的收入和费用，即使款项已经在当期收付，均不作为当期的收入和费用。

在计算应纳税所得额时，企业财务、会计处理办法与税收法规的规定不一致的，应当依照税收法律法规的规定计算，有以下两种方式。

（一）直接法

其计算公式为：

应纳税所得额＝收入总额－不征税收入－免税收入－各项扣除－以前年度亏损

（二）间接法

其计算公式为：

应纳税所得额＝利润总额（会计利润）+/- 纳税调整项目金额

实际工作中，一般在企业会计利润总额的基础上，加减纳税调整项目金额后计算出应纳税所得额。纳税调整项目金额是企业财务会计制度规定的项目范围、扣除标准与税收法规规定的项目范围、扣除标准不一致的差异，应予以调整的金额。

二、企业所得税的收入

企业收入总额是指以货币形式和非货币形式从各种来源取得的收入。企业取得收入的货币形式是指现金、存款、应收账款、应收票据、准备持有至到期的债券投资及债务的豁免等；企业取得收入的非货币形式是指包括固定资产、生物资产、无形资产、股权投资、存货、不准备持有至到期的债券投资、劳务及有关权益等。非货币形式收入应当按照公允价值确定收入额。收入的具体构成如下。

（一）销售货物收入

销售货物收入是指企业销售商品、产品、原材料、包装物、低值易耗品及其他存货取得的收入。

1. 采取下列商品销售方式的，应按以下规定确认收入实现时间

① 销售商品采取托收承付方式的，在办妥托收手续时确认收入。

② 销售商品采用预收款方式的，在发出商品时确认收入。

③ 销售商品需要安装和检验的，在购买方接受商品及安装和检验完毕时确认收入。如果安装程序比较简单，则可在发出商品时确认收入。

④ 销售商品采用支付手续费方式委托代销的，在收到代销清单时确认收入。

⑤ 销售商品采取分期收款方式的，按照合同约定收款日期确认收入。

2. 采取下列商品销售方式的，应按以下规定确认收入金额

① 采用售后回购方式销售商品的，销售的商品按售价确认收入，回购的商品作为购进商品处理。

② 销售商品以旧换新的，销售商品应当按照销售商品收入确认条件确认收入，回收的商品作为购进商品处理。

③ 企业为促进商品销售而在价格上给予的价格扣除属于商业折扣，商品销售涉及商业折扣的，应当按扣除商业折扣后的金额确定销售商品收入金额。

思中学

销售商品涉及商业折扣与涉及现金折扣时的收入确认方法相同吗？不同之处是什么？

（二）提供劳务收入

提供劳务收入是指企业从事建筑安装、修理修配、交通运输、仓储租赁、金融保险、邮电通信、咨询经纪、文化体育、科学研究、技术服务、教育培训、餐饮住宿、中介代理、卫生保健、社区服务、旅游、娱乐、加工及其他劳务服务活动取得的收入。

拓中学：提供劳务确认的特殊规定

（三）转让财产收入

转让财产收入是指企业转让固定资产、生物资产、无形资产、股权、债权等财产取得的收入。转让财产收入应当按照从财产受让方已收或应收的合同或协议价款确认收入。

疑中学 转让股权收入如何确认？

转让股权收入应于转让协议生效且完成股权变更手续时确认收入实现。股权转让所得计算时不得扣除被投资企业未分配利润等股东留存收益中按该项股权所可能分配的金额。

（四）股息、红利等权益性投资收益

股息、红利等权益性投资收益是指企业因权益性投资从被投资方取得的收入。股息、红利等权益性投资收益，除国务院财政、税务主管部门另有规定外，按照被投资方做出利润分配决定日期确认收入的实现。

（五）利息收入

利息收入是指企业将资金提供给他人使用但不构成权益性投资，或者因他人占用本企业资金所取得的收入，包括存款利息、贷款利息、债券利息、欠款利息等收入。利息收入按照合同约定的债务人应付利息的日期确认收入的实现。

（六）租金收入

租金收入是指企业提供固定资产、包装物和其他有形资产的使用权取得的收入。企业取得的租金收入按照合同约定的承租人应付租金的日期确认收入的实现。

> **疑中学** 如果交易合同规定的租赁期限跨年且租金提前一次性支付，那么租金收入金额该如何确认？
>
> 如果交易合同或协议中规定的租赁期限跨年度且租金提前一次性支付，则根据规定的收入与费用配比原则，出租人可对上述已确认的收入在租赁期内分期均匀计入相关年度收入。

（七）特许权使用费收入

特许权使用费收入是指企业提供专利权、非专利技术、商标权、著作权及其他特许权的使用权而取得的收入。特许权使用费收入按照合同约定的特许权使用人应付特许权使用费的日期确认收入的实现。

（八）接受捐赠收入

接受捐赠收入是指企业接受的来自其他企业、组织和个人无偿给予的货币性或非货币性资产。企业接受捐赠取得的非货币资产按公允价值确认收入。接受捐赠收入按照实际收到捐赠资产的日期确认收入的实现。

（九）其他收入

其他收入是指企业取得的除上述收入以外的其他收入，包括企业资产溢余收入、逾期未退包装物没收的押金、确实无法偿付的应付款项、已做坏账损失处理后又收回的应收账款、债务重组收入、补贴收入、教育费附加返还款、违约金收入、汇兑收益、保险公司给予企业的无赔款优待等。

拓中学： 特殊收入的确认

> **思中学**

企业以买一赠一方式组合销售本企业商品的，该行为的增值税和企业所得税如何处理？

国家为了扶持和鼓励某些特殊的纳税人与特定的项目，或者避免因征税影响企业的正常经营，对企业取得的某些收入施行不征税或免税的特殊政策，以减轻企业的负担，促进经济的协调发展。

1. 不征税收入

①财政拨款。这是指各级人民政府对纳入预算管理的事业单位、社会团体等组织拨付的财政资金，但国务院及国务院财政、税务主管部门另有规定的除外。

②依法收取并纳入财政管理的行政事业性收费、政府性基金。这是指按照国务院规定程序批准，在实施社会公共管理及在向公民、法人或其他组织提供特定公共服务的过程中，向特定服务对象收取并纳入财政管理的费用。政府性基金是指企业根据法律、行政法规等有关规定，代政府收取的具有专项用途的财政资金。

③ 国务院规定的其他不征税收入。这是指国务院财政、税务主管部门规定专项用途并经国务院批准的财政性资金。

2. 免税收入

① 国债利息收入。这是指企业购买国务院财政部门发行的国家公债所取得的利息收入。

② 符合条件的居民企业之间的股息、红利等权益性投资收益。这是指居民企业直接投资于其他居民企业所取得的投资收益，不包括连续持有居民企业公开发行并上市流通的股票不足 12 个月取得的投资收益。

③ 在中国境内设立机构、场所的非居民企业从居民企业取得与该机构、场所有实际联系的股息、红利等权益性投资收益。

④ 符合条件的非营利组织的收入。这主要是指非营利组织从事公益性或非营利性活动所取得的收入，不包括从事营利性活动所取得的收入，但国务院财政、税务主管部门另有规定的除外。

思中学

不征税收入与免税收入的区别是什么？

任务分析（二）

① 北京红星皮具有限公司的收入均属于应税收入。

② 长期股权投资确认的投资收益 50 000 元应在被投资方做出利润分配决定的日期确认收入的实现。交易性资产股票价格变动确认的公允价值变动损益 10 000 元应于转让协议生效且完成股权变更手续时确认收入实现。

因此，该公司收入调减金额 = 50 000+10 000 = 60 000（元）。

三、企业所得税的税前扣除项目

企业实际发生的与取得收入有关的、合理的支出，包括成本、费用、税金、损失和其他支出，准予在计算应纳税所得额时扣除。

① 成本。成本是指企业在生产经营活动中发生的销售成本、销货成本、业务支出及其他耗费。

② 费用。费用是指企业在生产经营活动中发生的销售费用、管理费用和财务费用，已计入成本的有关费用除外。

③ 税金。税金是指企业发生的除企业所得税和允许抵扣的增值税以外的各项税金及其附加。

微课：企业所得税税前扣除项目

疑中学 各项税金的具体扣除内容是什么？

① 当期扣除：消费税、资源税、土地增值税、出口关税、城市维护建设税及教育费附加、房产税、车船税、城镇土地使用税、印花税。

② 不得扣除：增值税（不得抵扣计入成本等的除外）、企业所得税。

③ 计入资产成本，以后各期分摊扣除：车辆购置税、契税、进口关税、耕地占用税、不得抵扣的增值税。

④ 损失：企业在生产经营活动中发生的固定资产和存货的盘亏、毁损、报废净损失、转让财产损失、呆账损失、坏账损失、自然灾害等不可抗力因素造成的非常损失及其他损失。

⑤ 其他支出：除成本、费用、税金、损失外，企业在生产经营活动中发生的与生产经营活动有关的、合理的支出。

（三）扣除标准

按照《中华人民共和国企业所得税法》的规定，纳税人的所有扣除项目可以分为全额扣除和限额扣除。

1. 工资薪金支出

工资薪金是指企业每一纳税年度支付给在本企业任职或受雇员工的所有现金或非现金形式的劳动报酬，包括基本工资、奖金、津贴、补贴、年终加薪、加班工资，以及与任职或受雇有关的其他支出。企业实际发生的合理的工资薪金支出，准予扣除。

疑中学　　企业接受外部劳务派遣的支出如何在企业所得税税前扣除？

答：按照协议约定直接支付给劳务派遣公司的费用，应作为劳务费支出；直接支付给员工个人的费用，应作为工资薪金支出和职工福利费支出。其中，属于工资薪金支出的费用，准予计入企业工资薪金总额的基数，作为计算其他相关费用扣除的依据。

2. 职工福利费、工会经费、职工教育经费

企业发生的职工福利费、工会经费、职工教育经费按标准扣除。未超过标准的按实际发生数额扣除，超过扣除标准的只能按标准扣除。

① 企业实际发生的职工福利费支出，不超过工资薪金总额14%的部分准予扣除。

② 企业拨缴的工会经费，不超过工资薪金总额2%的部分准予扣除。

③ 企业实际发生的职工教育经费支出，不超过工资薪金总额8%的部分准予扣除；超过部分，准予在以后纳税年度结转扣除。

软件产业和集成电路产业企业的职工教育经费中的职工培训费可以全额税前扣除。

做中学

宏远企业2021年已计入成本、费用中的全年实发工资总额为400万元（属于合理限度的范围），实际发生的职工工会经费为6万元、职工福利费为60万元、职工教育经费为15万元。

根据以上信息，该企业准予扣除的3项经费限额是多少？是否需要调整？

解析：① 工会经费。实际发生6万元，扣除限额 = 400×2% = 8（万元），税前扣除 = 6（万元）。不需要调整。

② 职工福利费。实际发生60万元，扣除限额 = 400×14% = 56（万元），税前扣除 = 56（万元）。调增4万元。

③ 职工教育经费。实际发生15万元，扣除限额 = 400×8% = 32（万元），税前扣除 = 15（万元）。不需要调整。

3. 保险费

（1）基本社会保险费和住房公积金

企业依照国务院有关主管部门或省级人民政府规定的范围和标准，为职工缴纳的基本医疗保险费、基本养老保险费、失业保险费、生育保险费、工伤保险费等基本社会保险费和住房公积金（简称"五险一金"），准予税前扣除。

企业为在本企业任职或受雇的全体员工支付的补充养老保险费、补充医疗保险费，分别在不超过职工工资总额5%标准内的部分，在计算应纳税所得额时准予扣除；超过的部分，不予扣除。

（2）商业保险

除企业依照国家有关规定为特殊工种职工支付的法定人身安全保险费和国务院财政、税务主管部门规定可以扣除的其他商业保险费外，企业为投资者或职工个人向商业保险机构投保的人寿保险、财产保险等商业保险，不得扣除。

（3）财产保险

企业参加财产保险，按照规定缴纳的保险费，准予扣除。自2018年起，企业参加雇主责任险、公众责任险等责任保险，按照规定缴纳的保险费准予税前扣除。

4. 借款费用

① 企业在生产经营活动中发生的合理的不需要资本化的借款费用，准予扣除。

② 企业为购置、建造固定资产、无形资产和经过12个月以上的建造才能达到预定可销售状态的存货发生借款的，在有关资产购置、建造期间发生的合理的借款费用，应当作为资本性支出计入有关资产的成本；有关资产交付使用后发生的借款利息，可在发生当期扣除。

5. 利息费用

企业在生产经营活动中发生的不需要资本化的下列利息支出准予扣除。

① 非金融企业向金融企业借款的利息支出、金融企业的各项存款利息支出和同业拆借利息支出、企业经批准发行债券的利息支出。

② 非金融企业向非金融企业借款的利息支出，不超过按照金融企业同期同类贷款利率计算的数额的部分。

③ 企业向股东或其他与企业有关联关系的自然人借款的利息支出，按有关规定条件在税前扣除。

④ 企业向股东或其他与企业有关联关系的自然人以外的内部职工或其他人员借款的利息支出，其借款情况同时符合相应条件的，其利息支出在不超过按照金融企业同期同类贷款利率计算的数额的部分，准予扣除。

6. 汇兑损失

企业在货币交易中，以及纳税年度终了时将人民币以外的货币性资产、负债按照期末即期人民币汇率中间价折算为人民币时产生的汇兑损失，除已经计入有关资产成本及与向所有者进行利润分配相关的部分外，准予扣除。

7. 公益性捐赠

企业发生的公益性捐赠支出，不超过年度利润总额 12% 的部分，准予据实扣除；超过年度利润总额 12% 的部分，准予结转以后 3 年内扣除，在计算公益性捐赠支出时，应先扣除以前年度结转的捐赠支出，再扣除当年发生的捐赠支出。

年度利润总额是指企业按照国家统一会计制度的规定计算的年度会计利润。

企业直接对外捐赠在计算企业所得税时不能扣除。公益性捐赠是指企业通过公益性社会团体或县级以上人民政府及其部门，用于下列公益事业的捐赠。

① 救助灾害、救济贫困、扶助残疾人等困难的社会群体和个人的活动。
② 教育、科学、文化、卫生、体育事业。
③ 环境保护、社会公共设施建设。
④ 促进社会发展和进步的其他社会公共与福利事业。

> **做中学**
>
> 天利企业 2021 年全年实现利润总额 286 万元，"营业外支出"账户列支通过救灾委员会向灾区捐赠 20 万元、直接向农村学校捐赠 20 万元。根据以上信息，计算当年应纳税所得额。
>
> 解析：通过救灾委员会向灾区捐赠属于公益性捐赠，可在限额内进行扣除；企业直接向农村学校捐赠不可扣除，应在企业利润基础上进行调整。捐赠额扣除限额 = 286×12% = 34.32（万元），大于向灾区捐赠的 20 万元，可全额扣除，不用进行纳税调整。
>
> 应纳税所得额 = 286+20 = 306（万元）
> 应纳所得税额 = 306×25% = 76.5（万元）

8. 业务招待费

企业实际发生的与生产经营活动有关的业务招待费支出，按照发生额的 60% 扣除，但最高不得超过当年销售（营业）收入的 5‰。销售（营业）收入是指包含了按会计准则核算的主营业务收入和其他业务收入，以及根据税收规定应确认为当期收入的视同销售收入，不含销货退回、销售折让与销项税额等的年销售（营业）收入。

9. 广告费和业务宣传费

企业每一纳税年度实际发生的符合条件的广告费和业务宣传费支出，除国务院财政、税务主管部门另有规定外，不超过当年销售（营业）收入 15% 的部分，准予扣除；超过部分准予在以后年度结转扣除。

化妆品制造或销售、医药制造和饮料制造（不含酒类制造）企业发生的广告费和业务宣传费支出，不超过当年销售（营业）收入 30% 的部分，准予扣除；超过部分，准予在以后纳税年度结转扣除。烟草企业的烟草广告费和业务宣传费支出，一律不得在计算应纳税所得额时扣除。

项目五　企业所得税纳税实务

> **做中学**
>
> 安泰公司2021年实现的销售收入为5 000万元,实现的利润总额为1 000万元,适用25%的企业所得税税率。假定只有以下调整事项:广告费450万元;业务招待费100万元。
>
> 根据以上信息,计算当年应纳税所得额。
>
> 解析:广告费扣除限额=5 000×15%=750(万元)
>
> 实际发生450万元,小于扣除限额,按实际发生额扣除。
>
> 业务招待费扣除限额=5 000×5‰=25(万元)
>
> 业务招待费发生额的60%为60万元,两者取小值25万元。
>
> 应纳税所得额=1 000+(100-25)=1 075(万元)

10. 租赁费

企业根据生产经营活动的需要租入固定资产所支付的租赁费,按下列办法扣除。

① 以经营租赁方式租入固定资产发生的租赁费支出,按照租赁年限均匀扣除。

② 以融资租赁方式租入固定资产发生的租赁费支出,按规定构成融资租入固定资产价值的部分应当提取折旧费用,分期扣除。

11. 劳动保护费

企业实际发生的合理的劳动保护支出,准予扣除。劳动保护支出是指确因工作需要为雇员配备或提供工作服、手套、安全保护用品、防暑降温用品等所发生的支出。

12. 总机构分摊费用

非居民企业在中国境内设立的机构、场所,就其中国境外总机构发生的与该机构、场所生产经营有关的费用,能够提供总机构出具的费用汇集范围、定额、分配依据和方法等证明文件,并合理分摊的,准予扣除。

13. 其他项目的扣除标准

企业依照法律、行政法规和国家有关税法规定准予扣除的其他项目,有会员费、合理的会议费、差旅费、违约金、诉讼费用,以及用于环境保护、生态恢复等方面的专项资金(改变用途后不得扣除)等。

> **任务分析(二)**

北京红星皮具有限公司各项扣除项目调整如下。

1. 工资薪金支出

职工薪酬已实际全部发放,并且有合法票据。由科目余额表得知工资薪金支出为8 842 963.48元,可全部据实扣除,无须调整。

2. 职工福利费、工会经费、职工教育经费

由科目余额表可知,职工福利费发生额为0,无须调整;工会经费发生额为140 377.89元,扣除限额为8 842 963.48×2%=176 859.27(元),大于实际发生额,可据实扣除,无须调整;职工教育经费发生额为105 979.52元,上年度无留抵,扣除限额为8 842 963.48×8%=

707 437.08（元），大于实际发生额，可据实扣除，无须调整。

3. 保险费

由科目余额表可知，该公司基本社会保险发生额 = 医疗保险 686 488+ 工伤保险 13 729.76+ 生育保险 54 919.04+ 养老保险 1 304 327.2+ 失业保险 54 919.04 = 2 114 383.04（元），可据实扣除，无其他保险数据，无须调整。

4. 公益性捐赠

所得税申报相关涉税事项中，可知公司捐赠红十字会 300 000 元并取得法定票据，属于公益性捐赠，扣除限额为利润总额的 12%，即 4 091 816.49×12% = 491 017.98（元），大于实际发生额，无须调整。

5. 业务招待费

由科目余额表可知，该公司业务招待费支出为 340 177 元，实际发生额的 60% 为 204 106.2 元，扣除限额为当年销售（营业）收入的 5‰，即 42 159 928.25×5‰ = 210 799.64（元）。二者取低，则扣除金额为 204 106.2 元，调整金额为 340 177 − 204 106.2 = 136 070.8（元）。

6. 广告费和业务宣传费

由科目余额表可知，该公司的业务宣传费为 860 000 元。扣除限额为当年销售（营业）收入的 15%，即 42 159 928.25×15% = 6 323 989.24（元），大于实际发生额，无须调整。

7. 其他扣除项目调整

该公司应收账款计提的坏账准备转回，信用减值损失减少 1 420 元。企业发生的损失应在实际发生时扣除，本年需要进行纳税调减 1 420 元。

综上可知，各项扣除项目纳税调整增加金额为 136 070.8 元，纳税调整减少金额为 1 420 元。

四、不得扣除的项目

在计算应纳税所得额时，下列支出不得扣除。

①向投资者支付的股息、红利等权益性投资收益款项。
②企业所得税税款。
③税收滞纳金。
④因违反法律、行政法规而交付的罚金、罚款和被没收财物的损失。
⑤超过国家允许扣除的公益性捐赠及非公益性的捐赠支出。
⑥赞助支出（指企业发生的与生产经营活动无关的各种非广告性质的支出）。
⑦未经核定的准备金支出（指不符合国务院财政、税务主管部门规定的各项资产减值准备、风险准备等准备金支出）。
⑧企业对外投资期间，投资资产的成本在计算应纳税所得额时不得扣除。
⑨企业之间支付的管理费、企业内营业机构之间支付的租金和特许权使用费，以及非银行企业内营业机构之间支付的利息，不得扣除。

思中学

行政罚款不得在企业所得税税前扣除。那么，银行罚息可以在税前扣除吗？

项目五 企业所得税纳税实务

任务分析（二）

北京红星皮具有限公司不得抵扣项目调整金额为 79 000 元。

所得税申报相关涉税事项中提及的 70 000 元税务罚款及 9 000 元税收滞纳金不得扣除，需要调整应纳税所得额。

综上所述，北京红星皮具有限公司 2021 年企业所得税应纳税所得额调整减少金额 = 60 000+1 420 = 61 420（元）、调整增加金额 = 136 070.8+70 000+9 000 = 215 070.8（元）。

五、亏损的弥补

亏损是指企业依照《中华人民共和国企业所得税法》（以下简称《企业所得税法》）的规定，将每一纳税年度收入总额减除不征税收入、免税收入和各项扣除后小于 0 的数额。

税法规定，企业某一纳税年度发生的亏损可以用下一年度的所得弥补，下一年度的所得不足以弥补的，可以逐年延续弥补，但最长不得超过 5 年。企业在汇总计算缴纳企业所得税时，其境外营业机构的亏损不得抵减境内营业机构的盈利。

自 2018 年 1 月 1 日起，当年具备高新技术企业资格或科技型中小企业资格的企业，其具备资格年度之前 5 个年度发生的尚未弥补完的亏损，准予结转以后年度弥补，最长结转年限由 5 年延长至 10 年。

思中学

应纳税所得额与会计利润的区别是什么？

讨论提示： 应纳税所得额与会计利润的区别

做中学

甲居民企业 2017 年设立，2017 年至 2021 年未弥补亏损前的所得情况如表 5-5 所示。

表 5-5　甲居民企业 2017 年至 2021 年未弥补亏损前的所得情况

年　份	2017 年	2018 年	2019 年	2020 年	2021 年
未弥补亏损前的所得 / 万元	−20	100	−220	180	200

假设无其他纳税调整项目，甲居民企业 2021 年度企业所得税应纳税所得额为多少？

解析：2017 年 20 万元的亏损 2018 年弥补；2019 年的亏损，2020 年弥补 180 万元，2021 年弥补 40 万元。2021 年应纳税所得额 = 200−40 = 160（万元）。

任务分析（二）

由企业所得税弥补亏损明细表可知，北京红星皮具有限公司 2018 年度的亏损 5 682 673.18 元，由 2020、2021 年度的盈利分别弥补 1 596 342.84 元、4 086 330.34 元；2019 年度的亏损 2 469 570.63 元，由 2021 年度的盈利弥补 28 634.92（4 114 965.26−4 086 330.34）元，剩余 2 440 935.71（2 469 570.63−28 634.92）元，即该公司截至 2021 年可结转以后年度弥补的亏损额。

六、资产的税务处理

资产是由于资本投资而形成的财产,对于资本性支出及无形资产的受让、开办、开发费用,不允许作为成本、费用从纳税人的收入总额中一次性扣除,只能采取分次计提折旧或分次计提摊销的方式予以扣除。

纳税人资产的税务处理,直接影响扣除项目金额的多少。这也是计算应纳税所得额必须确定的问题。企业的各项资产,包括固定资产、生物资产、无形资产、长期待摊费用、投资资产、存货等,均以历史成本为计税基础。

(一)固定资产的税务处理

固定资产是指企业为生产产品、提供劳务、出租或经营管理而持有的、使用时间超过12个月的非货币性资产,包括房屋、建筑物、机器、机械、运输工具及其他与生产经营活动有关的设备、器具、工具等。

1. 固定资产的计税基础

① 外购的固定资产,以购买价款和支付的相关税费及直接归属于使该固定资产达到预定用途发生的其他支出为计税基础。

② 自行建造的固定资产,以竣工结算前发生的支出为计税基础。

③ 融资租入的固定资产,以租赁合同约定的付款总额和承租人在签订合同过程中发生的相关费用为计税基础,租赁合同未约定付款总额的,以该资产的公允价值和承租人在签订合同过程中发生的相关费用为计税基础。

④ 盘盈的固定资产,以同类固定资产的重置完全价值为计税基础。

⑤ 通过捐赠、投资、非货币性资产交换、债务重组等方式取得的固定资产,以该资产的公允价值和支付的相关税费为计税基础。

⑥ 改建的固定资产除已足额提取折旧的固定资产和租入的固定资产外的其他固定资产,以改建过程中发生的改建支出增加为计税基础。

2. 固定资产的折旧范围

在计算应纳税所得额时,企业按照规定计算的固定资产折旧准予扣除。下列固定资产不得计算折旧扣除。

① 房屋、建筑物以外未投入使用的固定资产。

② 以经营租赁方式租入的固定资产。

③ 以融资租赁方式租出的固定资产。

④ 已足额提取折旧仍继续使用的固定资产。

⑤ 与经营活动无关的固定资产。

⑥ 单独估价作为固定资产入账的土地。

⑦ 其他不得计算折旧扣除的固定资产。

3. 固定资产折旧的计提方法

固定资产按照直线法计算的折旧准予扣除。企业应当自固定资产投入使用月份的次月起开始计算折旧;停止使用的固定资产,应当自停止使用月份的次月起停止计算折旧。企业应当根据固定资产的性质和使用情况,合理确定固定资产的预计净残值。固定资产预计净残值一经确定,不得变更。

4. 固定资产折旧的计提年限

除国务院财政、税务主管部门另有规定外,固定资产计算折旧的最短年限如下:房屋、建筑物为 20 年;飞机、火车、轮船、机器、机械和其他生产设备为 10 年;与生产经营活动有关的器具、工具、家具等为 5 年;飞机、火车、轮船以外的运输工具为 4 年;电子设备为 3 年。

(二)生产性生物资产的税务处理

生产性生物资产是指企业为生产农产品、提供劳务或出租等而持有的生物资产,包括经济林、薪炭林、产畜和役畜等。

1. 生产性生物资产的计税基础

生产性生物资产按照以下方法确定计税基础。

① 外购的生产性生物资产,以购买价款和支付的相关税费为计税基础。

② 通过捐赠、投资、非货币性资产交换、债务重组等方式取得的生产性生物资产,以该资产公允价值和支付的相关税费为计税基础。

2. 生产性生物资产的折旧方法和折旧年限

生产性生物资产按照直线法计算的折旧,准予扣除。企业应当自生产性生物资产投入使用月份的次月起计算折旧;停止使用的生产性生物资产,应当自停止使用月份起停止计算折旧。企业应当根据生产性生物资产的性质和使用情况,合理确定生产性生物资产的预计净残值。生产性生物资产的预计净残值一经确定,不得变更。

生产性生物资产计算折旧的最低年限如下。

① 林木类生产性生物资产为 10 年。

② 畜类生产性生物资产为 3 年。

(三)无形资产的税务处理

无形资产是指企业为生产商品、提供劳务、出租或为经营管理而持有的、没有实物形态的非货币性长期资产,包括专利权、商标权、著作权、土地使用权、非专利技术、商誉等。

1. 无形资产的计税基础

① 外购的无形资产,以购买价款和支付的相关税费及直接归属于使该资产达到预定用途发生的其他支出为计税基础。

② 自行开发的无形资产,以开发过程中该资产符合资本化条件后至达到预定用途前发生的支出为计税基础。

③ 通过捐赠、投资、非货币性资产交换、债务重组等方式取得的无形资产,以该资产的公允价值和支付的相关税费为计税基础。

2. 无形资产的摊销范围

下列无形资产不得计算摊销费用扣除。

① 自行开发的支出已在计算应纳税所得额时扣除的无形资产。

② 自创商誉。
③ 与经营活动无关的无形资产。
④ 其他不得计算摊销费用扣除的无形资产。

3. 无形资产的摊销方法及年限

无形资产的摊销采取直线法计算，摊销年限不得低于 10 年。

作为投资资产或受让的无形资产，有关法律规定或合同约定了使用年限的，可以按照规定或约定的使用年限分期摊销。外购商誉的支出，在企业整体转让或清算时准予扣除。

（四）长期待摊费用的税务处理

长期待摊费用是指企业发生的应在一个年度以上或几个年度进行摊销的费用。在计算应纳税所得额时，企业发生的下列支出作为长期待摊费用按照规定摊销的，准予扣除。

① 已足额提取折旧的固定资产的改建支出，按固定资产预计尚可使用年限分期摊销。
② 租入固定资产的改建支出，按照合同约定的剩余租赁期限分期摊销。

所谓固定资产的改建支出是指改变房屋或建筑物结构、延长使用年限等发生的支出。改建的固定资产延长使用年限的，除前述规定外，应当适当延长折旧年限。

③ 固定资产的大修理支出，按照固定资产尚可使用年限分期摊销。

所谓大修理支出，是指修理支出达到取得固定资产时的计税基础 50% 以上，修理后固定资产的使用年限延长 2 年以上。

④ 其他应当作为长期待摊费用的支出，自支出发生月份的次月起分期摊销，摊销年限不得低于 3 年。

（五）存货的税务处理

存货是指企业持有以备出售的产品或商品、处在生产过程中的在产品、在生产或提供劳务过程中耗用的材料和物料等。

1. 存货的计税基础

存货按照以下方法确定成本。
① 通过支付现金方式取得的存货，以购买价款和支付的相关税费为成本。
② 通过支付现金以外的方式取得的存货，以该存货的公允价值和支付的相关税费为成本。
③ 生产性生物资产收获的农产品，以产出或采收过程中发生的材料费、人工费和分摊的间接费用等必要支出为成本。

2. 存货的成本计算方法

企业使用或销售存货的成本计算方法，可以在先进先出法、加权平均法、个别计价法中选用一种。计价方法一经选用，不得随意变更。

（六）投资资产的税务处理

投资资产是指企业对外进行权益性投资和债权性投资而形成的资产。

1. 投资资产的成本

投资资产按以下方法确定成本。

① 通过支付现金方式取得的投资资产，以购买价款为成本。

② 通过支付现金以外的方式取得的投资资产，以该资产的公允价值和支付的相关税费为成本。

2. 投资资产成本的扣除方法

企业对外投资期间，投资资产的成本在计算应纳税所得额时不得扣除；企业在转让或处置投资资产时，投资资产的成本准予扣除。

任务三　企业所得税应纳税额计算

一、居民企业查账征收方式下应纳税额的计算

居民企业查账征收方式下应纳税额的计算公式为：

$$应纳税额 = 应纳税所得额 \times 适用税率 - 减免税额 - 抵免税额$$

根据计算公式可以看出，应纳税额的计算不仅取决于应纳税所得额和适用税率，还受减免税额和抵免税额的影响。

> **做中学**
>
> A 市生产企业（该企业适用 25% 的企业所得税税率）为居民企业。2021 年度发生相关业务如下。
>
> ① 自产服装销售收入 1 400 万元。
> ② 销售成本 500 万元。
> ③ 管理费用 200 万元，其中业务招待费 60 万元。
> ④ 销售费用 300 万元，为广告和业务宣传费支出 200 万元。
> ⑤ 财务费用 200 万元；从商业银行贷款 1 200 万元，年利率 5%，年利息支出 60 万元；经批准向职工集资借款 500 万元，年利息支出 38 万元。
> ⑥ 销售税额 160 万元（含增值税税额 90 万元）。
> ⑦ 购买国债利息收入 10 万元；"营业外支出"账户中列支被当地市场监督管理局罚款 5 万元、通过公益性社会团体向灾区捐赠 25 万元。
> 计算该企业实际应纳税所得额和应纳企业所得税税额。
> 解析：① 会计利润 = 1 400+10-500-200-300-200-25-5-(160-90) = 110（万元）。
> ② 业务招待费税前可扣除限额 = 60×60% = 36（万元），1 400×5‰ = 7（万元）。调增应纳税所得额 = 60-7 = 53（万元）。
> ③ 广告和业务宣传费支出税前可扣除限额 = 1 400×15% = 210（万元）（实际发生的没有超过扣除的限额，按实际发生数扣除）。
> ④ 向职工借款应调增应纳税所得额 = 38-500×5% = 13（万元）。

微课：居民企业应纳税额的计算

智能纳税管理

⑤ 捐赠支出税前可扣除限额 = 270×12% = 32.4（万元）。实际发生的没有超过扣除的限额，按实际生数扣除。

⑥ 市场监督管理局罚款不得扣除，应调增应纳税所得额 5 万元。国债利息收入调减 10 万元。

⑦ 应纳税所得额 = 110+53+13+5-10 = 171（万元）。应纳企业所得税税额 = 171×25% = 42.75（万元）。

二、境外所得抵扣税额的计算

企业取得的下列所得已在境外缴纳抵免，抵免限额为该项所得依照《企业所得税法》规定计算的应纳税额；超过抵免限额的部分，可以在以后 5 个年度内，用每年度抵免限额抵免当年应抵税额后的余额进行抵补。

① 居民企业来源于中国境外的应税所得。

② 非居民企业在中国境内设立机构、场所，取得发生在中国境外但与该机构、场所有实际联系的应税所得。

抵免限额应当分国（地区）不分项计算。其计算公式为：

抵免限额 = 中国境内外所得依照《企业所得税法》和相关条例规定计算的应纳税总额 × 来源于某国（地区）的应纳税所得额 ÷ 中国境内、境外应纳税所得总额

从 2017 年 1 月 1 日起，企业可以选择按国（地区）别分别计算 ["分国（地区）不分项"]，或不按国（地区）别分别计算 ["不分国（地区）不分项"] 其来源于境外的应纳税所得额，并按照规定的税率，分别计算其可抵免境外所得税税额和抵免限额。方式一经选择，5 年内不得改变。

疑中学　抵免限额的简化计算公式是什么？

答：抵免限额 = 来源于某国（地区）的应纳税所得额（境外税前所得额）× 我国法定税率。

做中学

某企业 2021 年度境内应纳税所得额为 200 万元，适用 25% 的企业所得税税率。另外，该企业分别在 A、B 两国设有分支机构，在 A 国分支机构的应纳税所得额为 50 万元，A 国税率为 20%；在 B 国的分支机构的应纳税所得额为 30 万元，B 国税率为 30%。两个分支机构在 A、B 两国分别缴纳了 10 万元和 9 万元的企业所得税。该企业采用"分国不分项"计算可抵免税额。

计算该企业汇总时在我国应缴纳的企业所得税税额。

解析：

方法一　减法，即先计算境内外的应纳税额，然后减去"孰低"确定的可抵免税额。

① 该企业按我国税法计算的境内、境外所得的应纳税额 = (200+50+30)×25% = 70（万元）。

②A 国的可抵免税额（三步法）。
第 1 步　抵免限额＝50×25%＝12.5（万元）
第 2 步　实缴税额＝10（万元）
第 3 步　可抵免税额＝10（万元）（孰低原则）
③B 国的可抵免税额（三步法）。
第 1 步　抵免限额＝30×25%＝7.5（万元）
第 2 步　实缴税额＝9（万元）
第 3 步　可抵免税额＝7.5（万元）（孰低原则）
④该企业汇总时在我国应缴纳的企业所得税税额＝70－10－7.5＝52.5（万元）。
方法二　加法，即分别计算境内外的税额，计算境内税额后上加上补税额。
①境内所得的应纳税额＝200×25%＝50（万元）。
②A 国的可抵免税额（三步法）。
第 1 步　抵免限额＝50×25%＝12.5（万元）
第 2 步　实缴税额＝10（万元）
第 3 步　补税额＝2.5（万元）（多不退少要补）
③B 国的可抵免税额（三步法）。
第 1 步　抵免限额＝30×25%＝7.5（万元）
第 2 步　实缴税额＝9（万元）
第 3 步　补税额＝0（多不退少要补）
④该企业汇总时在我国应缴纳的企业所得税税额＝50＋2.5＝52.5（万元）。

三、居民企业核定征收应纳税额的计算

为了加强企业所得税的征收管理，保障国家税收及时足额入库，维护纳税人的合法权益，对部分中小企业采取核定征收的办法，计算其应纳税额。

（一）核定征收的范围

对居民企业纳税人有下列情形之一的，核定征收企业所得税。
①依照法律、行政法规的规定可以不设置账簿的。
②依照法律、行政法规的规定应当设置但未设置账簿的。
③擅自销毁账簿或拒不提供纳税资料的。
④虽然设置账簿，但是账目混乱或成本资料、收入凭证、费用凭证残缺不全，难以查账的。
⑤发生纳税义务，未按照规定的期限办理纳税申报，经税务机关责令限期申报，逾期仍不申报的。
⑥申报的计税依据明显偏低，又无正当理由的。

（二）选择核定征收的办法

核定征收包括定额征收和核定应税所得率征收两种方式。
①定额征收。定额征收是税务机关按照一定的标准、程序和方法直接核定纳税人年度

应纳所得税额，由纳税人按规定申报缴纳的办法。主管税务机关应对纳税人的有关情况进行调查研究、分类排队、认真测算，按年从高直接核定纳税人的应纳所得税额。

② 核定应税所得率征收。核定应税所得率征收是税务机关按照规定的标准、程序和方法，预先核定纳税人的应税所得率，由纳税人根据纳税年度内的收入总额或成本费用等项目的实际发生额，按预先核定的应税所得率计算缴纳企业所得税的办法。

实行应税所得率方式核定征收企业所得税的纳税人，经营多业的，无论其经营项目是否单独核算，均由税务机关根据其主营项目确定适用的应税所得率。同时，纳税人的生产经营范围、主营业务发生重大变化，或者应纳税所得额或应纳税额增减变化达到20%的，应及时向税务机关申报调整已确定的应纳税额或应税所得率。

（三）采用应税所得率方式征收企业所得税的计算公式

$$应纳所得税额 = 应纳税所得额 \times 适用税率$$

其中：

$$应纳税所得额 = 应税收入额 \times 应税所得率$$

或：

$$应纳税所得额 = 成本（费用）支出额 \div (1 - 应税所得率) \times 应税所得率$$

> **疑中学**
>
> 税务机关对某食品加工厂2021年经营业务进行检查时发现食品销售收入为50万元、转让国债收入为4万元、国债利息收入为1万元，但无法查实成本费用。税务机关采用核定办法对其征收所得税，应税所得率为15%。2021年该食品加工厂应缴纳企业所得税税额多少？
>
> 解析：成本费用无法核实，按照应税收入额核定计算所得税。国债利息收入免征企业所得税。应纳所得税税额 = (50+4)×15%×25% = 2.03（万元）。

四、非居民企业查账征收方式下应纳税额的计算

（一）在中国境内设立机构、场所，且取得所得与该机构、场所有实际联系的非居民企业

在中国境内设立机构、场所，且取得所得与该机构、场所有实际联系的非居民企业应纳税额计算类似于居民企业查账征收公式，即：

$$应纳税额 = 应纳税所得额 \times 适用税率 - 减免税额 - 抵免税额$$

（二）在中国境内未设立机构、场所，或者虽设立机构、场所但取得的所得与其所设机构、场所没有实际联系的非居民企业

1. 其来源于中国境内的所得按照下列方法计算应纳税所得额

① 股息、红利等权益性投资收益和利息、租金、特许权使用费所得，以收入全额为应纳税所得额。

② 转让财产所得，以收入全额减除财产净值后的余额为应纳税所得额。

③ 其他所得，参照前两项规定的方法计算应纳税所得额。

2. 扣缴义务人在每次向非居民企业支付或到期应支付时扣缴企业所得税

扣缴企业所得税应纳税额＝应纳税所得额×实际征收率（10%）

五、非居民企业核定征收应纳税额的计算

非居民企业因会计账簿不健全致使资料残缺难以查账，或者因其他原因不能准确计算并据实申报其应纳税所得额的，税务机关有权采取以下方法核定其应纳税所得额。

① 按收入总额核定应纳税所得额，适用于能够正确核算收入或通过合理方法推定收入总额，但不能正确核算成本费用的非居民企业。其计算公式为：

应纳税所得额＝收入总额×经税务机关核定的利润率

② 按成本费用核定应纳税所得额，适用于能够正确核算成本费用，但不能正确核算收入总额的非居民企业。其计算公式为：

应纳税所得额＝成本费用总额÷（1－经税务机关核定的利润率）×经税务机关核定的利润率

③ 按经费支出换算收入核定应纳税所得额，适用于能够正确核算经费支出总额，但不能正确核算收入总额和成本费用的非居民企业。其计算公式为：

应纳税所得额＝经费支出总额÷（1－经税务机关核定的利润率）×经税务机关核定的利润率

采取核定征收方式征收企业所得税的非居民企业，在中国境内从事适用不同核定利润率的经营活动，并取得应税所得的，应分别核算并适用相应的利润率计算缴纳企业所得税；凡不能分别核算的，应从高适用利润率，计算缴纳企业所得税。

任务四　企业所得税税收优惠

税收优惠是指国家运用税收政策在税收法律、行政法规中规定对某一部分特定企业和课税对象给予减轻或免除税收负担的一种措施。税法规定的企业所得税的税收优惠方式包括免税、减税、加计扣除、加速折旧、减计收入、税额抵免等。

我们按照"税额＝税基×税率"这一基本计算方法，将企业所得税税收优惠分为税额式减免、税基式减免和税率式减免三大类进行介绍。

微课
企业所得税税收优惠

一、税额式减免

税额式减免是税收减免的一种以税额为内容的具体形式，是通过直接减少税额的方式来实现的税收减免。

（一）全部免征

企业从事下列项目的所得，免征企业所得税。

① 蔬菜、谷物、薯类、油料、豆类、棉花、麻类、糖料、水果、坚果的种植。

② 农作物新品种的选育。
③ 中药材的种植。
④ 林木的培育和种植。
⑤ 牲畜、家禽的饲养。
⑥ 林产品的采集。
⑦ 灌溉、农产品初加工、兽医、农技推广农机作业和维修等农、林、牧、渔服务业项目。
⑧ 远洋捕捞。

（二）减半征税

企业从事下列项目的所得，减半征收企业所得税。
① 花卉、茶及其他饮料作物和香料作物的种植。
② 海水养殖、内陆养殖。

（三）三免三减半

① 企业从事国家重点扶持的公共基础设施项目的投资经营所得，自项目取得第一笔生产经营收入所属纳税年度起，第一年至第三年免征企业所得税，第四年至第六年减半征收企业所得税。但是，企业承包经营、承包建设和内部自建自用的，不得享受上述企业所得税优惠。

② 企业从事符合条件的环境保护、节能节水项目的所得，自项目取得第一笔生产经营收入所属纳税年度起，第一年至第三年免征企业所得税，第四年至第六年减半征收企业所得税。环境保护、节能节水项目包括公共污水处理、公共垃圾处理、沼气综合开发利用、节能减排技术改造、海水淡化等。

（四）符合条件的技术转让所得

符合条件的技术转让所得免征、减征企业所得税是指一个纳税年度内，居民企业转让技术所有权所得不超过500万元的部分，免征企业所得税；超过500万元的部分，减半征收企业所得税。其计算公式为：

技术转让所得＝技术转让收入－技术转让成本－相关税费

思中学

企业提供技术转让如何缴纳增值税？

（五）抵免应纳税额

企业购置并实际使用规定的环境保护、节能节水、安全生产等专用设备的，该专用设备的投资额的10%可以从企业当年的应纳税额中抵免；当年不足抵免的，可以在以后5个纳税年度结转抵免。

享受上述规定的企业所得税优惠的企业，应当实际购置并自身实际投入使用上述规定的专用设备；企业购置上述专用设备在5年内转让、出租的，应当停止享受企业所得税优惠，并补缴已经抵免的企业所得税税款。

二、税基式减免

税基式减免是税收减免的一种以税基为内容的具体形式,是通过缩小计税依据的方式来实现的税收减免。

(一) 加计扣除

1. 研究开发费

研究开发费的加计扣除,是指企业为开发新技术、新产品、新工艺发生的研究开发费用,未形成无形资产计入当期损益的,在按照规定据实扣除的基础上,按照研究开发费用的 75% 加计扣除;形成无形资产的,按照无形资产成本的 175% 摊销。自 2021 年 1 月 1 日起,将制造业企业研发费用加计扣除比例由 75% 提高至 100%。

除烟草制造业、住宿和餐饮业、批发和零售业、房地产业、租赁和商务服务业、娱乐业以外,其他企业均可享受。

2. 残疾人工资

企业安置残疾人员所支付的工资的加计扣除是指企业安置残疾人员的,在按照支付给残疾职工工资据实扣除的基础上,按照支付给残疾职工工资的 100% 加计扣除。

> **疑中学** 　　　　　研发费用的具体范围是什么?
>
> 可享受加计扣除研发费用的具体范围包括:人员人工费用;直接投入费用;折旧费用;无形资产摊销;新产品设计费;新工艺规程制定费;新药研制的临床试验费;勘探开发技术的现场试验费;其他相关费用;财政部和国家税务总局规定的其他费用。

任务分析(三)

北京红星皮具有限公司可享受企业所得税优惠,开发新技术、新产品、新工艺发生的研究开发费用可加计扣除。

由北京红星皮具有限公司研发费用明细表可知,研发人员工资计提的工会经费不可加计扣除。因此,可加计扣除金额 = (271 227.84+56 663.1+206 904.13+12 480+39 953.8)×100% = 587 228.87(元)。

(二) 加速折旧

企业的固定资产由于技术进步等原因,确需加速折旧的,可以缩短折旧年限或采用加速折旧方法。可以缩短折旧年限或采用加速折旧方法的固定资产包括:由于技术进步,产品更新换代较快的固定资产;常年处于强震动、高腐蚀状态的固定资产。

缩短折旧年限的,最低折旧年限不得低于规定折旧年限的 60%;采用加速折旧方法的,可以采用双倍余额递减法或年数总和法。

企业在 2018 年 1 月 1 日至 2020 年 12 月 31 日新购进的设备、器具,单位价值不超过 500 万元的,允许一次性计入当期成本费用在计算应纳税所得额时扣除,不再分年度计算折旧。

（三）减计收入

减计收入是指企业以《资源综合利用企业所得税优惠目录》规定的资源作为主要原材料，生产国家非限制和禁止并符合国家与行业相关标准的产品取得的收入，减按90%计入收入总额。

自2019年6月1日起至2025年12月31日，社区提供养老、托育、家政等服务的机构提供社区养老、托育、家政服务取得的收入，在计算应纳税所得额时，减按90%计入收入总额。

（四）抵免应纳税所得额

① 创业投资企业采用股权投资方式投资于未上市的中小高新技术企业2年以上的，可以按照其投资额的70%在股权持有满2年的当年抵扣该创业投资企业的应纳税所得额；当年不足抵扣的，可以在以后纳税年度结转抵扣。

② 公司制创业投资企业采用股权投资方式直接投资于种子期企业、初创科技型企业2年以上的，可以按照投资额的70%在股权持有满2年的当年抵扣该公司制创业投资企业的应纳税所得额；当年不足抵扣的，可以在以后纳税年度结转抵扣。

③ 有限合伙制创业投资企业采用股权投资方式直接投资于初创科技型企业、未上市的中小高新技术企业满2年的，该合伙制创业投资企业的法人合伙人可以按照投资额的70%抵扣法人合伙人从合伙创业投资企业分得的所得；当年不足抵扣的，可以在以后纳税年度结转抵扣。

三、税率式减免

税率式减免是税收减免的一种以税率为内容的具体形式，是通过降低税率的方式来实现的税收减免。

（一）减按15%的税率

① 国家需要重点扶持的高新技术企业减按15%的税率征收企业所得税。通过认定的高新技术企业，其资格自颁发证书之日起有效期为3年。高新技术企业是指在国家重点支持的高新技术领域内，持续进行研究开发与技术成果转化，形成企业核心自主知识产权，并以此为基础开展经营活动，在中国境内（不包括港、澳、台地区）注册的居民企业。

② 自2017年1月1日起，对经认定的技术先进型服务企业（服务贸易类），减按15%的税率征收企业所得税。

③ 自2011年1月1日至2020年12月31日，对设在西部地区的鼓励类产业企业减按15%的税率征收企业所得税。

（二）减按20%的税率

符合条件的小型微利企业，减按20%的税率征收企业所得税。小型微利企业无论是按查账征收方式还是按核定征收方式缴纳企业所得税，均可享受优惠政策。

（三）减按10%的税率

在中国境内未设立机构、场所，或者虽设立机构、场所但取得的所得与其所设机构、场所没有实际联系的非居民企业减按10%的税率征收企业所得税。

任务分析（四）

① 间接法计算企业应纳税所得额＝利润总额（会计利润）纳税调整项目金额，因而北京红星皮具有限公司应纳税所得额＝利润总额 4 091 816.49＋调增金额 215 070.8[参见任务分析（二）]－调减金额 61 420[参见任务分析（二）]－加计扣除金额 587 228.87[参见任务分析（三）]－可弥补以前年度亏损 2 440 935.71[参见任务分析（二）]＝1 217 302.71（元）。

② 应纳税额＝1 217 302.71×25%＝304 325.68（元）。

任务五　企业所得税纳税申报

一、企业所得税的征收管理

（一）纳税期限

企业所得税按年计征，分月或分季预缴，年终汇算清缴，多退少补。企业所得税的纳税年度，自公历 1 月 1 日起至 12 月 31 日止。自年度终了之日起 5 个月内，向税务机关报送年度企业所得税纳税申报表并汇算清缴，结清应缴应退税款。

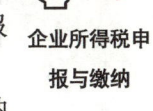

企业在一个纳税年度的中间开业，或者由于合并、关闭等原因终止经营活动，使该纳税年度的实际经营期不足 12 个月的，应当以其实际经营期为一个纳税年度。企业在年度中间终止经营活动的，应当自实际经营终止之日起 60 日内，向税务机关办理当期企业所得税汇算清缴。

企业清算时，应当以清算期间作为一个纳税年度，清算结束之日起 15 日内报送申报表并结清税款。

（二）纳税地点

除税收法律、行政法规另有规定外，居民企业以企业登记注册地为纳税地点。但登记注册地在境外的，以实际管理机构所在地为纳税地点。

① 居民企业在中国境内设立不具有法人资格的营业机构的，应当汇总计算并缴纳企业所得税。

② 非居民企业在中国境内设立机构、场所的，应当就其所设机构、场所取得的来源于中国境内的所得，以及发生在中国境外但与其所设机构、场所有实际联系的所得，以机构、场所所在地为纳税地点。非居民企业在中国境内设立两个或两个以上机构、场所的，经税务机关审核批准，可以选择由其主要机构、场所汇总缴纳企业所得税。

③ 非居民企业在中国境内未设立机构、场所的，或者虽设立机构、场所但取得的所得与其所设机构、场所没有实际联系的，就其来源于中国境内的所得缴纳企业所得税，以扣缴义务人所在地为纳税地点。

（三）源泉扣缴

① 非居民企业在中国境内未设立机构、场所，或者虽设立机构、场所但取得的所得与

其所设机构、场所没有实际联系的，应当就其来源于中国境内的所得缴纳企业所得税。本项所得应缴纳的所得税，实行源泉扣缴，以支付人为扣缴义务人，税款由扣缴义务人在每次支付或到期应支付时，从支付或到期应支付的款项中扣缴。

② 对非居民企业在中国境内取得工程作业和劳务所得应缴纳的所得税，税务机关可以指定工程价款或劳务费的支付人为扣缴义务人。

③ 扣缴义务人未依法扣缴或无法履行扣缴义务的，由纳税人在所得发生地缴纳。纳税人未依法缴纳的，税务机关可以从该纳税人在中国境内其他收入项目的支付人应付的款项中，追缴该纳税人的应纳税款。

④ 扣缴义务人每次代扣的税款，应当自代扣之日起7日内缴入国库，并向所在地的税务机关报送扣缴企业所得税报告表。

二、企业所得税的纳税申报

纳税人在纳税年度内无论盈利或亏损，都应当按照规定的期限，向当地主管税务机关报送所得税申报表和年度会计报表，其纳税申报分为预缴纳税申报和年终纳税申报。

纳税人预缴所得税时，应当按照月度或季度的实际利润额预缴；按照月度或季度的实际利润额预缴有困难的，可以按照上一纳税年度应纳税所得额的月度或季度平均额预缴，或者按照经税务机关认可的其他方法预缴。预缴方法一经确定，该纳税年度内不得随意变更。

（一）填制企业所得税预缴纳税申报表

① 实行查账征收企业所得税的居民纳税人及在中国境内设立机构的非居民纳税人在月（季）度预缴企业所得税时应填制中华人民共和国企业所得税月（季）度预缴纳税申报表（A类）。

② 实行核定征收管理办法（包括核定应税所得率和定额征收方式）缴纳企业所得税的纳税人在月（季）度申报缴纳企业所得税时应填制中华人民共和国企业所得税月（季）度预缴纳税申报表（B类）。

（二）填制企业所得税年度纳税申报表

实行查账征收的纳税人在年度汇算清缴申报时，需要填报中华人民共和国企业所得税年度纳税申报表（A类）。该表以企业会计核算为基础，对税收与会计的差异按照规定进行调整后进行填报。

1. 企业所得税年度纳税申报表的构成

企业所得税年度纳税申报表是一个包含37张表格的互相联系的报表体系。除了一张基础信息表和一张主表外，还有附表35张，即6张收入费用明细表、13张纳税调整表、1张亏损弥补表、9张税收优惠表、4张境外所得抵免表、2张汇总纳税表。

（1）主表

主表体现企业所得税的计税流程，即在会计利润的基础上，按照税法进行纳税调整，计算应纳税所得额，扣除税收优惠数额，进行境外税收抵免，最后计算应补（退）税款。

（2）收入费用明细表

收入费用明细表主要反映企业按照会计政策所发生的成本、费用情况。这些表格也是企业进行纳税调整的主要数据来源。

（3）纳税调整表

纳税调整是企业所得税管理的重点和难点，本表将所有税收与会计的差异需要调整的事项，按照收入、成本和资产三大类，设计了13张表格。通过表格的方式进行计算反映，既方便纳税人填报，又便于税务机关纳税评估、分析。

（4）亏损弥补表

亏损弥补表反映了企业发生亏损如何结转的问题，这样既准确计算了亏损结转年度和限额，又便于税务机关进行管理。

（5）税收优惠表

税收优惠表将目前我国企业所得税税收优惠的39个项目按照税基、应纳税所得额、税额扣除等进行分类，设计了9张表格，通过表格的方式计算税收优惠享受情况、过程。这样既方便纳税人填报，又便于税务机关掌握税收减免税信息、核实优惠的合理性、进行优惠效益分析。

（6）境外所得抵免表

境外所得抵免表反映企业发生境外所得税如何抵免及抵免的具体计算问题。

（7）汇总纳税表

汇总纳税表反映汇总纳税企业的总分机构如何分配税额的问题。

2. 企业所得税年度纳税申报表的填制

企业所得税年度纳税申报表与相关附表是相互联系的整体，附表是主表的基础，主表的数据大部分来源于附表。因此，在实际工作中通常是先填写附表，然后根据附表计算的结果填写主表。由于企业所得税纳税申报表采用间接计算法，所以应税所得额在会计报表的基础上取决于纳税调整额。

3. 办理汇算清缴相关手续

纳税人应在5个月内办理企业所得税年度纳税申报，如实向税务机关报送下列有关资料：企业所得税年度纳税申报表及其附表；财务报表；事项相关资料；总机构及分支机构的基本情况、分支机构征税方式、分支机构的预缴税情况；委托中介机构代理纳税申报的，应出具双方签订的代理合同，并附送中介机构出具的包括纳税调整的项目、依据、计算过程、调整金额等内容的报告；涉及关联方业务往来的，同时报送中华人民共和国企业年度关联业务往来报告表；主管税务机关要求报送的其他有关资料。

4. 结清税款

纳税人在纳税年度内预缴企业所得税税款少于应缴企业所得税税款的，应在汇算清缴期内结清应补缴的企业所得税税款；预缴税款超过应纳税款的，主管税务机关应及时按有关规定办理退税，或者经纳税人同意后抵缴其下一年度应缴企业所得税税款。

任务分析（四）

结合北京红星皮具有限公司具体情况及前述任务分析，填制企业所得税纳税申报表，如表5-6至表5-18所示。

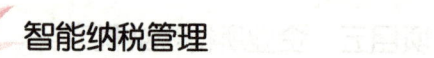

表 5-6　A101010 一般企业收入明细表

元

行　次	项　　目	金　额
1	一、营业收入（2+9）	42 159 928.25
2	（一）主营业务收入（3+5+6+7+8）	42 159 928.25
3	1.销售商品收入	42 159 928.25
4	其中：非货币性资产交换收入	
5	2.提供劳务收入	
6	3.建造合同收入	
7	4.让渡资产使用权收入	
8	5.其他	
9	（二）其他业务收入（10+12+13+14+15）	0.00
10	1.销售材料成本	
11	其中：非货币性资产交换收入	
12	2.出租固定资产收入	
13	3.出租无形资产收入	
14	4.出租包装物和商品收入	
15	5.其他	
16	二、营业外收入（17+18+19+20+21+22+23+24+25+26）	2 000.00
17	（一）非流动资产处置利得	
18	（二）非货币性资产交换利得	
19	（三）债务重组利得	
20	（四）政府补助利得	
21	（五）盘盈利得	
22	（六）捐赠利得	
23	（七）罚没利得	2 000.00
24	（八）确实无法偿付的应付款项	
25	（九）汇兑收益	
26	（十）其他	

表 5-7　A102010 一般企业成本支出明细表

元

行　次	项　　目	金　额
1	一、营业成本（2+9）	31 659 696.19
2	（一）主营业务成本（3+5+6+7+8）	31 659 696.19
3	1.销售商品成本	31 659 696.19
4	其中：非货币性资产交换成本	

(续表)

行次	项 目	金 额
5	2. 提供劳务成本	
6	3. 建造合同成本	
7	4. 让渡资产使用权成本	
8	5. 其他	
9	(二) 其他业务成本 (10+12+13+14+15)	0.00
10	1. 销售材料成本	
11	其中: 非货币性资产交换成本	
12	2. 出租固定资产成本	
13	3. 出租无形资产成本	
14	4. 包装物出租成本	
15	5. 其他	
16	二、营业外支出 (17+18+19+20+21+22+23+24+25+26)	379 000.00
17	(一) 非流动资产处置损失	
18	(二) 非货币性资产交换损失	
19	(三) 债务重组损失	
20	(四) 非常损失	
21	(五) 捐赠支出	300 000.00
22	(六) 赞助支出	
23	(七) 罚没支出	7 000.00
24	(八) 坏账损失	
25	(九) 无法收回的债券股权投资损失	
26	(十) 其他	9 000.00

表 5-8 A104000 期间费用明细表

元

行次	项 目	销售费用	其中:境外支付	管理费用	其中:境外支付	财务费用	其中:境外支付
		1	2	3	4	5	6
1	一、职工薪酬	1 346 612.00	—	1 865 295.20			
2	二、劳务费					—	—
3	三、咨询顾问费			28 000.00		—	—
4	四、业务招待费	—		340 177.00			
5	五、广告费和业务宣传费	860 000.00	—				

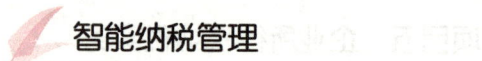

(续表)

行次	项 目	销售费用	其中：境外支付	管理费用	其中：境外支付	财务费用	其中：境外支付
		1	2	3	4	5	6
6	六、佣金和手续费					3 123.50	
7	七、资产折旧摊销费	4 800.00	—	294 920.04			
8	八、财产损耗、盘亏及毁损损失		—			—	
9	九、办公费		—	24 500.00		—	
10	十、董事会费					—	
11	十一、租赁费						
12	十二、诉讼费						
13	十三、差旅费		—	85 200.00			
14	十四、保险费						
15	十五、运输、仓储费	57 530.91				—	
16	十六、修理费			76 598.00		—	
17	十七、包装费	179 270.00	—			—	
18	十八、技术转让费						
19	十九、研究费用			592 653.43			
20	二十、各项税费		—				
21	二十一、利息收支			—		31 380.00	
22	二十二、汇兑差额			—			
23	二十三、现金折扣					—	
24	二十四、党组织工作经费	—		—		—	
25	二十五、其他	6 223.00		106 353.16			
26	合 计（1+2+3+…+25）	2 454 435.91	0.00	3 413 696.83	0.00	34 503.50	0.00

表 5-9　A105000 纳税调整项目明细

元

行次	项　目	账载金额	税收金额	调增金额	调减金额
		1	2	3	4
1	一、收入类调整项目（2+3+4+5+6+7+8+10+11）	—	—	0.00	60 000.00
2	（一）视同销售收入（填写 A105010）	—	0.00	0.00	
3	（二）未按权责发生制原则确认的收入（填写 A105020）	0.00	0.00	0.00	0.00
4	（三）投资收益（填写 A105030）	50 000.00	0.00		50 000.00
5	（四）按权益法核算长期股权投资对初始投资成本调整确认收益	—			
6	（五）交易性金融资产初始投资调整	—			—
7	（六）公允价值变动净损益			0.00	10 000.00
8	（七）不征税收入				
9	其中：专项用途财政性资金（填写 A105040）				
10	（八）销售折扣、折让和退回			0.00	0.00
11	（九）其他			0.00	0.00
12	二、扣除类调整项目（13+14+15+16+17+18+19+20+21+22+23+24+26+27+28+29+30）	—		215 070.80	0.00
13	（一）视同销售成本（填写 A105010）	—	0.00		0.00
14	（二）职工薪酬（填写 A105050）	12 027 489.53	12 027 489.53	0.00	0.00
15	（二）业务招待费支出	340 177.00	204 106.2	136 070.80	—
16	（四）广告费和业务宣传费支出（填写 A105060）				
17	（五）捐赠支出（填写 A105070）	300 000.00	300 000.00	0.00	0.00
18	（六）利息支出				0.00
19	（七）罚金、罚款和被没收财物的损失	70 000.00	—	70 000.00	—
20	（八）税收滞纳金、加收利息	9 000.00		9 000.00	
21	（九）赞助支出	—		0.00	
22	（十）与未实现融资收益相关在当期确认的财务费用			0.00	0.00
23	（十一）佣金和手续费支出	3 123.50	3 123.50	0.00	
24	（十二）不征税收入用于支出所形成的费用		—		
25	其中：专项用途财政性资金用于支出所形成的费用（填写 A105040）				
26	（十三）跨期扣除项目			0.00	0.00
27	（十四）与取得收入无关的支出		—	0.00	

(续表)

行次	项　目	账载金额	税收金额	调增金额	调减金额
		1	2	3	4
28	（十五）境外所得分摊的共同支出	—	—		—
29	（十六）党组织工作经费				
30	（十七）其他				
31	三、资产类调整项目（32+33+34+35）	—	—	0.00	1 420.00
32	（一）资产折旧、摊销（填写 A105080）	491 144.04	491 144.04	0.00	0.00
33	（二）资产减值准备金	−1 420.00	—	0.00	1 420.00
34	（三）资产损失（填写 A105090）	0.00	0.00	0.00	0.00
35	（四）其他				0.00
36	四、特殊事项调整项目（37+38+39+40+41+42）	—	—	0.00	0.00
37	（一）企业重组及递延纳税事项（填写 A105100）			0.00	0.00
38	（二）政策性搬迁（填写 A105110）				
39	（三）特殊行业准备金（填写 A105120）			0.00	
40	（四）房地产开发企业特定业务计算的纳税调整额（填写 A105010）	—	—	0.00	0.00
41	（五）合伙企业法人合伙人应分得的应纳税所得额				
42	（六）其他				
43	五、特别纳税调整应税所得	—	—		
44	六、其他				
45	合　计（1+12+31+36+43+44）	—	—	215 070.80	61 420.00

表 5-10　A105030 投资收益纳税调整明细表

元

行次	项　目	持有金额			处置收益				
		账载金额	税收金额	纳税调整金额	会计确认的处置收入	税收计算的处置收入	处置投资的账面价值	处置投资的计税依据	会计确认的处置所得或损失
		1	2	3 (2−1)	4	5	6	7	8 (4−6)
1	一、交易性金融资产			0.00					0.00
2	二、可供出售金融资产			0.00					0.00
3	三、持有至到期投资			0.00					0.00
4	四、衍生工具			0.00					0.00
5	五、交易性金融负债			0.00					
6	六、长期股权投资	50 000.00		−50 000.00					−50 000.00
7	七、短期投资			0.00					0.00

(续表)

行次	项目	持有金额			处置收益				
		账载金额	税收金额	纳税调整金额	会计确认的处置收入	税收计算的处置收入	处置投资的账面价值	处置投资的计税依据	会计确认的处置所得或损失
		1	2	3 (2−1)	4	5	6	7	8 (4-6)
8	八、长期债券投资			0.00					0.00
9	九、其他								0.00
10	合　计（1+2+3+4+5+6+7+8+9）	50 000.00	0.00	−50 000.00	0.00	0.00	0.00	0.00	0.00

表5−11　A105050 职工薪酬纳税调整明细表

元

行次	项目	账载金额	实际发生额	税收规定扣除率	以前年度累计结转扣除额	税收金额	纳税调整金额	累计结转以后年度扣除额
		1	2	3	4	5	6 (1-5)	7(2+4−5)
1	一、工资薪金支出	8 842 963.48	8 842 963.48	—	—	8 842 963.48	0.00	—
2	其中：股权激励			—	—		0.00	
3	二、职工福利费支出			14%			0.00	0.00
4	三、职工教育经费支出	105 979.52	105 979.52	—	0.00	105 979.52	0.00	0.00
5	其中：按税收规定比例扣除的职工教育经费	105 979.52	105 979.52	8%		105 979.52	0.00	
6	按税收规定全额扣除的职工培训费用			100%			0.00	
7	四、工会经费支出	140 377.89	140 377.89	2%	—	140 377.89	0.00	
8	五、各类基本社会保障性缴款	2 114 383.04	2 114 383.04	—	—	2 114 383.04	0.00	
9	六、住房公积金	823 785.60	823 785.60			823 785.60	0.00	
10	七、补充养老保险			5%			0.00	
11	八、补充医疗保险			5%			0.00	
12	九、其他						0.00	
13	合　计（1+3+4+7+8+9+10+11+12）	12 027 489.53	12 027 489.53	—	0.00	12 027 489.53	0.00	0.00

表 5-12　A105060 广告费和业务宣传费跨年度纳税调整明细表

元

行次	项　目	金　额
1	一、本年广告费和业务宣传费支出	860 000.00
2	减：不允许扣除的广告费和业务宣传费支出	
3	二、本年符合条件的广告费和业务宣传费支出（1-2）	860 000.00
4	三、本年计算广告费和业务宣传费扣除限额的销售（营业）收入	42 159 928.25
5	乘：税收规定扣除率	15%
6	四、本企业计算的广告费和业务宣传费扣除限额（4×5）	6 323 989.24
7	五、本年结转以后年度扣除额（3＞6，本行＝3-6；3≤6，本行＝0）	0.00
8	加：以前年度累计结转扣除额	
9	减：本年扣除的以前年度结转额［3＞6，本行＝0；3≤6，本行＝8 或（6-3）孰小值］	00.00
10	六、按照分摊协议归集至其他关联方的广告费和业务宣传费（10≤3 或 6 孰小值）	
11	按照分摊协议从其他关联方归集至本企业的广告费和业务宣传费	
12	七、本年广告费和业务宣传费支出纳税调整金额（3＞6，本行＝2+3-6+10-11；3≤6，本行＝2+10-11-9）	0.00
13	八、累计结转以后年度扣除额（7+8-9）	0.00

表 5-13　A105070 捐赠支出纳税调整明细表

元

行次	项　目	账载金额	以前年度结转可扣除的捐赠额	按税收规定计算的扣除限额	税收金额	纳税调增金额	纳税调减金额	可结转以后年度扣除的捐赠额
		1	2	3	4	5	6	7
1	一、非公益性捐赠	—	—	—	—	—	—	—
2	二、全额扣除的公益性捐赠		—	—				—
3	三、限额扣除的公益性捐赠（4+5+6+7）	300 000.00	0.00	491 017.98	300 000.00	0.00	0.00	0.00
4	前三年度（2018 年）	—	—		—			—
5	前二年度（2019 年）	—	—		—			—
6	前一年度（2020 年）	—	—		—			—
7	本年（2021 年）	300 000.00	—	491 017.98	300 000.00		—	
8	合　计（1+2+3）	300 000.00	0.00	491 017.98	300 000.00	0.00	0.00	0.00

项目五 企业所得税纳税实务

表 5-14 A105080 资产折旧、摊销情况及纳税调整明细表

单位：元

行次	项目	账载金额			资产计税基础	税收金额			累计折旧、摊销额	纳税调整金额
		资产原值	本年折旧、摊销额	累计折旧、摊销额		税收折旧、摊销额	享受加速折旧政策的资产按税收一般规定计算的折旧、摊销额	加速折旧、摊销统计额		
		1	2	3	4	5	6	7=5-6	8	9(2-5)
1	一、固定资产 (2+3+4+5+6+7)	4 468 600.00	336 144.00	1 299 136.00	4 468 600.00	336 144.00	—	—	1 299 136.00	0.00
2	（一）房屋、建筑物	3 000 000.00	144 000.00	508 800.00	3 000 000.00	144 000.00	—	—	508 800.00	0.00
3	（二）飞机、火车、轮船、机器、机械和其他生产设备	1 064 000.00	102 144.00	425 600.00	1 064 000.00	102 144.00	—	—	425 600.00	0.00
4	（三）与生产经营活动有关的器具、工具、家具等						—	—		0.00
5	（四）飞机、火车、轮船以外的运输工具	256 600.00	61 584.00	246 336.00	256 600.00	61 584.00	—	—	246 336.00	0.00
6	（五）电子设备	148 000.00	28 416.00	118 400.00	148 000.00	28 416.00	—	—	118 400.00	0.00
7	（六）其他						—	—		
8	其中：（一）重要行业固定资产加速折旧（不含一次性扣除）									—
9	（二）其他行业研发设备加速折旧									—
10	（三）固定资产一次性加速折旧									—
11	（四）技术进步、更新换代固定资产一般折旧额大于税收折旧额的部分									—

(续表)

行次	项目	账载金额			税收金额					纳税调整金额
		资产原值	本年折旧、摊销额	累计折旧、摊销额	资产计税基础	税收折旧、摊销额	享受加速折旧政策的资产按税收一般规定计算的折旧、摊销额	加速折旧、摊销统计额	累计折旧、摊销额	
		1	2	3	4	5	6	7=5-6	8	9(2-5)
12	其中：享受固定资产加速折旧及一次性扣除政策的资产加速折旧额大于一般折旧额的部分						—	—		—
13	(五) 常年强震动、高腐蚀固定资产						—	—		—
14	(六) 外购软件折旧						—	—		—
	(七) 集成电路企业生产设备									
15	二、生产性生物资产 (16+17)									0.00
16	(一) 林木类									0.00
17	(二) 畜类									0.00
18	三、无形资产 (19+20+21+22+23+24+25+27)	2 950 000.00	155 000.04	585 833.42	2 950 000.00	155 000.04	—	—	585 833.42	0.00
19	(一) 专利权						—	—		0.00
20	(二) 商标权	500 000.00	50 000.04	212 500.17	500 000.00	50 000.04	—	—	212 500.17	0.00
21	(三) 著作权						—	—		0.00
22	(四) 土地使用权	2 100 000.00	69 999.96	297 499.83	2 100 000.00	69 999.96	—	—	297 499.83	0.00
23	(五) 非专利技术	350 000.00	35 000.04	75 833.42	350 000.00	35 000.04	—	—	75 833.42	0.00
24	(六) 特许权使用费						—	—		0.00

（续表）

行次	项目	账载金额			税收金额					纳税调整金额
		资产原值	本年折旧、摊销额	累计折旧、摊销额	资产计税基础	税收折旧、摊销额	享受加速折旧政策的资产按税收一般规定计算的折旧、摊销额	加速折旧、摊销统计额	累计折旧、摊销额	
		1	2	3	4	5	6	7=5-6	8	9(2-5)
25	（七）软件									0.00
26	其中：享受企业外购软件加速摊销政策						—	—		—
27	（八）其他						—	—		0.00
28	四、长期待摊费用（29+30+31+32+33）						—	—		0.00
29	（一）已足额提取折旧的固定资产的改建支出						—	—		0.00
30	（二）租入固定资产的改建支出						—	—		0.00
31	（三）固定资产的大修理支出						—	—		0.00
32	（四）开办费						—	—		0.00
33	（五）其他						—	—		0.00
34	五、油气勘探投资						—	—		0.00
35	六、油气开发投资						—	—		0.00
36	合计（1+15+18+28+34+35）	7 418 600.00	491 144.04	1 884 969.42	7 418 600.00	491 144.04	0.00	0.00	1 884 969.42	0.00
附列资料	全民所有制改制资产评估增值政策资产						—	—		

表 5-15　A106000 企业所得税弥补亏损明细表

単位：元

行次	项目	年度	当年境内所得额	分立转出的亏损额	合并、分立转入的亏损额		弥补亏损企业类型	当年亏损额	当年待弥补的亏损额	用本年度所得税额弥补的以前年度亏损额		当年可结转以后年度弥补的亏损额
					可弥补年限5年	可弥补年限10年				使用境内所得弥补	使用境外所得弥补	
			1	2	3	4	5	6	7	8	9	10	11
1	前十年度	2011										
2	前九年度	2012										
3	前八年度	2013										
4	前七年度	2014										
5	前六年度	2015										
6	前五年度	2016										
7	前四年度	2017	-5 682 673.18	0.00			100	-5 682 673.18	0.00	0.00		0.00
8	前三年度	2018	-2 469 570.63	0.00			100	-2 469 570.63	-2 440 935.71	2 440 935.71		0.00
9	前二年度	2019	1 596 342.84	0.00			100	0.00	0.00	0.00		0.00
10	前一年度	2020	4 114 965.26	0.00			100	0.00	0.00	0.00		0.00
11	本年度	2021	3 805 045.64	0.00			100	0.00	0.00	2 440 935.71		0.00
12					可结转以后年度弥补的亏损额合计								0.00

表 5-16　A107010 免税、减计收入及加计扣除优惠明细表

单位：元

行次	项　目	金　额
1	一、免税收入（2+3+6+7+…+16）	0.00
2	（一）国债利息收入免征企业所得税	
3	（二）符合条件的居民企业之间的股息、红利等权益性投资收益免征企业所得税（填写A107011）	
4	其中：内地民企业通过沪港通投资且连续持有H股满12个月取得的股息红利所得免征企业所得税（填写A107011）	
5	内地居民企业通过深港通投资且连续持有12个月取得的股息红利所得免征企业所得税（填写A107011）	
6	（三）符合条件的非营利组织的收入免征企业所得税	
7	（四）符合条件的非营利组织（科技企业孵化器）的收入免征企业所得税	
8	（五）符合条件的非营利组织（国家大学科技园）的收入免征企业所得税	

(续表)

行次	项　目	金　额
9	（六）中国清洁发展机制基金取得的收入免征企业所得税	
10	（七）投资者从证券投资基金分配中取得的收入免征企业所得税	
11	（八）取得的地方政府债券利息收入免征企业所得税	
12	（九）中国保险保障基金有限责任公司取得的保险保障基金等收入免征企业所得税	
13	（十）中国奥委会取得北京冬奥组委支付的收入免征企业所得税	
14	（十一）中国残奥委会取得北京冬奥组委分期支付的收入免征企业所得税	
15	（十二）其他1	
16	（十三）其他2	
17	二、减计收入（18+19+23+24）	0.00
18	（一）综合利用资源生产产品取得的收入在计算应纳税所得额时减计收入	
19	（二）金融、保险等机构取得的涉农利息、保费减计收入（20+21+22）	0.00
20	1.金融机构取得的涉农贷款利息收入在计算应纳税所得额时减计收入	
21	2.保险机构取得的涉农保费收入在计算应纳税所得额时减计收入	
22	3.小额贷款公司取得的农户小额贷款利息收入在计算应纳税所得额时减计收入	
23	（三）取得铁路债券利息收入减半征收企业所得税	
24	（四）其他	
25	三、加计扣除（26+27+28+29+30）	587 228.87
26	（一）开发新技术、新产品、新工艺发生的研究开发费用加计扣除（填写A107012）	587 228.87
27	（二）科技型中小企业开发新技术、新产品、新工艺发生的研究开发费用加计扣除（填写A107012）	
28	（三）企业为获得创新性、创意性、突破性的产品进行创意设计活动而发生的相关费用加计扣除	
29	（四）安置残疾人员所支付的工资加计扣除	
30	（五）其他	
31	合　计 （1+17+25）	587 228.87

表5-17　A107012研发费用加计扣除优惠明细表

元

行次	项　目	金额（数量）
1	本年可享受研发费用加计扣除项目数量	1.00
2	一、自主研发、合作研发、集中研发（3+7+16+19+23+34）	587 228.87
3	（一）人员人工费用（4+5+6）	327 890.94
4	1.直接从事研发活动人员工资薪金	271 227.84
5	2.直接从事研发活动人员五险一金	56 663.10
6	3.外聘研发人员的劳务费用	

(续表)

行次	项 目	金额（数量）
7	（二）直接投入费用（8+9+10+11+12+13+14+15）	206 904.13
8	1.研发活动直接消耗材料	206 904.13
9	2.研发活动直接消耗燃料	
10	3.研发活动直接消耗动力费用	
11	4.用于中间试验和产品试制的模具、工艺装备开发及制造费	
12	5.用于不构成固定资产的样品、样机及一般测试手段购置费	
13	6.用于试制产品的检验费	
14	7.用于研发活动的仪器、设备的运行维护、调整、检验、维修等费用	
15	8.通过经营租赁方式租入的用于研发活动的仪器、设备租赁费	
16	（三）折旧费用（17+18）	12 480.00
17	1.用于研发活动的仪器的折旧费	
18	2.用于研发活动的设备的折旧费	12 480.00
19	（四）无形资产摊销（20+21+22）	0.00
20	1.用于研发活动的软件的摊销费用	
21	2.用于研发活动的专利权的摊销费用	
22	3.用于研发活动的非专利技术（包括许可证、专有技术、设计和计算方法等）的摊销费用	
23	（五）新产品设计费等（24+25+26+27）	0.00
24	1.新产品设计费	
25	2.新工艺规程制定费	
26	3.新药研制的临床试验费	
27	4.勘探开发技术的现场试验费	
28	（六）其他相关费用（29+30+31+32+33）	39 953.80
29	1.技术图书资料费、资料翻译费、专家咨询费、高新科技研发保险费	
30	2.研发成果的检索、分析、评议、论证、鉴定、评审、评估、验收费用	
31	3.知识产权的申请费、注册费、代理费	
32	4.职工福利费、补充养老保险费、补充医疗保险费	
33	5.差旅费、会议费	39 953.80
34	（七）经限额调整后的其他相关费用	39 953.80
35	二、委托研发（36+37+39）	0.00
36	（一）委托境内机构或个人进行研发活动所发生的费用	
37	（二）委托境外机构进行研发活动发生的费用	
38	其中：允许加计扣除的委托境外机构进行研发活动发生的费用	
39	（三）委托境外个人进行研发活动发生的费用	

(续表)

行次	项目	金额（数量）
40	三、年度研发费用小计（2+36×80%+38）	587 228.87
41	（一）本年费用化金额	587 228.87
42	（二）本年资本化金额	
43	四、本年形成无形资产摊销额	
44	五、以前年度形成无形资产本年摊销额	
45	六、允许扣除的研发费用合计（41+43+44）	587 228.87
46	减：特殊收入部分	
47	七、允许扣除的研发费用抵减特殊收入后的金额（45-46）	587 228.87
48	减：当年销售研发活动直接形成产品（包括组成部分）对应的材料部分	
49	减：以前年度销售研发活动直接形成产品（包括组成部分）对应材料部分结转金	
50	八、加计扣除比例	100%
51	九、本年研发费用加计扣除总额（47-48-49）×50	587 228.87
52	十、销售研发活动直接形成产品（包括组成部分）对应材料部分结转以后年度扣减金额（当47-48-49≥0，本行=0；当47-48-49<0，本行=47-48-49的绝对值）	0.00

表5-18　A100000 中华人民共和国企业所得税年度纳税申报表（A类）

元

行次	类别	项目	金额
1	利润总额计算	一、营业收入（填写A101010/101020/103000）	42 159 928.25
2		减：营业成本（填写A102010/102020/103000）	31 659 696.19
3		减：税金及附加	190 199.33
4		减：销售费用（填写A104000）	2 454 435.91
5		减：管理费用（填写A104000）	3 413 696.83
6		减：财务费用（填写A104000）	34 503.50
7		减：资产减值损失	
8		加：公允价值变动收益	10 000.00
9		加：投资收益	50 000.00
10		二、营业利润（1-2-3-4-5-6-7+8+9）	4 468 816.49
11		加：营业外收入（填写A101010/101020/103000）	2 000.00
12		减：营业外支出（填写A102010/102020/103000）	379 000.00
13		三、利润总额（10+11-12）	4 091 816.49

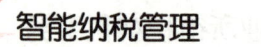

(续表)

行次	类别	项　目	金　额
14	应纳税所得计算	减：境外所得（填写 A108010）	
15		加：纳税调整增加额（填写 A105000）	215 070.80
16		减：纳税调整减少额（填写 A105000）	61 420.00
17		减：免税、减计收入及加计扣除（填写 A107010）	587 228.87
18		加：境外应税所得抵减境内亏损（填写 A108000）	
19		四、纳税调整后所得（13-14+15-16-17+18）	3 658 238.42
20		减：所得减免（填写 A107020）	0.00
21		减：弥补以前年度亏损（填写 A106000）	2 440 935.71
22		减：抵扣应纳税所得额（填写 A107030）	
23		五、应纳税所得额（19-20-21-22）	1 217 302.71
24	应纳税额计算	税率	25%
25		六、应纳所得税额（23×24）	304 325.68
26		减：减免所得税额（填写 A107040）	0.00
27		减：抵免所得税额（填写 A107050）	
28		七、应纳税额（25-26-27）	304 325.68
29		加：境外所得应纳所得税额（填写 A108000）	
30		减：境外所得抵免所得税额（填写 A108000）	
31		八、实际应纳所得税额（28+29-30）	304 325.68
32		减：本年累计实际已缴纳的所得税额	412 720.2
33		九、本年应补（退）所得税额（31-32）	-108 394.52
34		其中：总机构分摊本年应补（退）所得税额（填写 A109000）	
35		财政集中分配本年应补（退）所得税额（填写 A109000）	
36		总机构主体生产经营部门分摊本年应补（退）所得税额（填写 A109000）	

知识小结

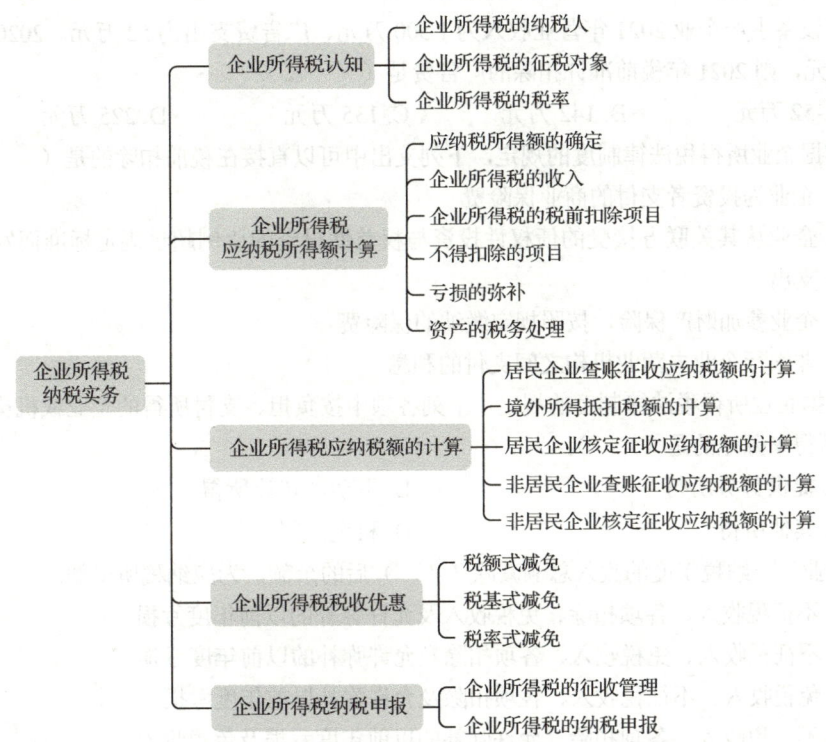

- 企业所得税纳税实务
  - 企业所得税认知
    - 企业所得税的纳税人
    - 企业所得税的征税对象
    - 企业所得税的税率
  - 企业所得税应纳税所得额计算
    - 应纳税所得额的确定
    - 企业所得税的收入
    - 企业所得税的税前扣除项目
    - 不得扣除的项目
    - 亏损的弥补
    - 资产的税务处理
  - 企业所得税应纳税额的计算
    - 居民企业查账征收应纳税额的计算
    - 境外所得抵扣税额的计算
    - 居民企业核定征收应纳税额的计算
    - 非居民企业查账征收应纳税额的计算
    - 非居民企业核定征收应纳税额的计算
  - 企业所得税税收优惠
    - 税额式减免
    - 税基式减免
    - 税率式减免
  - 企业所得税纳税申报
    - 企业所得税的征收管理
    - 企业所得税的纳税申报

知识巩固

一、单项选择题

1. 根据企业所得税法律制度的规定，下列各项中不属于企业所得税纳税人的是（　　）。
   A. 外国公司在中国境内的分公司
   B. 在中国境内注册成立的社会团体
   C. 在中国境内注册成立的一人有限责任公司
   D. 在中国境内注册成立的个人独资企业

2. 根据企业所得税法律制度的规定，关于确定来源于中国境内、境外所得的下列表述中不正确的是（　　）。
   A. 提供劳务所得，按照劳务发生地确定
   B. 销售货物所得，按照交易活动发生地确定
   C. 股息、红利等权益性投资所得，按照分配所得的企业所在地确定
   D. 转让不动产所得，按照转让不动产的企业或机构、场所所在地确定

3. 根据企业所得税法律制度的规定，下列关于在中国境内未设立机构、场所的非居民企业的应纳税所得额确定的说法中不正确的是（　　）。
   A. 转让财产所得，以收入全额减除财产净值后的余额为应纳税所得额
   B. 股息、红利等权益性投资收益，以收入全额为应纳税所得额

C. 特许权使用费所得，以收入减去转让过程发生的合理费用后的余额为应纳税所得额

D. 利息所得，以收入全额为应纳税所得额

4. 某设备生产企业2021年营业收入为1 500万元、广告费支出为52万元。2020年超标广告费90万元，则2021年税前准许扣除的广告费是（　　）。

  A. 52万元   B. 142万元   C. 135万元   D. 225万元

5. 根据企业所得税法律制度的规定，下列支出中可以直接在税前扣除的是（　　）。

  A. 企业为投资者支付的商业保险费

  B. 企业从其关联方接受的债权性投资与权益性投资的比例超过规定标准而发生的利息支出

  C. 企业参加财产保险，按照规定缴纳的保险费

  D. 非银行企业内营业机构之间支付的利息

6. 根据企业所得税法律制度的规定，下列各项中按负担、支付所得的企业或机构、场所所在地确定所得来源地的是（　　）。

  A. 提供劳务所得   B. 不动产转让所得

  C. 其他所得   D. 租金所得

7. 企业每一纳税年度的收入总额减除（　　）后的余额，为应纳税所得额。

  A. 不征税收入、各项扣除、免税收入及允许弥补的以前年度亏损

  B. 不征税收入、免税收入、各项扣除及允许弥补的以前年度亏损

  C. 免税收入、不征税收入、各项扣除及允许弥补以前年度亏损

  D. 不征税收入、各项扣除、允许弥补的以前年度亏损及免税收入

8. 以分期收款方式销售商品，以（　　）来确定销售收入的实现。

  A. 收到全部货款的日期   B. 收到第一笔货款的日期

  C. 货物发出的日期   D. 合同约定的应付货款的日期

9. 蓝天公司2021年的销售收入额为5 000万元，全年业务招待费实际发生50万元。在计算企业所得税时，业务招待费扣除限额为（　　）。

  A. 25万元   B. 30万元   C. 50万元   D. 40万元

10. 顺达公司在生产经营活动中发生了以下费用，在计算应纳税所得额时不允许扣除的项目是（　　）。

  A. 企业发生的合理的工资薪金支出23万元

  B. 企业直接对我国四川地区"希望工程"的10万元公益性捐款

  C. 企业在规定比例之内发生的3万元业务招待费

  D. 企业购买国债利息收入5万元

二、多项选择题

1. 根据企业所得税法律制度的规定，下列关于企业所得税纳税期限的表述中正确的有（　　）。

  A. 企业所得税按年计征，分月或分季预缴，年终汇算清缴，多退少补

  B. 企业在一个纳税年度中间开业，使该纳税年度的实际经营不足12个月的，应当以其实际经营期为一个纳税年度

C. 企业依法清算时，应当以清算期作为一个纳税年度

D. 企业在纳税年度中间终止经营活动的，应当自实际经营终止之日起90日内，向税务机关办理当期企业所得税汇算清缴

2. 下列各项中，在计算应纳税所得额时有加计扣除规定的有（　　）。

　　A. 企业开发新技术、新产品、新工艺发生的研究开发费用

　　B. 国家需要重点扶持的高新技术企业

　　C. 企业以规定的资源作为主要原材料，生产国家非限制和禁止并符合国家与行业相关标准的产品取得的收入

　　D. 企业安置残疾人员及国家鼓励安置的其他就业人员所支付的工资

3. 根据企业所得税法律制度的规定，下列选项中属于长期待摊费用的有（　　）。

　　A. 购入固定资产的支出　　　　　　B. 固定资产的大修理支出

　　C. 租入固定资产的改建支出　　　　D. 已足额提取折旧的固定资产的改建支出

4. 根据企业所得税法律制度的规定，下列各项中在计算企业所得税应纳税所得额时，不准扣除的有（　　）。

　　A. 购建固定资产的费用

　　B. 企业所得税税款

　　C. 未经核定的准备金支出

　　D. 向投资者支付的股息、红利等权益性投资收益款项

5. 根据企业所得税法律制度的规定，企业当年发生的某些费用，超过税法规定的扣除标准，允许结转以后纳税年度扣除。下列各项中属于此类费用的有（　　）。

　　A. 广告费　　　B. 业务宣传费　　　C. 工会经费　　　D. 职工教育经费

6. 根据企业所得税法律制度的规定，企业缴纳的下列税金中准予在计算企业所得税应纳税所得额时扣除的有（　　）。

　　A. 增值税　　　　　　　　　　　　B. 土地增值税

　　C. 城镇土地使用税　　　　　　　　D. 城市维护建设税

7. 根据企业所得税法律制度的规定，下列各项关于收入确认的表述中，正确的有（　　）。

　　A. 企业以非货币形式取得的收入，应当按照公允价值确定收入额

　　B. 以分期收款方式销售货物的，按照合同约定的收款日期确认收入的实现

　　C. 采取产品分成方式取得收入的，按照企业分得产品的日期确认收入的实现，其收入额按照产品的公允价值确定

　　D. 接受捐赠收入，按照承诺捐赠资产的日期确定收入

8. 下列关于企业所得税所得来源的确定说法中正确的有（　　）。

　　A. 销售货物所得，按照交易活动发生地确定

　　B. 提供劳务所得，按照劳务发生地确定

　　C. 股息、红利等权益性投资所得，按照分配所得的企业所在地确定

　　D. 特许权使用费所得，按照负担、支付所得的企业或机构、场所所在地确定，或者按照负担、支付所得的个人的住所地确定

三、判断题

1. 居民纳税人应就其来源于中国境内和境外的所得，依照个人所得税法律制度的规定向中国政府履行全面纳税义务，缴纳个人所得税。（ ）

2. 在中国境内虽设立机构、场所，但取得的所得与其机构、场所没有实际联系的非居民企业，以机构场所所在地为纳税地点。（ ）

3. 企业从事花卉种植的所得，减半征收企业所得税。（ ）

4. 根据企业所得税法律制度的规定，对非营利性组织从事非营利性活动取得的收入给予免税，但从事营利性活动取得的收入则要征税。（ ）

5. 无形资产按照直线法计算的摊销费用，准予扣除。（ ）

6. 在计算应纳税所得额时，违反税法规定被处罚的不得扣除，但税收滞纳金可以扣除。（ ）

7. 根据企业所得税法律制度的规定，企业以分期收款的方式销售货物的，按照合同约定的收款日期确认收入的实现。（ ）

8. 企业的不征税收入用于支出所形成的费用，不得在计算应纳税所得额时扣除；用于支出所形成的财产，其计算的折旧、摊销不得在计算应纳税所得额时扣除。（ ）

四、业务题

1. 金湖美妆公司2021年实现的销售收入为5 000万元，实现的利润总额为1 000万元，适用25%的所得税税率；广告费与业务宣传费为900万元；业务招待费为100万元。2020年实现的销售收入为4 700万元；广告费与业务宣传费为1 420万元；业务招待费为76万元；2020年度广告费与业务宣传费以前结转额为0。

要求：（1）计算金湖美妆公司2020年度、2021年度业务招待费的扣除限额。

（2）完成广告费和业务宣传费跨年度纳税调整明细表的填写，如表5-19所示。

表5-19 广告费和业务宣传费跨年度纳税调整明细表

元

行次	项目	金额
1	一、本年广告费和业务宣传费支出	9 000 000
2	减：不允许扣除的广告费和业务宣传费支出	(a)
3	二、本年符合条件的广告费和业务宣传费支出（1-2）	(b)
4	三、本年计算广告费和业务宣传费扣除限额的销售（营业）收入	(c)
5	乘：税收规定扣除率	(d)
6	四、本企业计算的广告费和业务宣传费扣除限额（4×5）	(e)
7	五、本年结转以后年度扣除额（3＞6，本行＝3-6；3≤6，本行＝0）	(f)
8	加：以前年度累计结转扣除额	(g)
9	减：本年扣除的以前年度结转额[3＞6，本行＝0；3≤6，本行＝8与（6-3）孰小值]	(h)
10	六、按照分摊协议归集至其他关联方的广告费和业务宣传费（10≤3与6孰小值）	0
11	按照分摊协议从其他关联方归集至本企业的广告费和业务宣传费	0
12	七、本年广告费和业务宣传费支出纳税调整金额 （3＞6，本行＝2+3-6+10-11；3≤6，本行＝2+10-11-9）	(i)
13	八、累计结转以后年度扣除额（7+8-9）	(j)

2. 五星家电公司为居民企业，主要从事电器产品的生产与销售业务。2021年有关经营情况如下。

(1) 销售商品收入 2 000 万元，销售原材料收入 35 万元，转让股权收入 1 000 万元，转让使用过的设备收入 15 万元。

(2) 发生符合条件的广告费和业务宣传费 350 万元。

(3) 与生产经营活动有关的业务招待费支出 100 万元。

(4) 捐赠支出 12 万元。其中，直接向曙光小学捐赠 2 万元；通过市民政部门用于扶贫救济的捐赠 10 万元。非广告性赞助支出 5 万元。

(5) 预缴企业所得税税额 28 万元。

(6) 全年利润总额为 160 万元。

要求：计算五星家电公司应缴纳的企业所得税。

3. 红星公司为增值税一般纳税人，自 2018 年起被认定为高新技术企业。其 2021 年度的生产经营情况如下。

(1) 当年销售货物实现销售收入 8 000 万元，对应的成本为 5 100 万元；安装费收入 700 万元，与之相应的成本为 100 万元。

(2) 当年发生管理费用 800 万元。其中，含新产品研究开发费用 300 万元；业务招待费 80 万元。

(3) 当年发生销售费用 1 800 万元，其中含广告费 1 500 万元。

(4) 当年发生财务费用 200 万元。

(5) 取得国债利息收入 150 万元，企业债券利息收入 180 万元。

(6) 全年计入成本、费用的实发合理工资总额 400 万元（含残疾职工工资 50 万元）；实际发生职工福利费 120 万元，职工教育经费 33 万元，拨缴工会经费 18 万元。

(7) 当年发生营业外支出共计 130 万元。其中，违约金 5 万元；税收滞纳金 7.5 万元。

(8) 当年"税金及附加"科目共列支 200 万元。

要求：计算当年该企业应缴纳的企业所得税税额。

项目六

个人所得税纳税实务

↘ 知识目标

- 掌握个人所得税的征税对象和税率。
- 熟悉个人所得税的税收优惠。
- 掌握各项所得应纳税额的计算。
- 掌握个人所得税纳税申报表的填列要求和申报流程。

↘ 技能目标

- 能够区分居民纳税人和非居民纳税人。
- 能够根据业务资料判断征税对象和计算应纳税额。
- 能准确填写个人所得税纳税申报表并进行申报。

↘ 素质目标

培养爱岗敬业、诚实守信、坚持准则、依法纳税、强化服务等职业道德。

任务情境

浙江恒远教育科技有限公司是一家教育软件开发、培训公司。该公司有9名员工，3月份还聘请了3名专家给员工做培训。2021年3月应发工资及劳务报酬的金额如表6-1和表6-2所示。

表6-1 浙江恒远教育科技有限公司2021年3月应发工资

元

姓 名	应发工资	养老保险	医疗保险	失业保险	住房公积金	专项附加扣除	扣除合计
何天仁	26 000	1 882	460	238	2 850	3 000	8 430
陈体国	8 000	630	150	70	800	2 000	3 650
伊晟	15 000	942	308	110	1 400	2 500	5 260
赵瑞伟	12 000	852	218	90	1 200	2 000	4 360
肖智	6 000	344	91	45	500	0	980
杨李	12 000	852	218	90	1 200	3 000	5 360
叶美珍	6 000	344	91	45	500	400	1 380

项目六　个人所得税纳税实务

(续表)

姓 名	应发工资	养老保险	医疗保险	失业保险	住房公积金	专项附加扣除	扣除合计
林如海	15 000	942	308	110	1 400	2 000	3 760
Jill France	11 000	0	0	0	0	0	0

说明：所有员工每月的应发工资固定不变。所有员工的专项附加扣除均从2021年1月开始计算。Jill France是加拿大人，2021年1月20日来到中国，将于6月20日离开中国。其他员工均为中国公民。

表6-2　浙江恒远教育科技有限公司2021年3月应发劳务报酬

元

姓 名	应发劳务报酬
张海琼	4 000.00
徐超然	6 000.00
丁增	26 000.00

任务要求

(一)分析该公司个人所得税的纳税人、征税对象及税率。
(二)分析该公司3月份应预缴(代扣)的个人所得税税额。
(三)填报个人所得税扣缴申报表。

知识研学

任务一　个人所得税认知

个人所得税是以个人(自然人)取得的各项应税所得为征税对象所征收的一种税。我国现行的个人所得税采用综合所得和分类所得结合的征税方法，超额累进税率和比例税率并用，对纳税人的应纳税额分别由扣缴义务人源泉扣缴和纳税人自行申报。

一、个人所得税的纳税人

个人所得税的纳税人包括中国公民、个体工商户及在中国有所得的外籍个人和香港、澳门、台湾同胞。依据住所和居住时间两个标准，个人所得税的纳税人分为居民个人和非居民个人两大类，分别承担不同的纳税义务。个人独资企业和合伙企业不缴纳企业所得税，只对投资者个人取得的经营所得征收个人所得税。

(一)居民个人

在中国境内有住所，或者无住所而在一个纳税年度内在中国境内居住累计满183天的个人，为居民个人。居民个人负有无限纳税义务，应对其来源于中国境内和境外的所得缴纳个人所得税。

法规：
《中华人民共和国个人所得税法》

微课：
个人所得税认知

智能纳税管理

在中国境内有住所是指因户籍、家庭、经济利益关系而在中国境内习惯性居住,不是指实际居住或在某一特定时期的居住地;居住时间是指个人在一国境内实际居住的日数;一个纳税年度是指自公历1月1日起至12月31日止。

(二)非居民个人

在中国境内无住所又不居住,或者无住所而在一个纳税年度内在中国境内居住累计不满183天的个人,为非居民个人。非居民个人负有有限纳税义务,应就其来源于中国境内取得的所得缴纳个人所得税。

在中国境内无住所的个人,在中国境内居住累计满183天的年度连续不满6年的,经向主管税务机关备案,其来源于中国境外且由境外单位或个人支付的所得,免予缴纳个人所得税;在中国境内居住累计满183天的任一年度中有一次离境超过30天的,其在中国境内居住累计满183天的年度的连续年限重新起算。

在中国境内无住所的个人,在一个纳税年度内在中国境内居住累计不超过90天的,其来源于中国境内的所得,由境外雇主支付且不由该雇主在中国境内的机构、场所负担的部分,免予缴纳个人所得税。

无住所个人一个纳税年度内在中国境内累计居住天数,按照个人在中国境内累计停留的天数计算。在中国境内停留的当天满24小时的,计入中国境内居住天数;在中国境内停留的当天不足24小时的,不计入中国境内居住天数。

我国个人所得税实行代扣代缴和个人申报纳税相结合的征收管理制度。凡支付应纳税所得的单位和个人,都是个人所得税的扣缴义务人。扣缴义务人在向纳税人支付各项应纳税所得(经营所得除外)时,必须履行代扣代缴税款的义务。

拓中学:
中国境内无住所个人所得的征税问题

二、个人所得税的征税对象

个人所得税的征税对象是个人取得的应税所得。个人所得的形式,包括现金、实物、有价证券和其他形式的经济利益。所得为实物的,应当按照取得的凭证上所注明的价格计算应纳税所得额,无凭证的实物或凭证上所注明的价格明显偏低的,参照市场价格核定应纳税所得额;所得为有价证券的,根据票面价格和市场价格核定应纳税所得额;所得为其他形式的经济利益的,参照市场价格核定应纳税所得额。《中华人民共和国个人所得税法》(以下简称《个人所得税法》)列举征税的个人所得共有以下9项。

(一)工资薪金所得

工资薪金所得是指个人因任职或受雇取得的工资、薪金、奖金、年终加薪、劳动分红、津贴、补贴及与任职或受雇有关的其他所得。

年终加薪、劳动分红不分种类和取得情况,一律按工资薪金所得课税,津贴、补贴等则有例外。对于一些不属于工资薪金性质的补贴、津贴,不征收个人所得税。其具体包括:独生子女补贴;执行公务员工资制度未纳入基本工资总额的补贴、津贴差额和家属成员的副食补贴;托儿补助费;差旅费津贴、误餐补助。

退休人员再任职取得的收入,按"工资薪金所得"项目计征个人所得税。

在商品营销活动中,企业和单位对营销业绩突出的雇员以培训班、研讨会、工作考察

项目六 个人所得税纳税实务

等名义组织旅游活动,通过免收差旅费、旅游费对个人实行的营销业绩奖励(包括实物、有价证券等),应根据所发生费用的全额并入营销人员当期的工资薪金所得,按照"工资薪金所得"项目计征个人所得税。如果是非雇员,则按照"劳务报酬所得"计征个人所得税。

(二)劳务报酬所得

劳务报酬所得是指个人从事劳务取得的所得,包括从事设计、装潢、安装、制图、化验、测试、医疗、法律、会计、咨询、讲学、翻译、审稿、书画、雕刻、影视、录音、录像、演出、表演、广告、展览、技术服务、介绍服务、经纪服务、代办服务及其他劳务取得的所得。

> **思中学**
>
> 保险营销员(或保险代理人)在同一个公司获得两笔收入:一笔是保险费佣金收入;一笔是做文秘岗位获得的工资。这两笔收入应如何计税?

(三)稿酬所得

稿酬所得是指个人因其作品以图书、报刊等形式出版、发表而取得的所得。作品包括文学作品、书画作品、摄影作品,以及其他作品。作者去世后,财产继承人取得的遗作稿酬,应征收个人所得税。

> **思中学**
>
> 网络主播取得的收入是否要缴纳个人所得税?

(四)特许权使用费所得

特许权使用费所得是指个人提供专利权、商标权、著作权、非专利技术及其他特许权的使用权取得的所得。提供著作权的使用权取得的所得,不包括稿酬所得。

作者将自己的文字作品手稿原件或复印件公开拍卖(竞价)取得的所得,属于提供著作权的使用权取得的所得,应按"特许权使用费所得"项目计征个人所得税。

个人取得的特许权的经济赔偿收入,应按"特许权使用费所得"项目计征个人所得税,税款由支付赔偿的单位或个人代扣代缴。

编剧从电视剧的制作单位取得的剧本使用费,不区分剧本的使用方是否为其任职单位,统一按"特许权使用费所得"项目计征个人所得税。

(五)经营所得

经营所得是指:

① 个体工商户从事生产、经营活动取得的所得,个人独资企业投资人、合伙企业的个人合伙人来源于境内注册的个人独资企业、合伙企业生产、经营的所得。

② 个人依法从事办学、医疗、咨询及其他有偿服务活动取得的所得。

③ 个人对企业、事业单位承包经营、承租经营及转包、转租取得的所得。

④ 个人从事其他生产、经营活动取得的所得。

个人独资企业、合伙企业的个人投资者以企业资金为本人、家庭成员及其相关人员支付与企业生产经营无关的消费性支出及购买汽车、住房等财产性支出,视为企业对个人投资者的利润分配,并入投资者个人的生产经营所得,依照"经营所得"项目计征个人所得税。

个体工商户或个人专营种植业、养殖业、饲养业、捕捞业，不征收个人所得税。

疑中学　　　　　　　　出租车司机应当如何缴纳个人所得税？

① 出租汽车经营单位对出租车司机采取单车承包或承租方式运营，出租车司机从事客货营运取得的收入按"工资薪金所得"项目计征个人所得税。

② 出租车属司机个人所有，但挂靠出租汽车经营单位或企事业单位，司机向挂靠单位缴纳管理费的，或者出租汽车经营单位将出租车所有权转移给司机的，按"经营所得"项目计征个人所得税。

（六）利息、股息、红利所得

利息、股息、红利所得是指个人拥有债权、股权等而取得的利息、股息、红利所得。其中，利息是指存款、贷款和债券的利息；股息指个人拥有股权取得的公司、企业分红，按照一定的比率派发的每股息金；红利是指公司、企业分红，超过股息部分的利润，按股派发的红股。

除个人独资企业、合伙企业以外的其他企业的个人投资者，以企业资金为本人、家庭成员及其相关人员支付与企业生产经营无关的消费性支出和购买汽车、住房等财产性支出，视为企业对个人投资者的红利分配，按"利息、股息、红利所得"项目计征个人所得税。

（七）财产租赁所得

财产租赁所得是指个人出租不动产、机器设备、车船及其他财产取得的所得。个人取得的房屋转租收入属于"财产租赁所得"项目的征税范围。

（八）财产转让所得

财产转让所得是指个人转让有价证券、股权、合伙企业中的财产份额、不动产、机器设备、车船及其他财产取得的所得。境内股票转让所得暂不征收个人所得税。

个人以非货币性资产投资，属于个人转让非货币性资产和投资同时发生。对个人转让非货币性资产的所得，应按"财产转让所得"项目计征个人所得税。

个人通过网络收购玩家的虚拟货币，加价后向他人出售取得的收入，应按"财产转让所得"项目计征个人所得税。

（九）偶然所得

偶然所得是指个人得奖、中奖、中彩及其他偶然性质的所得。

思中学

对网络红包是否要计征个人所得税？

讨论提示：
对网络红包是否要计征个人所得税？

三、个人所得税的税率

根据不同所得，个人所得税所适用的税率有超额累进税率和比例税率。居民个人综合所得存在预扣预缴和汇算清缴的情形，分别适用预扣率表和税率表。

（一）预扣预缴个人所得税的预扣率

1. 居民个人工资薪金所得预扣预缴个人所得税的预扣率

居民个人工资薪金所得预扣预缴个人所得税的预扣率如表 6-3 所示。

表 6–3　个人所得税预扣率表（居民个人工资薪金所得预扣预缴适用）

级数	累计预扣预缴应纳税所得额	预扣率 /%	速算扣除数 / 元
1	不超过 36 000 元	3	0
2	超过 36 000 元至 144 000 元的部分	10	2 520
3	超过 144 000 元至 300 000 元的部分	20	16 920
4	超过 300 000 元至 420 000 元的部分	25	31 920
5	超过 420 000 元至 660 000 元的部分	30	52 920
6	超过 660 000 元至 960 000 元的部分	35	85 920
7	超过 960 000 元的部分	45	181 920

2. 居民个人劳务报酬所得预扣预缴个人所得税的预扣率

居民个人劳务报酬所得预扣预缴个人所得税的预扣率如表 6-4 所示。

表 6–4　个人所得税预扣率表（居民个人劳务报酬所得预扣预缴适用）

级数	预扣预缴应纳税所得额	预扣率 /%	速算扣除数 / 元
1	不超过 20 000 元	20	0
2	超过 20 000 元至 50 000 元的部分	30	2 000
3	超过 50 000 元的部分	40	7 000

3. 居民个人稿酬所得、特许权使用费所得预扣预缴个人所得税的预扣率

居民个人稿酬所得、特许权使用费所得预扣预缴个人所得税的预扣率为 20%。

（二）个人所得税的适用税率（非预扣预缴）

1. 居民个人综合所得个人所得税的适用税率（按年汇算清缴）

工资薪金所得、劳务报酬所得、稿酬所得、特许权使用费所得 4 项称为综合所得。居民个人综合所得（按年汇算清缴）适用 3% 至 45% 的七级超额累进税率。居民个人综合所得个人所得税的税率如表 6-5 所示。

表 6–5　个人所得税税率表（居民个人综合所得适用）

级数	全年应纳税所得额	税率 /%	速算扣除数 / 元
1	不超过 36 000 元	3	0
2	超过 36 000 元至 144 000 元的部分	10	2 520

(续表)

级数	全年应纳税所得额	税率 /%	速算扣除数 / 元
3	超过 144 000 元至 300 000 元的部分	20	16 920
4	超过 300 000 元至 420 000 元的部分	25	31 920
5	超过 420 000 元至 660 000 元的部分	30	52 920
6	超过 660 000 元至 960 000 元的部分	35	85 920
7	超过 960 000 元的部分	45	181 920

2. 非居民个人工资薪金所得、劳务报酬所得、稿酬所得、特许权使用费所得个人所得税的适用税率

非居民个人工资薪金所得、劳务报酬所得、稿酬所得、特许权使用费所得个人所得税的适用税率如表 6-6 所示（依照表 6-5 按月换算后）。

表 6-6　个人所得税税率表（非居民个人工资薪金所得、劳务报酬所得、稿酬所得、特许权使用费所得适用）

级数	应纳税所得额	税率 /%	速算扣除数 / 元
1	不超过 3 000 元	3	0
2	超过 3 000 元至 12 000 元的部分	10	210
3	超过 12 000 元至 25 000 元的部分	20	1 410
4	超过 25 000 元至 35 000 元的部分	25	2 660
5	超过 35 000 元至 55 000 元的部分	30	4 410
6	超过 55 000 元至 80 000 元的部分	35	7 160
7	超过 80 000 元的部分	45	15 160

3. 经营所得个人所得税的适用税率

经营所得适用 5% 至 35% 的五级超额累进税率。经营所得个人所得税的税率如表 6-7 所示。

表 6-7　个人所得税税率表（经营所得适用）

级数	全年应纳税所得额	税率 /%	速算扣除数 / 元
1	不超过 30 000 元的	5	0
2	超过 30 000 元至 90 000 元的部分	10	1 500
3	超过 90 000 元至 300 000 元的部分	20	10 500
4	超过 300 000 元至 500 000 元的部分	30	40 500
5	超过 500 000 的部分	35	65 500

4. 财产租赁所得，财产转让所得，利息、股息、红利所得和偶然所得个人所得税的适用税率

财产租赁所得，财产转让所得，利息、股息、红利所得和偶然所得，适用比例税率，税率为20%。从2008年3月1日起,对个人出租住房取得的所得暂减按10%的税率征收个人所得税。

任务分析(一)

① 公司向何天仁等8名雇员发放当月工资,应按照居民个人取得的综合所得(工资薪金)预扣预缴个人所得税,适用的税率见表6-3。

② 公司向Jill France发放当月工资,Jill France无住所且一个纳税年度内在中国境内居住累计不满183天,因此应按照非居民个人取得的工资薪金代扣代缴个人所得税,适用的税率见表6-6。

③ 公司向张海琼等3名专家发放劳务报酬,应按照居民个人取得的综合所得(劳务报酬)预扣预缴个人所得税,适用的税率见表6-4。

四、个人所得税的税收优惠

(一)免税项目

① 省级人民政府、国务院部委和中国人民解放军军以上单位,以及外国组织、国际组织颁发的科学、教育、技术、文化、卫生、体育、环境保护等方面的奖金。

要注意级别和用途,如县级人民政府颁发的教育方面的奖金须缴纳个人所得税。

② 国债和国家发行的金融债券利息。

③ 按照国家统一规定发给的补贴、津贴(政府特殊津贴、院士津贴等)。

④ 福利费、抚恤金、救济金。福利费是指根据国家有关规定,从企事业单位、国家机关、社会团体提留的福利费或工会经费中支付给个人的生活补助费;抚恤金是指国家或组织发给因公受伤或残疾的人员、因公牺牲及病故人员的家属的费用;救济金是指各级人民政府民政部门支付给个人的生活困难补助费。

⑤ 保险赔款。

⑥ 军人的转业费、复员费、退役金。

⑦ 按照国家统一规定发给干部、职工的安家费、退职费、基本养老金或退休费、离休费、离休生活补助费。

⑧ 依照有关法律规定应予免税的各国驻华使馆、领事馆的外交代表、领事官员和其他人员的所得。

⑨ 中国政府参加的国际公约、签订的协议中规定免税的所得。

⑩ 国务院规定的其他免税所得。该项免税规定,由国务院报全国人民代表大会常务委员会备案。

(二)减税项目

有下列情形之一的,可以减征个人所得税,具体幅度和期限由省、自治区、直辖市人民政府规定,并报同级人民代表大会常务委员会备案。

① 残疾、孤老人员和烈属的所得。对残疾人个人取得的"劳动所得"才能适用减税规定。具体所得项目为:工资薪金所得、劳务报酬所得、稿酬所得、特许权使用费所得和经营所得。

② 因严重自然灾害造成重大损失的。
③ 国务院可以规定其他减税情形，报全国人民代表大会常务委员会备案。

（三）暂免征税项目

① 外籍个人以非现金形式或实报实销形式取得的住房补贴、伙食补贴、搬迁费、洗衣费。

② 外籍个人按合理标准取得的境内、境外出差补贴。

③ 外籍个人取得的探亲费、语言训练费、子女教育费等，经当地税务机关审核批准为合理的部分。

④ 外籍个人从外商投资企业取得的股息、红利所得。

⑤ 凡符合下列条件之一的外籍专家取得的工资薪金所得，可免征个人所得税。
- 根据世界银行专项贷款协议由世界银行直接派往我国工作的外国专家。
- 联合国组织直接派往我国工作的专家。
- 为联合国援助项目来华工作的专家。
- 援助国派往我国专为该国无偿援助项目工作的专家，除工资薪金外，其取得的生活津贴也免税。
- 根据两国政府签订文化交流项目来华工作2年以内的文教专家，其工资薪金所得由该国负担的。
- 根据我国大专院校国际交流项目来华工作2年以内的文教专家，其工资薪金所得由该国负担的。
- 通过民间科研协定来华工作的专家，其工资薪金所得由该国政府机构负担的。

⑥ 个人举报、协查各种违法、犯罪行为而获得的奖金。

⑦ 个人办理代扣代缴手续，按规定取得的扣缴手续费。

⑧ 个人转让自用达5年以上，并且是唯一的家庭生活用房取得的所得。

⑨ 对个人购买福利彩票、赈灾彩票、体育彩票，一次中奖收入在1万元以下（含1万元）的暂免征收个人所得税；超过1万元的，全额征收个人所得税。

⑩ 达到离休、退休年龄，但确因工作需要，适当延长离休、退休年龄的高级专家，其在延长离休、退休期间的工资薪金所得，视同离休、退休工资免征个人所得税。

⑪ 自2008年10月9日（含）起，对储蓄存款利息所得暂免征收个人所得税。

⑫ 对被拆迁人按照国家有关城镇房屋拆迁管理办法规定的标准取得的拆迁补偿款免征个人所得税。

⑬ 城镇企业事业单位及其职工个人按照《失业保险条例》规定的比例，实际缴付的失业保险费，均不计入职工个人当期的工资薪金所得，免予征收个人所得税。

企业和个人按照国家或地方政府规定的比例，提取并向指定金融机构实际缴付的住房公积金、医疗保险金、基本养老保险金，免予征收个人所得税。

⑭ 个人领取原提存的住房公积金、医疗保险金、基本养老保险金，以及具备《失业保险条例》规定条件的失业人员领取的失业保险金，免予征收个人所得税。

⑮ 对工伤职工及其近亲属按照《工伤保险条例》规定取得的工伤保险待遇，免征个人所得税。

⑯ 生育妇女按照县级以上人民政府根据国家有关规定制定的生育保险办法，取得的生

育津贴、生育医疗费或其他属于生育保险性质的津贴、补贴,免征个人所得税。

⑰ 个人从公开发行和转让市场取得的上市公司股票,持股期限在 1 个月以内(含 1 个月)的,其股息红利所得全额计入应纳税所得额;持股期限在 1 个月以上至 1 年(含 1 年)的,暂减按 50% 计入应纳税所得额;个人从公开发行和转让市场取得的上市公司股票,持股期限超过 1 年的,股息红利所得暂免征收个人所得税。

任务二 个人所得税应纳税额计算

我国的个人所得税从 2019 年 1 月 1 日起,采用综合与分类结合的所得税制,居民个人取得的工资薪金、劳务报酬、稿酬和特许权使用费 4 项所得作为综合所得按纳税年度合并计算个人所得税,有扣缴义务人的,由扣缴义务人按月或按次预扣预缴税款;需要办理汇算清缴的,应当在取得所得的次年 3 月 1 日至 6 月 30 日内办理汇算清缴。非居民个人取得的工资薪金、劳务报酬、稿酬和特许权使用费 4 项所得按月或按次分项计算个人所得税。

一、居民个人综合所得应纳税额的计算

(一)居民个人综合所得预扣预缴个人所得税的计算

扣缴义务人向居民个人支付工资薪金、劳务报酬、稿酬、特许权使用费 4 项所得时,按以下方法预扣预缴个人所得税,并向主管税务机关报送个人所得税扣缴申报表。

1. 工资薪金所得预扣预缴个人所得税的计算

(1)工资薪金所得预扣预缴个人所得税的基本规定

扣缴义务人向居民个人支付工资薪金所得时,需要按照累计预扣法计算预扣预缴个人所得税,并按月办理全员全额扣缴申报。采取累积预扣的方式是使预扣的税款最大趋同于年终的汇算清缴税款,最大限度地减少退补税的情况发生,从而减轻征纳双方的纳税成本。

其具体计算公式为:

本期应预扣预缴税额 =(累计预扣预缴应纳税所得额 × 预扣率 - 速算扣除数)- 累计减免税额 - 累计已预扣预缴税额

累计预扣预缴应纳税所得额 = 累计收入 - 累计免税收入 - 累计减除费用 - 累计专项扣除 - 累计专项附加扣除 - 累计依法确定的其他扣除

式中,累计减除费用按照 5 000 元/月乘以纳税人当年截至本月在本单位的任职受雇月份数计算;累计专项扣除包括居民个人按照国家规定的范围和标准缴纳的基本养老保险、基本医疗保险、失业保险等社会保险费与住房公积金(三险一金)等;累计专项附加扣除包括子女教育、继续教育、大病医疗、住房贷款利息或住房租金、赡养老人等支出,按照具体规定和标准执行;累计依法确定的其他扣除包括个人缴付符合国家规定的企业年金、职业年金,个人购买符合国家规定的商业健康保险、税收递延型商业养老保险的支出,以及国

务院规定可以扣除的其他项目。

对个人购买符合规定的商业健康保险产品的支出，在不超过200元/月的标准内按月扣除。一年内保费金额超过2 400元的部分，不得税前扣除。单位统一为员工购买符合规定的商业健康保险产品的支出，应分别计入员工个人工资薪金，视同个人购买，并自购买产品次月起，在不超过200元/月的标准内按月扣除。一年内保费金额超过2 400元的部分，不得税前扣除。

上述公式中，计算居民个人工资薪金所得预扣预缴税额的预扣率、速算扣除数，按表6-3执行。

专项扣除、专项附加扣除和依法确定的其他扣除，以居民个人一个纳税年度的应纳税所得额为限额；一个纳税年度扣除不完的，不得结转以后年度扣除。

居民个人取得工资薪金所得时，可以向扣缴义务人提供专项附加扣除有关信息，由扣缴义务人扣缴税款时减除专项附加扣除。纳税人同时从两处以上取得工资薪金所得，并由扣缴义务人减除专项附加扣除的，对同一专项附加扣除项目，在一个纳税年度内只能选择从一处取得的所得中减除。

（2）个人所得税专项附加扣除的基本规定

<1> 子女教育

扣除范围及标准：纳税人的子女接受学前教育和全日制学历教育的相关支出，按照每个子女每月1 000元的标准定额扣除。学前教育包括年满3岁至小学入学前教育。学历教育包括义务教育（小学、初中教育）、高中阶段教育（普通高中、中等职业、技工教育）、高等教育（大学专科、大学本科、硕士研究生、博士研究生教育）。

扣除方式：父母既可以选择由其中一方按扣除标准的100%扣除，也可以选择由双方分别按扣除标准的50%扣除。具体扣除方式在一个纳税年度内不能变更。

注意事项：纳税人子女在中国境外接受教育的，纳税人应当留存境外学校录取通知书、留学签证等相关教育的证明资料备查。

起止时间：学前教育阶段，为子女年满3周岁当月至小学入学前一月；学历教育阶段，为子女接受全日制学历教育入学的当月至全日制学历教育结束的当月。学历教育的期间，包含因病或其他非主观原因休学但学籍继续保留的休学期间，以及施教机构按规定组织实施的寒暑假等假期。

<2> 继续教育

扣除范围及标准：纳税人在中国境内接受学历（学位）继续教育的支出，在学历（学位）教育期间按照每月400元定额扣除；纳税人接受技能人员职业资格继续教育、专业技术人员职业资格继续教育的支出，在取得相关证书的当年，按照3 600元定额扣除。职业资格的具体范围以人力资源社会保障部公布的国家职业资格目录为准。

扣除方式：个人已就业且正在接受本科及以下学历（学位）继续教育，既可以选择由其父母按照子女教育支出扣除，也可以选择由本人按照继续教育扣除。

注意事项：纳税人接受技能人员职业资格继续教育、专业技术人员职业资格继续教育的，应当留存相关证书等资料备查。

起止时间：学历（学位）继续教育，为在中国境内接受学历（学位）继续教育入学的当月至学历（学位）继续教育结束的当月，同一学历（学位）继续教育的扣除期限最长不得超过 48 个月。学历（学位）继续教育的期间，包含因病或其他非主观原因休学但学籍继续保留的休学期间，以及施教机构按规定组织实施的寒暑假等假期。技能人员职业资格继续教育、专业技术人员职业资格继续教育，为取得相关证书的当年。

> **疑中学**
>
> 纳税人参加夜大、函授、现代远程教育、广播电视大学等学习，是否可以享受继续教育扣除？
>
> 答：纳税人参加夜大、函授、现代远程教育、广播电视大学等学习，所读学校为其建立学籍档案的，可以享受学历（学位）继续教育扣除。

<3> 大病医疗

扣除范围及标准：在一个纳税年度内，纳税人发生的与基本医保相关的医药费用支出，扣除医保报销后个人负担（指医保目录范围内的自付部分）累计超过 15 000 元的部分，由纳税人在办理年度汇算清缴时，在 80 000 元限额内据实扣除。

扣除方式：纳税人发生的医药费用支出可以选择由本人或其配偶扣除；未成年子女发生的医药费用支出可以选择由其父母一方扣除。

注意事项：纳税人应当留存医药服务收费及医保报销相关票据原件（或复印件）等资料备查；医疗保障部门应当向患者提供在医疗保障信息系统记录的本人年度医药费用信息查询服务。

起止时间：为医疗保障信息系统记录的医药费用实际支出的当年。

> **疑中学**
>
> 大病医疗支出中，纳税人年末住院，第二年年初出院，这种跨年度的医疗费用，如何计算扣除额？是分两个年度分别扣除吗？
>
> 答：纳税人年末住院，第二年年初出院，一般是在出院时才进行医疗费用的结算。纳税人申报享受大病医疗扣除，以医疗费用结算单上的结算时间为准，因此该医疗费用支出属于第二年的支出。到 2021 年结束时，如果达到大病医疗扣除的条件，则可以在 2022 年汇算时享受扣除。

<4> 住房贷款利息

扣除范围及标准：纳税人本人或配偶单独或共同使用商业银行或住房公积金个人住房贷款为本人或其配偶购买中国境内住房，发生的首套住房贷款利息支出，在实际发生贷款利息的年度，按照每月 1 000 元的标准定额扣除。

纳税人只能享受一次首套住房贷款的利息扣除。这里的首套住房贷款是指购买住房享受首套住房贷款利率的住房贷款。

扣除方式：经夫妻双方约定，可以选择由其中一方扣除，具体扣除方式在一个纳税年度内不能变更。

夫妻双方婚前分别购买住房发生的首套住房贷款，其贷款利息支出婚后既可以选择其中一套购买的住房，由购买方按扣除标准的 100% 扣除，也可以由夫妻双方对各自购买的住房分别按扣除标准的 50% 扣除。具体扣除方式在一个纳税年度内不能变更。

智能纳税管理

注意事项：纳税人应当留存住房贷款合同、贷款还款支出凭证备查。

起止时间：为贷款合同约定开始还款的当月至贷款全部归还或贷款合同终止的当月。扣除期限最长不得超过240个月。

> **疑中学**
>
> 父母和子女共同购房，房屋产权证明、贷款合同均登记为父母和子女，住房贷款利息专项附加扣除如何享受？
>
> 答：父母和子女共同购买一套房子，不能既由父母扣除，又由子女扣除，应该由主贷款人扣除。主贷款人为子女的，由子女享受扣除；主贷款人为父母中一方的，由父母任一方享受扣除。

<5> 住房租金

扣除范围及标准：纳税人在主要工作城市没有自有住房而发生的住房租金支出，可以按照以下标准定额扣除。

- 直辖市、省会（首府）城市、计划单列市及国务院确定的其他城市，扣除标准为每月1 500元。
- 除第一项所列城市以外，市辖区户籍人口超过100万人的城市，扣除标准为每月1 100元；市辖区户籍人口不超过100万人的城市，扣除标准为每月800元。

纳税人的配偶在纳税人的主要工作城市有自有住房的，视同纳税人在主要工作城市有自有住房。

市辖区户籍人口以国家统计局公布的数据为准。

主要工作城市是指纳税人任职受雇的直辖市、计划单列市、副省级城市、地级市（地区、州、盟）全部行政区域范围；纳税人无任职受雇单位的，为受理其综合所得汇算清缴的税务机关所在城市。

扣除方式：夫妻双方主要工作城市相同的，只能由一方扣除，且由签订租赁住房合同的承租人扣除。夫妻双方主要工作城市不相同的，且各自在主要工作城市都没有住房的，可以按规定标准分别进行扣除。

注意事项：纳税人及其配偶在一个纳税年度内不能同时分别享受住房贷款利息和住房租金专项附加扣除。纳税人应当留存住房租赁合同、协议等有关资料备查。

起止时间：为租赁合同（协议）约定的房屋租赁期开始的当月至租赁期结束的当月，提前终止合同（协议）的以实际租赁期限为准。

> **疑中学** 合租住房可以分别享受扣除政策吗？
>
> 答：住房租金支出由签订租赁合同的承租人扣除。因此，合租租房的个人（非夫妻关系），如果都与出租方签署了规范租房合同，则可根据租金定额标准各自扣除。

<6> 赡养老人

扣除范围及标准：纳税人赡养一位及以上被赡养人的赡养支出，统一按照以下标准定额扣除。

- 纳税人为独生子女的，按照每月2 000元的标准定额扣除。
- 纳税人为非独生子女的，由其与兄弟姐妹分摊每月2 000元的扣除额度，每人分摊的额度不能超过每月1 000元。

赡养人是指年满60岁的父母，以及子女均已去世的年满60岁的祖父母、外祖父母。

扣除方式：纳税人为独生子女的，由纳税人扣除。纳税人为非独生子女的，既可以由赡养人均摊或约定分摊扣除，也可以由被赡养人指定分摊扣除。约定或指定分摊的需要签订书面分摊协议，指定分摊优先于约定分摊。具体分摊方式和额度在一个纳税年度内不能变更。

起止时间：为被赡养人年满60周岁的当月至赡养义务终止的年末。

思中学

非独生子女，父母指定或兄弟协商，能否以某位子女按每月2 000元扣除？父母均要年满60岁还是只要一位年满60岁即可享受扣除？

做中学

吴凡凡为某高校教师，2021年每个月应发工资均为16 000元，当地规定的社会保险和住房公积金个人缴存比例为：基本养老保险8%；基本医疗保险2%；失业保险0.5%；住房公积金12%。社保部门核定的吴凡凡2021年社会保险费的缴费工资基数为10 000元。

吴凡凡正在偿还首套住房贷款及利息，吴凡凡的独生子正就读大学一年级；吴凡凡的父母均已年过60岁（吴凡凡为独生女）。夫妻约定由吴凡凡扣除住房贷款利息和子女教育支出。

根据以上信息，吴凡凡每个月应预缴的个人所得税税额是多少？

解析：① 专项扣除为每月"三险一金"= 10 000×(8%+2%+0.5%+12%) = 2 250（元）

② 专项附加扣除：
- 子女教育支出每月扣除1 000元。
- 首套住房贷款利息支出每月扣除1 000元。
- 赡养老人支出每月扣除2 000元。

专项附加扣除合计 = 1 000+1 000+2 000 = 4 000（元）

③ 1月工资薪金预扣预缴个人所得税税额 = (16 000−5 000−2 250−4 000)×3% = 4 750×3% = 142.5（元）

2月工资薪金预扣预缴个人所得税 = (16 000×2−5 000×2−2 250×2−4 000×2)×3%−142.5 = 9 500×3%−142.5 = 142.5（元）

同理，可算出3月至7月工资薪金预扣预缴个人所得税税额均为142.5元。

8月工资薪金预扣预缴个人所得税税额 = (16 000×8−5 000×8−2 250×8−4 000×8)×10%−2 520−142.5×7 = 38 000×10%−2 520−142.5×7 = 282.5（元）

同理，可算出9月至12月工资薪金预扣预缴个人所得税税额均为475元。

工资薪金全年预扣预缴个人所得税税额 = 142.5×7+282.5+475×4 = 3 180（元）

<7> 婴幼儿照护

扣除范围及标准：自2022年1月1日起，纳税人照护3岁以下婴幼儿子女的相关支出，在计算缴纳个人所得税前按照每名婴幼儿每月1 000元的标准定额扣除。

扣除方式：父母既可以选择由其中一方按扣除标准的100%扣除，也可选择由双方分别按扣除标准的 50% 扣除，具体扣除方式在一个纳税年度内不能变更。

起止时间：从婴幼儿出生的当月至满 3 周岁的前一个月，纳税人可以享受这项专项附加扣除。

任务分析（二）

浙江恒远教育科技有限公司2021年3月份工资预扣预缴个人所得税税额的计算如表6-8所示。

表 6-8 2021 年 3 月份工资预扣预缴个人所得税税额计算

元

姓　名	累计（本月）应发工资	累计（本月）扣除金额	累计（本月）应税金额	税　率	扣除数	累计已扣税额	本月应预扣预缴税额
何天仁	78 000	40 290	37 710	10%	2 520	754.2	496.8
陈体国	24 000	25 950	—	—	0	0	0
伊晟	4 5000	30 780	14 220	3%	0	284.4	142.2
赵瑞伟	36 000	28 080	7 920	3%	0	158.4	79.2
肖智	18 000	17 940	60	3%	0	1.2	0.6
杨李	36 000	31 080	4 920	3%	0	98.4	49.2
叶美珍	18 000	19 140	—	3%	0	0	0
林如海	45 000	26 280	18 720	3%	0	374.4	187.2
Jill France	11 000	5 000	6 000	10%	210	—	390

以何天仁为例，其 3 月份应预扣预缴税额计算如下。

1 月份预扣预缴税额 = (26 000−5 000−8 430)×3% = 377.1（元）

2 月份预扣预缴税额 = (26 000×2−5 000×2−8 430×2)×3%−377.1 = 377.1（元）

3 月份预扣预缴税额 = (26 000×3−5 000×3−8 430×3)×10%−2 520−377.1−377.1 = 496.8（元）

其他居民纳税人 3 月份预扣预缴税额的计算方法相同，累计预扣预缴应纳税所得额均低于 36 000 元，一直适用 3% 的税率，因此每月应预扣预缴税额相同。

2. 劳务报酬所得、稿酬所得、特许权使用费所得预扣预缴个人所得税的计算

扣缴义务人向居民个人支付劳务报酬所得、稿酬所得、特许权使用费所得，按次或按月预扣预缴个人所得税。

劳务报酬所得、稿酬所得、特许权使用费所得以收入减除费用后的余额为收入额。其中，稿酬所得的收入额减按 70% 计算。劳务报酬所得、稿酬所得、特许权使用费所得，以每次收入额为预扣预缴应纳税所得额。

（1）劳务报酬所得预扣预缴个人所得税的计算

劳务报酬所得以收入减除费用后的余额为预扣预缴应纳税所得额。劳务报酬所得每次收入不超过 4 000 元的，减除费用按 800 元计算；每次收入 4 000 元以上的，减除费用按 20% 计算。其计算公式如下。

● 每次收入不超过 4 000 元的：

劳务报酬所得应预扣预缴税额 =（收入 − 800）× 预扣率 − 速算扣除数

● 每次收入超过 4 000 元的：

　　劳务报酬所得应预扣预缴税额＝收入×（1-20%）×预扣率－速算扣除数

劳务报酬所得适用的预扣率、速算扣除数，按表 6-4 执行。

> **做中学**
>
> 　　假设高校教师吴凡凡 2021 年 6 月为某公司提供了税务咨询服务，获得收入 5 000 元，则该项所得应预扣预缴个人所得税税额是多少？
>
> 　　劳务报酬预扣预缴个人所得税税额＝5 000×(1-20%)×20%＝800（元）

任务分析（二）

浙江恒远教育科技有限公司 2021 年 3 月份劳务报酬预扣预缴个人所得税税额的计算如表 6-9 所示。

表 6-9　2021 年 3 月份劳务报酬预扣预缴个人所得税税额计算

元

姓　名	应发劳务报酬	扣除金额	应税金额	税　率	速算扣除数	本月预扣预缴税额
张海琼	4 000	800	3 200	20%	0	640
徐超然	6 000	1 200	4 800	20%	0	960
丁增	26 000	5 200	20 800	30%	2 000	4 240

（2）稿酬所得预扣预缴个人所得税的计算

　　稿酬所得以收入减除费用后的余额，再减按 70%，为预扣预缴应纳税所得额。稿酬所得每次收入不超过 4 000 元的，减除费用按 800 元计算；每次收入 4 000 元以上的，减除费用按 20% 计算。其计算公式如下。

● 每次收入不超过 4 000 元的：

　　稿酬所得应预扣预缴税额＝（收入－800）×70%×预扣率（20%）

● 每次收入超过 4 000 元的：

　　稿酬所得应预扣预缴税额＝收入×（1-20%）×70%×预扣率（20%）

稿酬所得适用 20% 的比例预扣率。

（3）特许权使用费所得预扣预缴个人所得税的计算

　　特许权使用费所得以收入减除费用后的余额为预扣预缴应纳税所得额。特许权使用费所得每次收入不超过 4 000 元的，减除费用按 800 元计算；每次收入 4 000 元以上的，减除费用按 20% 计算。其计算公式如下。

● 每次收入不超过 4 000 元的：

　　特许权使用费所得应预扣预缴税额＝（收入－800）×预扣率（20%）

● 每次收入超过 4 000 元的：

　　特许权使用费所得应预扣预缴税额＝收入×（1-20%）×预扣率（20%）

特许权使用费所得适用 20% 的比例预扣率。

劳务报酬所得、稿酬所得、特许权使用费所得属于一次性收入的，以取得该项收入为一次;属于同一项目连续性收入的,以一个月内取得的收入为一次。

> **做中学**
>
> 假设高校教师吴凡凡2021年11月在某核心期刊上发表了一篇论文,获得收入3 000元,则该项所得应预扣预缴的个人所得税税额是多少?
>
> 稿酬预扣预缴个人所得税税额=(3 000−800)×70%×20%=308(元)

(二)居民个人综合所得汇算清缴个人所得税的计算

居民个人取得综合所得,按年计算个人所得税;有扣缴义务人的,由扣缴义务人按月或按次预扣预缴税款;需要办理汇算清缴的,应当在取得所得的次年3月1日至6月30日内办理汇算清缴。

1. 居民个人综合所得应纳税所得额的确定

居民个人的综合所得以每一纳税年度的收入额减除费用6万元及专项扣除、专项附加扣除和依法确定的其他扣除后的余额,为应纳税所得额。其计算公式为:

$$综合所得应纳税所得额=每年收入-费用6万元-专项扣除-专项附加扣除-其他扣除$$

① 每年收入。工资薪金所得全额按100%计入收入额;劳务报酬所得、特许权使用费所得的收入额为实际取得收入的80%;稿酬所得的收入额在扣除20%费用的基础上,再减按70%计算,即稿酬所得的收入额为实际取得稿酬收入的56%。

② 专项扣除。专项扣除包括居民个人按照国家规定的范围和标准缴纳的基本养老保险、基本医疗保险、失业保险等社会保险费和住房公积金(三险一金)等。

③ 专项附加扣除。专项附加扣除包括子女教育、继续教育、大病医疗、住房贷款利息或住房租金、赡养老人等支出,按照具体规定和标准执行。

④ 其他扣除。其他扣除包括个人缴付符合国家规定的企业年金、职业年金,个人购买符合国家规定的商业健康保险、税收递延型商业养老保险的支出,以及国务院规定可以扣除的其他项目。

对个人购买符合规定的商业健康保险产品的支出,在不超过200元/月的标准内按月扣除;一年内保费金额超过2 400元的部分,不得税前扣除。单位统一为员工购买符合规定的商业健康保险产品的支出,应分别计入员工个人工资薪金,视同个人购买,并自购买产品次月起,在不超过200元/月的标准内按月扣除;一年内保费金额超过2 400元的部分,不得税前扣除。

专项扣除、专项附加扣除和依法确定的其他扣除,以居民个人一个纳税年度的应纳税所得额为限额;一个纳税年度扣除不完的,不得结转以后年度扣除。

2. 居民个人综合所得应纳税额的计算

居民个人综合所得应纳税额的计算公式为:

$$居民个人应纳税额=年应纳税所得额×适用税率-速算扣除数$$
$$=(每年收入-费用6万元-专项扣除-专项附加扣除-依法确定的其他扣除)×适用税率-速算扣除数$$

= [工资、薪金收入额+劳务报酬收入×（1-20%）+稿酬收入×（1-20%）×70%+特许权使用费收入×（1-20%）-费用6万元-专项扣除-专项附加扣除-依法确定的其他扣除]×适用税率-速算扣除数

居民个人的综合所得适用七级超额累进税率，按表6-5执行。

> **做中学**
>
> 接以上3个"做中学"，高校教师吴凡凡2021年收入情况如下：全年工资薪金收入192 000元；"三险一金"等专项扣除为2 250元/月；享受专项附加扣除4 000元/月；全年取得劳务报酬收入5 000元；稿酬收入3 000元。
>
> 不考虑其他因素，计算吴凡凡汇算清缴多退少补的个人所得税税额。
>
> 解析：① 全年收入额 = 192 000+5 000×80%+3 000×80%×70% = 197 680（元）。
>
> ② 全年减除费用 = 60 000（元）。
>
> 专项扣除 = 2 250×12 = 27 000（元）。
>
> 专项附加扣除 = 4 000×12 = 48 000（元）。
>
> 扣除项合计 = 60 000+27 000+48 000 = 135 000（元）。
>
> ③ 应纳税所得额 = 197 680-135 000 = 62 680（元）。
>
> ④ 全年应纳个人所得税税额 = 62 680×10%-2 520 = 3 748（元）。
>
> ⑤ 汇算清缴应补缴税额 = 3 748-3 180-800-308 = -540（元）。
>
> 因此，吴凡凡2021年综合所得汇算清缴应退税额为540元。

（三）全年一次性奖金所得应纳税额的计算

一次性奖金包括年终加薪、实行年薪制和绩效工资办法的单位根据考核情况兑现的年薪与绩效工资。居民个人取得除全年一次性奖金以外的其他各种名目奖金，如半年奖、季度奖、加班奖、先进奖、考勤奖等，一律与当月工资薪金收入合并，按规定缴纳个人所得税。

居民个人取得全年一次性奖金，在2021年12月31日前，不并入当年综合所得，以全年一次性奖金收入除以12个月得到的数额，按照按月换算后的综合所得税率表（简称月度税率表）（同表6-6），确定适用税率和速算扣除数，单独计算纳税。计算公式为：

$$应纳税额 = 全年一次性奖金收入 \times 适用税率 - 速算扣除数$$

居民个人取得全年一次性奖金，也可以选择并入当年综合所得计算纳税。自2022年1月1日起，居民个人取得全年一次性奖金，应并入当年综合所得计算缴纳个人所得税。

2021年12月29日，李克强主持召开国务院常务会议，将全年一次性奖金不并入当月工资薪金所得、实施按月单独计税的政策延至2023年底。

二、非居民个人工资薪金所得、劳务报酬所得、稿酬所得、特许权使用费所得应纳税额的计算

扣缴义务人向非居民个人支付工资薪金、劳务报酬、稿酬、特许权使用费4项所得时，按以下方法按月或按次代扣代缴个人所得税，不办理汇算清缴。

智能纳税管理

1. 非居民个人工资薪金所得、劳务报酬所得、稿酬所得、特许权使用费所得应纳税所得额的确定

非居民个人的工资薪金所得，以每月收入额减除费用 5 000 元后的余额为应纳税所得额；劳务报酬所得、稿酬所得、特许权使用费所得，以每次收入额为应纳税所得额。其中，劳务报酬所得、稿酬所得、特许权使用费所得以收入减除 20% 的费用后的余额为收入额。稿酬所得的收入额减按 70% 计算。

2. 非居民个人工资薪金所得、劳务报酬所得、稿酬所得、特许权使用费所得应纳税额的计算

非居民个人综合所得应纳税额的计算公式为：

非居民个人工资薪金所得、劳务报酬所得、稿酬所得、特许权使用费所得应纳税额 =
应纳税所得额 × 税率 − 速算扣除数

非居民个人工资薪金所得、劳务报酬所得、稿酬所得、特许权使用费所得适用七级超额累进税率，按表 6-6 执行。

各项所得应纳税额的具体计算方法如下。

（1）非居民个人的工资、薪金所得应纳税额

应纳税额 = 应纳税所得额 × 税率 − 速算扣除数
　　　　 =（每月工资、薪金收入额 − 5 000）× 税率 − 速算扣除数

（2）非居民个人的劳务报酬所得应纳税额

应纳税额 = 应纳税所得额 × 税率 − 速算扣除数
　　　　 = 每次收入额 × 税率 − 速算扣除数
　　　　 = 劳务报酬收入 ×（1-20%）× 税率 − 速算扣除数

（3）非居民个人的稿酬所得应纳税额

应纳税额 = 应纳税所得额 × 税率 − 速算扣除数
　　　　 = 每次收入额 × 税率 − 速算扣除数
　　　　 = 稿酬收入 ×（1-20%）× 70% × 税率 − 速算扣除数

（4）非居民个人的特许权使用费所得应纳税额

应纳税额 = 应纳税所得额 × 税率 − 速算扣除数
　　　　 = 每次收入额 × 税率 − 速算扣除数
　　　　 = 特许权使用费收入 ×（1-20%）× 税率 − 速算扣除数

做中学

某非居民个人 John 本月取得劳务报酬所得 20 000 元，取得稿酬所得 10 000 元，应扣缴的税额是多少？

劳务报酬应扣缴税额 = 20 000×(1-20%)×20%−1 410 = 1 790（元）

稿酬应扣缴税额 = 10 000×(1-20%)×70%×10%−210 = 350（元）

任务分析（二）

非居民纳税人 Jill France 本月扣缴税款 =（11 000−5 000）×10%−210 = 390（元）

三、经营所得应纳税额的计算

（一）经营所得应纳税所得额的计算

经营所得以每一纳税年度的收入总额减除成本、费用及损失后的余额，为应纳税所得额。

收入总额是指个体工商户、个人独资企业、合伙企业及个人从事其他生产、经营活动所取得的各项收入；成本、费用是指生产、经营活动中发生的各项直接支出和分配计入成本的间接费用及销售费用、管理费用、财务费用；损失是指生产、经营活动中发生的固定资产和存货的盘亏、毁损、报废损失，转让财产损失，坏账损失，自然灾害等不可抗力因素造成的损失及其他损失。

① 取得经营所得的个人，没有综合所得的，计算其每一纳税年度的应纳税所得额时，应当减除费用6万元、专项扣除、专项附加扣除及依法确定的其他扣除。专项附加扣除在办理汇算清缴时减除。

② 个人独资企业的投资者以全部生产经营为应纳税所得额。

③ 合伙企业的投资者按合伙企业的全部生产经营所得和合伙协议约定的分配比例确定应纳税所得额；合伙协议没有约定分配比例的，以全部生产经营所得和合伙人数量平均计算每个投资者的应纳税所得额。

④ 从事生产、经营活动，未提供完整、准确的纳税资料，不能正确计算应纳税所得额的，由主管税务机关核定应纳税所得额或应纳税额。

（二）经营所得应纳税额的计算

对个体工商户、个人独资企业和合伙企业的经营所得，其个人所得税应纳税额的计算有以下两种办法。

1. 查账征收

实行查账征收的，其个人所得税的计算公式为：

应纳税所得额 = 应纳税所得额 × 适用税率 − 速算扣除数
　　　　　　= （收入总额 − 成本 − 费用 − 损失 − 税金 − 其他支出 −
　　　　　　　允许弥补的以前年度亏损）× 适用税率 − 速算扣除数

在计算中要注意以下几点。

① 个体工商户业主、个人独资企业和合伙企业投资者本人的工资不得扣除，但是可以扣除一定的费用，扣除标准统一确定为6万元/年。投资者兴办两个或两个以上企业的，根据规定准予扣除的个人费用，由投资者选择在其中一个企业的生产经营所得中扣除。

个体工商户、个人独资企业和合伙企业向其从业人员实际支付的合理的工资薪金支出，允许在税前据实扣除。

② 个体工商户、个人独资企业和合伙企业为其员工和业主本人缴纳的养老保险、医疗保险、工伤保险和失业保险，在规定的范围和标准内缴纳的可以税前扣除。

个体工商户、个人独资企业和合伙企业为其员工和业主本人缴纳的补充养老保险费和补充医疗保险费，不超过工资总额5%标准的部分据实扣除；超过部分不得扣除。同时，为业主本人缴纳补充保险时，缴费基数不能超过上年度社会平均工资3倍的数额。

智能纳税管理

除按规定为特殊工种从业人员支付的人身安全保险费和规定可以扣除的其他商业保险费外,为业主本人或从业人员支付的商业保险费不得扣除。

③ 个体工商户、个人独资企业和合伙企业拨缴的工会经费、发生的职工福利费、职工教育经费支出分别在工资薪金总额2%、14%、2.5%标准内的据实扣除。

④ 个体工商户、个人独资企业和合伙企业每一纳税年度发生的广告费和业务宣传费用不超过当年销售(营业)收入15%的部分,可据实扣除;超过部分,准予在以后纳税年度结转扣除。

⑤ 个体工商户、个人独资企业和合伙企业每一纳税年度发生的与其生产、经营业务直接相关的业务招待费支出,按照发生额的60%扣除,但最高不得超过当年销售(营业)收入的5‰。

⑥ 个体工商户、个人独资企业和合伙企业在生产、经营期间的借款利息支出,凡有合法证明的,不高于金融机构同类、同期贷款利率计算的数额的部分,准予扣除。

⑦ 生产经营活动中,应当分别核算生产经营费用和个人、家庭费用。用于个人和家庭的支出,不得扣除。对于生产经营与个人、家庭生活混用难以分清的费用,其40%视为与生产经营有关费用,准予扣除。

投资者及其家庭发生的生活费用不允许在税前扣除。投资者及其家庭发生的生活费用与企业生产经营费用混合在一起,并且难以划分的,全部视为生活费用,不允许税前扣除。

企业生产经营和投资者及其家庭生活共用的固定资产,难以划分的,由主管税务机关根据企业的生产经营类型、规模等具体情况,核定准予在税前扣除的折旧费用的数额或比例。

⑧ 个体工商户、个人独资企业和合伙企业纳税年度发生的亏损,准予向以后年度结转,用以后年度的生产经营所得弥补,但结转年限最长不得超过5年。投资者兴办两个或两个以上企业的,企业的年度经营亏损不能跨企业弥补。

做中学

李四与合伙人在A市共同兴办了久一服饰合伙企业,出资比例为5∶5。2022年年初,李四向其主管税务机关报送了2021年度的所得税申报表和会计决算报表及预缴个人所得税纳税凭证。该合伙企业年度会计报表反映:合伙企业2021年度的主营业务收入70万元;其他业务收入10万元;营业成本41万元;税金及附加4万元;销售费用15.5万元;管理费用8.5万元,其中包括业务招待费1.35万元;营业外支出5万元;利润总额6万元。经税务部门审核,发现如下问题。

① 合伙企业在2021年度给每位合伙人支付工资9.6万元。已列入成本。

② 合伙企业年季度末向每名合伙人预付股利0.5万元。已列入成本。

③ 销售费用账户列支广告费2.5万元和业务宣传费0.5万元。

④ 其他业务收入是两位合伙人对外投资分回的红利,对外投资的出资比例与合伙企业的出资比例相同。

⑤ 营业外支出账户中包括合伙企业被工商管理部门处以的罚款2万元。

⑥ 李四在B市另有一家兴隆纺织合伙企业,按投资比例分得2021年度应纳税所得6.4万元。经税务机关审核无调整事项。李四选择从久一服饰合伙企业中扣除投资者费用。

根据以上资料计算：
① 久一服饰合伙企业可税前列支的广告费和业务宣传费及业务招待费。
② 久一服饰合伙企业的应纳税所得额。
③ 李四全部生产经营所得应纳个人所得税税额。
解析：① 广告费和业务宣传费扣除限额 = 70×15% = 10.5（万元），实际支出额低于限额，不需要调增应纳税所得额。
业务招待费 = 70×0.5% = 0.35（万元）＜ 0.81（1.35×60%）（万元），扣除限额取其小为 0.35 万元，实际支出额为 1.35 万元，应调增所得额 1 万元。
可税前列支的广告费和业务宣传费为 3 万元、业务招待费 0.35 万元。
② 久一服饰合伙企业应纳税所得额 = 6+9.6×2+0.5×4×2+1+2-10 = 22.2（万元）。
③ 李四在久一服饰合伙企业生产经营所得应纳税所得额 = 22.2×50%-0.5×12 = 5.1（万元）
2021 年度汇总计算的应纳税所得额 = 6.4+5.1 = 11.5（万元）。
全年应纳个人所得税税额 = 11.5×20%-1.05+10×50%×20% = 2.25（万元）。

2. 核定征收

核定征收包括定额征收、定率征收和其他合理方法。
实行核定应税所得率征收方式的，其计算公式为：

应纳所得税额 = 应纳税所得额 × 适用税率
应纳税所得额 = 收入总额 × 应税所得率
　　　　　　 = 成本费用支出额 ÷（1-应税所得率）× 应税所得率

注意，企业经营多业的，无论其经营项目是否单独核算，均应根据其主营项目确定其适用的应税所得率。实行核定征税的投资者不得享受个人所得税的优惠政策。查账征税改为核定征税后，查账征税认定的年度经营亏损未弥补完的部分不得再继续弥补。

四、财产租赁所得应纳税额的计算

（一）应纳税所得额的计算

财产租赁所得以一个月内取得的收入为一次。财产租赁所得每次收入不超过 4 000 元的，减除费用 800 元；4 000 元以上的，减除 20% 的费用，其余额为应纳税所得额。
应纳税所得额的计算公式如下。
① 每次（月）收入不超过 4 000 元的：
应纳税所得额 = 每次（月）收入额 - 准予扣除项目 - 修缮费用（800 元为限）-800
② 每次（月）收入超过 4 000 元的：
应纳税所得额 = [每次（月）收入额 - 准予扣除项目 - 修缮费用（800 元为限）]×（1-20%）
个人出租财产取得的财产租赁收入，在计算缴纳个人所得税时，应依次扣除以下费用。
① 财产租赁过程中缴纳的税金和教育费附加。
② 由纳税人负担的该出租财产实际开支的修缮费用。修缮费的扣除以每次 800 元为限。一次扣除不完的，准予在下一次继续扣除，直到扣完为止。

③ 税法规定的费用扣除标准（定额减除费用 800 元或定率减除 20% 的费用）。

个人出租房屋的个人所得税应税收入不含增值税，计算房屋出租所得可扣除的税费不包括本次出租缴纳的增值税。个人转租房屋的，其向房屋出租方支付的租金及增值税税额，在计算转租所得时予以扣除。免征增值税的，确定计税依据时，租金收入不扣减增值税税额。

（二）应纳税额的计算

财产租赁所得适用 20% 的比例税率，但对个人出租住房暂减按 10% 征收个人所得税。其应纳税额的计算公式为：

$$应纳税额 = 应纳税所得额 \times 适用税率（20\% 或 10\%）$$

做中学

中国公民王梓 1 月 1 日起将其位于市区的一套住房按市价出租，每月收取不含税租金 3 800 元。1 月因卫生间漏水发生修缮费用 1 200 元，已取得合法有效的支出凭证。计算王梓 1 月和 2 月的应纳个人所得税税额。

解析：应纳个人所得税税额 =(3 800−800−800)×10%+(3 800−400−800)×10% = 480（元）

五、财产转让所得应纳税额的计算

（一）应纳税所得额的计算

财产转让所得按照一次转让财产的收入额减除财产原值和合理费用后的余额为应纳税所得额。财产转让所得按次计税，以一件财产的所有权一次转让取得的收入为一次。其计算公式为：

$$应纳税所得额 = 收入总额 - 财产原值 - 合理费用$$

财产原值按照下列方法确定。
① 有价证券：为买入价及买入时按照规定缴纳的有关费用。
② 建筑物：为建造费或购进价格及其他有关费用。
③ 土地使用权：为取得土地使用权所支付的金额、开发土地的费用及其他有关费用。
④ 机器设备、车船：为购进价格、运输费、安装费及其他有关费用。
⑤ 其他财产：参照上述规定的方法确定财产原值。

纳税义务人未提供完整、准确的财产原值凭证，不能正确计算财产原值的，由主管税务机关核定其财产原值。

合理费用是指卖出财产时按照规定支付的有关税费。其中，税金主要是指纳税人在转让住房时实际缴纳的城市维护建设税、教育费附加、土地增值税、印花税等；费用是指纳税人按照规定实际支付的住房装修费用、住房贷款利息、手续费、公证费等。

个人转让房屋的个人所得税应税收入不含增值税，其取得房屋时所支付价款中包含的增值税计入财产原值，计算转让所得时可扣除的税费不包括本次转让缴纳的增值税。免征增值税的，在确定计税依据时，转让房地产取得的收入不扣减增值税税额。

（二）应纳税额的计算

财产转让所得适用 20% 的比例税率。其应纳税额的计算公式为：

$$应纳税额 = 应纳税所得额 \times 适用税率（20\%）$$

六、利息、股息、红利所得和偶然所得应纳税额的计算

利息、股息、红利所得和偶然所得适用 20% 的比例税率，按次征收。利息、股息、红利所得，以支付利息、股息、红利时取得的收入为一次；偶然所得以每次取得该项收入为一次。

利息、股息、红利所得和偶然所得的应纳税所得额即为每次收入额。其计算公式为：

$$应纳税额 = 应纳税所得额 \times 适用税率（20\%）$$

> **做中学**
>
> 2021 年 1 月，中国公民赵路买进某公司债券 20 000 份，每份买价 8 元，共支付手续费 800 元；11 月份卖出 10 000 份，每份卖价 8.3 元，共支付手续费 415 元；12 月底其余债券到期，取得债券利息 2 700 元。赵路 2021 年以上收入应纳个人所得税税额是多少？
>
> 解析：应纳个人所得税税额 = (10 000×8.3−10 000×8−800÷2−415)×20%+2 700×20% = 977（元）

七、捐赠的个人所得税处理

（一）扣除标准

1. 限额扣除

个人通过境内公益性社会组织、县级以上人民政府及其部门等国家机关，向教育、扶贫、济困等公益慈善事业的捐赠（以下简称公益捐赠），捐赠额未超过纳税人申报的应纳税所得额 30% 的部分，可以从其应纳税所得额中扣除。境内公益性社会组织是指依法设立或登记并按规定条件和程序获得公益性捐赠税前扣除资格的慈善组织、其他社会组织和群众团体；应纳税所得额是指计算扣除捐赠额之前的应纳税所得额。其计算公式为：

$$捐赠扣除限额 = 申报的应纳税所得额 \times 30\%$$

实际捐赠额小于捐赠扣除限额时，按实际捐赠额扣除；实际捐赠额大于捐赠扣除限额时，按捐赠扣除限额扣除。

2. 全额扣除

国务院规定对公益慈善事业捐赠实行全额税前扣除的，从其规定。

（二）扣除方式

1. 居民个人公益捐赠支出的扣除

居民个人发生的公益捐赠支出可以在财产租赁所得、财产转让所得、利息股息红利所得、偶然所得（以下统称分类所得）、综合所得或经营所得中扣除；在综合所得、经营所得中扣除的，扣除限额分别为当年综合所得、当年经营所得应纳税所得额的 30%；在分类所得中扣除的，扣除限额为当月分类所得应纳税所得额的 30%。

居民个人根据各项所得的收入、公益捐赠支出、适用税率等情况，自行决定在综合所得、分类所得、经营所得中扣除的公益捐赠支出的顺序。在当期一个所得项目扣除不完的公益

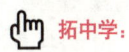

拓中学

个人捐赠可以全额扣除的情形

捐赠支出,可以按规定在其他所得项目中继续扣除。

居民个人取得工资薪金所得的,既可以选择在预扣预缴时扣除,也可以选择在年度汇算清缴时扣除。居民个人取得劳务报酬所得、稿酬所得、特许权使用费所得的,预扣预缴时不扣除公益捐赠支出,统一在汇算清缴时扣除。

在经营所得中扣除公益捐赠支出,应按以下规定处理。

① 个体工商户发生的公益捐赠支出,在其经营所得中扣除。

② 个人独资企业、合伙企业发生的公益捐赠支出,其个人投资者应当按照捐赠年度合伙企业的分配比例(个人独资企业分配比例为100%),计算归属于每一个人投资者的公益捐赠支出,个人投资者应将其归属的个人独资企业、合伙企业公益捐赠支出和本人需要在经营所得扣除的其他公益捐赠支出合并,在其经营所得中扣除。

③ 在经营所得中扣除公益捐赠支出的,既可以选择在预缴税款时扣除,也可以选择在汇算清缴时扣除。

④ 经营所得采取核定征收方式的,不扣除公益捐赠支出。

2. 非居民个人公益捐赠支出的扣除

非居民个人发生的公益捐赠支出,未超过其在公益捐赠支出发生的当月应纳税所得额30%的部分,可以从其应纳税所得额中扣除。扣除不完的公益捐赠支出,可以在经营所得中继续扣除。

> **做中学**
>
> 中国公民李某购买彩票中奖50 000元,将其中18 000元通过民政部门捐赠给贫困山区。李某应纳个人所得税税额是多少?
>
> 解析:捐赠扣除限额=50 000×30%=15 000(元)。实际捐赠额18 000元大于捐赠限额,所以可以税前扣除的金额为15 000元。应纳个人所得税税额=(50 000-15 000)×20%=7 000(元)。

八、境外所得已纳税额扣除的计算

(一)境外所得已纳税额扣除的政策

居民个人从中国境外取得的所得,可以从其应纳税额中抵免已在境外缴纳的个人所得税税额,但抵免额不得超过该纳税人境外所得依照《个人所得税法》规定计算的应纳税额。

已在境外缴纳的个人所得税税额是指居民个人来源于中国境外的所得,依照该所得来源国家(地区)的法律应当缴纳且实际已经缴纳的所得税税额。

居民个人从中国境内和境外取得的综合所得、经营所得,应当分别合并计算应纳税额;从中国境内和境外取得的其他所得,应当分别单独计算应纳税额。

(二)抵免限额的计算

纳税人境外所得依照《个人所得税法》规定计算的应纳税额,是居民个人抵免已在境外缴纳的综合所得、经营所得及其他所得的所得税税额的限额(以下简称抵免限额)。除国务院财政、税务主管部门另有规定外,来源于中国境外一个国家(地区)的综合所得抵免限额、经营所得抵免限额及其他所得抵免限额之和,为来源于该国家(地区)所得的抵免限额。其具体计算公式为：

抵免限额＝综合所得抵免限额＋经营所得抵免限额＋其他所得项目抵免限额

某境外国家（地区）综合所得抵免限额＝境内、境外全部综合所得依照《个人所得税法》计算的应纳税额×某国家（地区）境外综合所得收入额÷（境内综合所得收入额＋全部境外综合所得收入额）

某境外国家（地区）经营所得抵免限额＝境内、境外经营所得依照《个人所得税法》计算的应纳税额×某国家（地区）境外经营所得的应纳税所得额÷（境内经营所得的应纳税所得额＋境外经营所得的应纳税所得额）

某境外国家（地区）的其他所得项目抵免限额为某国家（地区）境外其他所得项目依照《个人所得税法》计算的应纳税额。

（三）税务处理

居民个人在中国境外一个国家（地区）实际已经缴纳的个人所得税税额，低于抵免限额的，应当在中国缴纳差额部分的税款；超过来源于该国家（地区）所得的抵免限额的，其超过部分不得在本纳税年度的应纳税额中抵免，但是可以在以后纳税年度来源于该国家（地区）所得的抵免限额的余额中补扣，补扣期限最长不得超过5年。

居民个人申请抵免已在境外缴纳的个人所得税税额，应当提供境外税务机关出具的税款所属年度的有关纳税凭证。

任务三　个人所得税纳税申报

我国个人所得税采取全员全额扣缴申报纳税和自行申报纳税两种征收方式。

一、个人所得税的全员全额扣缴

个人所得税的全员全额扣缴申报是指扣缴义务人应当在代扣税款的次月15日内，向主管税务机关报送其支付所得的所有个人的有关信息、支付所得数额、扣除事项和数额、扣缴税款的具体数额和总额及其他相关涉税信息资料。

微课
个人所得税征收管理

（一）个人所得税的扣缴义务人

1. 扣缴义务人

个人所得税以取得应税所得的个人为纳税义务人，以支付所得的单位或个人为扣缴义务人。纳税人有中国公民身份证号码的，以中国公民身份证号码为纳税人识别号；纳税人没有中国公民身份证号码的，由税务机关赋予其纳税人识别号。扣缴义务人扣缴税款时，纳税人应当向扣缴义务人提供纳税人识别号。

2. 扣缴义务人的责任

① 支付工资薪金所得的扣缴义务人应当于年度终了后2个月内，向纳税人提供其个人所得和已扣缴税款等信息。纳税人年度中间需要提供上述信息的，扣缴义务人应当提供。

智能纳税管理

纳税人取得除工资薪金所得以外的其他所得，扣缴义务人应当在扣缴税款后，及时向纳税人提供其个人所得和已扣缴税款等信息。

② 扣缴义务人应当按照纳税人提供的信息计算税款、办理扣缴申报，不得擅自更改纳税人提供的信息。

扣缴义务人发现纳税人提供的信息与实际情况不符的，可以要求纳税人修改。纳税人拒绝修改的，扣缴义务人应当报告税务机关，税务机关应当及时处理。

纳税人发现扣缴义务人提供或扣缴申报的个人信息、支付所得、扣缴税款等信息与实际情况不符的，有权要求扣缴义务人修改。扣缴义务人拒绝修改的，纳税人应当报告税务机关，税务机关应当及时处理。

③ 对扣缴义务人按照规定扣缴的税款，按年付给2%的手续费，不包括税务机关、司法机关等查补或责令补扣的税款。扣缴义务人领取的扣缴手续费可用于提升办税能力、奖励办税人员。

（二）个人所得税全员全额扣缴的范围

实行个人所得税全员全额扣缴申报的应税所得包括工资薪金所得；劳务报酬所得；稿酬所得；特许权使用费所得；利息、股息、红利所得；财产租赁所得；财产转让所得；偶然所得。

居民个人取得综合所得，按年计算个人所得税；有扣缴义务人的，由扣缴义务人按月或按次预扣预缴税款；需要办理汇算清缴的，应当在取得所得的次年3月1日至6月30日内办理汇算清缴。

居民个人向扣缴义务人提供专项附加扣除信息的，扣缴义务人按月预扣预缴税款时应当按照规定予以扣除，不得拒绝。纳税人、扣缴义务人应当按照规定保存与专项附加扣除相关的资料。税务机关可以对纳税人提供的专项附加扣除信息进行抽查，具体办法由国务院税务主管部门另行规定。税务机关发现纳税人提供虚假信息的，应当责令改正并通知扣缴义务人；情节严重的，有关部门应当依法予以处理，纳入信用信息系统并实施联合惩戒。

非居民个人取得工资薪金所得、劳务报酬所得、稿酬所得和特许权使用费所得，有扣缴义务人的，由扣缴义务人按月或按次代扣代缴税款，不办理汇算清缴。

纳税人取得利息、股息、红利所得，财产租赁所得，财产转让所得和偶然所得，按月或按次计算个人所得税。有扣缴义务人的，由扣缴义务人按月或按次代扣代缴税款。

扣缴义务人向个人支付应纳税所得（包括现金、实物和有价证券）时，不论纳税人是否属于本单位人员，均应代扣代缴其应纳的个人所得税税款。

（三）个人所得税代扣代缴的申报

扣缴义务人首次向纳税人支付所得时，应当按照纳税人提供的纳税人识别号等基础信息，填写个人所得税基础信息表（A表），并于次月扣缴申报时向税务机关报送。扣缴义务人对纳税人向其报告的相关基础信息变化情况，应当于次月扣缴申报时向税务机关报送。

扣缴义务人每月或每次预扣、代扣的税款，应当在次月15日内缴入国库，并向税务机关报送个人所得税扣缴申报表。

任务分析（三）

浙江恒远教育科技有限公司的个人所得税扣缴申报表填列如表6-10所示。

表 6-10 个人所得税扣缴申报表

扣缴义务人名称：浙江恒远教育科技有限公司
扣缴义务人纳税人识别号（统一社会信用代码）：91330701008976231S
税款所属期：2021 年 3 月 1 日至 2021 年 3 月 31 日

序号	姓名	身份证件类型	身份证件号码	纳税人识别号	是否为非居民个人	所得项目	收入额计算			专项扣除				其他扣除					累计情况		累计专项附加扣除					累计其他扣除	减按计税比例	准予扣除的捐赠额	税款计算					备注
							收入	费用	免税收入	减除费用	基本养老保险费	基本医疗保险费	失业保险费	住房公积金	年金	商业健康保险费	税延养老保险	财产原值	允许扣除的税费	其他	累计收入额	累计减除费用	累计专项扣除	子女教育	赡养老人	住房贷款利息	住房租金	继续教育				应纳税所得额	税率/预扣率	速算扣除数	应纳税额	减免税额	已缴税额	应补/退税额	
1	2	3	4	5	6	7	8	9	10	11	12	13	14	15	16	17	18	19	20	21	22	23	24	25	26	27	28	29	30	31	32	33	34	35	36	37	38	39	40
1	何天仁	身份证	330...	330...	否	工资	26 000		0	5 000	1 882	460	238	2 850	0	0				0	78 000	15 000	16 290	3 000	6 000	0	0	0	0		0	37 710	10%	2 520	1 251	0	754.2	496.8	
2	张海琼	身份证	330...	330...	否	劳务报酬	4 000	800	0		—	—	—	—	—	—				—												3 200	20%		640	0	0	640	
3	川 France	护照	420...	420...	是	工资	11 000		—	5 000	—	—	—	—	—	—				0												6 000	10%	210	390	0	0	390	
合计																																							

声明：本表是根据国家税收法律法规及相关规定填报的，是真实的、可靠的、完整的。

纳税人签字：

经办人签字：
经办人身份证件号码：
代理机构签章：
代理机构统一社会信用代码：

扣缴义务人（签章）：
年 月 日

受理人：
受理税务机关（章）：
受理日期：年 月 日

二、个人所得税的自行申报

（一）个人所得税自行申报的范围

纳税人应当依法办理纳税申报的情形有：
① 取得综合所得需要办理汇算清缴。
② 取得应税所得没有扣缴义务人。
③ 取得应税所得，扣缴义务人未扣缴税款。
④ 取得境外所得。
⑤ 因移居境外注销中国户籍。
⑥ 非居民个人在中国境内从两处以上取得工资薪金所得。
⑦ 国务院规定的其他情形。

拓中学： 其他情形的个人所得税具体自行申报

（二）取得综合所得需要办理汇算清缴的纳税申报

取得综合所得且符合下列情形之一的纳税人，应当依法办理汇算清缴。
① 从两处以上取得综合所得，且综合所得年收入额减除专项扣除后的余额超过6万元。
② 取得劳务报酬所得、稿酬所得、特许权使用费所得中一项或多项所得，且综合所得年收入额减除专项扣除的余额超过6万元。
③ 纳税年度内预缴税额低于应纳税额。
④ 纳税人申请退税，应当提供其在中国境内开设的银行账户，并在汇算清缴地就地办理税款退库。

纳税人可以委托扣缴义务人或其他单位和个人办理汇算清缴。

需要办理汇算清缴的纳税人，应当在取得所得的次年3月1日至6月30日内，向任职、受雇单位所在地主管税务机关办理纳税申报，并报送个人所得税年度自行纳税申报表。在中国境内有两处或两处以上任职、受雇单位的，选择并向其中一处任职、受雇单位所在地主管税务机关申报。纳税人没有任职、受雇单位的，向户籍所在地或经常居住地主管税务机关办理纳税申报。

纳税人办理综合所得汇算清缴，应当准备与收入、专项扣除、专项附加扣除、依法确定的其他扣除、捐赠享受税收优惠等相关的资料，并按规定留存备查或报送。

（三）取得经营所得的纳税申报

个体工商户业主、个人独资企业投资者、合伙企业个人合伙人、承包承租经营者个人及其他从事生产、经营活动的个人取得经营所得，按年计算个人所得税，由纳税人在月度或季度终了后15日内，向经营管理所在地主管税务机关办理预缴纳税申报并报送个人所得税经营所得纳税申报表（A表）。在取得所得的次年3月31日前，向经营管理所在地主管税务机关办理汇算清缴，并报送个人所得税经营所得纳税申报表（B表）；从两处以上取得经营所得的，选择向其中一处经营管理所在地主管税务机关办理年度汇总申报，并报送个人所得税经营所得纳税申报表（C表）。

（四）纳税申报方式

纳税人既可以采用远程办税端、邮寄等方式申报，也可以直接到主管税务机关申报。

项目六 个人所得税纳税实务

纳税人办理自行纳税申报时，应当一并报送主管税务机关要求报送的其他有关资料。首次申报或个人基础信息发生变化的，还应报送个人所得税基础信息表（B 表）。

纳税人也可以委托有税务代理资质的中介机构或他人代为办理纳税申报。

知识小结

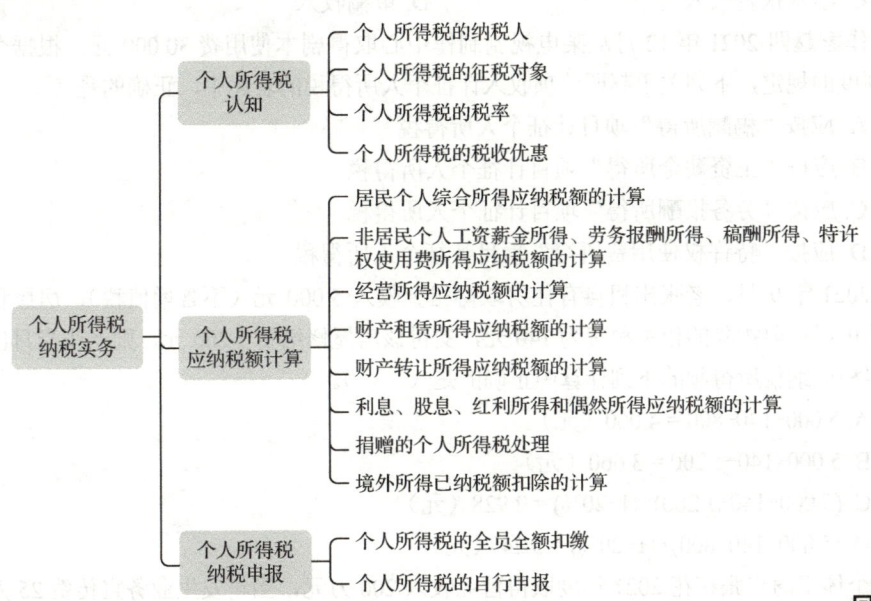

```
                            ┌─ 个人所得税的纳税人
              ┌─ 个人所得税  ├─ 个人所得税的征税对象
              │    认知      ├─ 个人所得税的税率
              │              └─ 个人所得税的税收优惠
              │
              │              ┌─ 居民个人综合所得应纳税额的计算
              │              ├─ 非居民个人工资薪金所得、劳务报酬所得、稿酬所得、特许
              │              │   权使用费所得应纳税额的计算
个人所得税 ───┤              ├─ 经营所得应纳税额的计算
  纳税实务    ├─ 个人所得税  ├─ 财产租赁所得应纳税额的计算
              │   应纳税额计算├─ 财产转让所得应纳税额的计算
              │              ├─ 利息、股息、红利所得和偶然所得应纳税额的计算
              │              ├─ 捐赠的个人所得税处理
              │              └─ 境外所得已纳税额扣除的计算
              │
              └─ 个人所得税  ┌─ 个人所得税的全员全额扣缴
                  纳税申报   └─ 个人所得税的自行申报
```

知识巩固

一、单项选择题

1. 根据个人所得税法律制度的规定，下列各项中不属于个人所得税纳税人的是（   ）。
   A. 合伙企业中的自然人合伙人　　B. 一人有限责任公司
   C. 个体工商户　　　　　　　　　D. 个人独资企业的投资人

2. 根据个人所得税法律制度的规定，下列个人所得税中（   ）应缴纳个人所得税。
   A. 财产租赁所得　B. 保险赔偿　C. 储蓄存款利息　D. 国债利息

3. 根据个人所得税法律制度的规定，下列各项中应按照"劳务报酬所得"项目计征个人所得税的是（   ）。
   A. 个人因与用人单位解除劳动关系而取得的一次性补偿收入
   B. 退休人员从原任职单位取得的补贴
   C. 兼职律师从律师事务所取得的工资性质的所得
   D. 证券经纪人从证券公司取得的佣金收入

4. 根据个人所得税法律制度的规定，关于专项附加扣除的下列表述中不正确的是（   ）。
   A. 纳税人赡养 2 个及以上老人的，不按老人人数加倍扣除
   B. 子女接受学前教育和学历教育的相关支出按每个子女每年 12 000 元标准定额扣除

199

C. 大病医疗专项附加扣除由纳税人办理汇算清缴时扣除

D. 本人或配偶使用商业银行或住房公积金个人住房贷款为本人或其配偶购买住房，发生的住房贷款利息支出，在偿还贷款期间可以按照每年12 000元标准定额扣除

5. 大学教授张某取得的下列收入中，应按"稿酬所得"项目征收个人所得税的是（　　）。

A. 作品参展收入　　　　　　　B. 出版书画作品收入

C. 学术报告收入　　　　　　　D. 审稿收入

6. 作家赵四2021年12月从某电视剧制作中心取得剧本使用费30 000元。根据个人所得税法律制度的规定，下列关于赵四该项收入计征个人所得税的表述中，正确的是（　　）。

A. 应按"稿酬所得"项目计征个人所得税

B. 应按"工资薪金所得"项目计征个人所得税

C. 应按"劳务报酬所得"项目计征个人所得税

D. 应按"特许权使用费所得"项目计征个人所得税

7. 2021年9月，老张出租自有住房取得租金收入5 000元（不含增值税），房屋租赁过程中缴纳的可以税前扣除的相关税费为140元，支付该房屋修缮费1 200元，则老张当月出租住房个人所得税应纳税所得额的下列计算中正确的是（　　）。

A. 5 000-140-800 = 4 060（元）

B. 5 000-140-1 200 = 3 660（元）

C. (5 000-140-1 200)×(1-20%) = 2 928（元）

D. (5 000-140-800)×(1-20%) = 3 248（元）

8. 个体工商户张花花2021年度取得营业收入200万元，当年发生业务宣传费25万元，上年度结转未扣除的业务宣传费15万元。其在计算当年个人所得税应纳税所得额时，允许扣除的业务宣传费金额为（　　）。

A. 30万元　　　B. 25万元　　　C. 40万元　　　D. 15万元

9. 王丽转让房屋取得收入300万元（不含增值税），该房屋买入时的价格为120万元（含增值税），发生的合理税费为1万元（不包括本次转让缴纳的增值税）。根据个人所得税法律制度的规定，下列计算张某应缴纳个人所得税税额的算式中正确的是（　　）。

A. (300-1)×20%　　　　　　　B. 300×(1-20%)

C. (300-120-1)×20%　　　　　D. (300-120)×20%

10. 2021年10月，小李购买福利彩票取得一次中奖收入30 000元，将其中6 000元通过国家机关向农村义务教育捐赠。已知偶然所得个人所得税税率为20%，小李中奖收入应缴纳个人所得税税额的下列计算中正确的是（　　）。

A. (30 000-6 000)×20% = 4 800（元）

B. 30 000×20% = 6 000（元）

C. 30 000÷(1-20%)×20% = 7 500（元）

D. (30 000-6 000)÷(1-20%)×20% = 6 000（元）

二、多项选择题

1. 根据个人所得税法律制度的规定，下列各项支出属于居民个人综合所得中允许扣除的专项附加扣除的有（　　）。

A. 子女学前教育支出 　　　　　B. 大病医疗支出
C. 住房租金支出 　　　　　　　D. 继续教育支出

2. 根据个人所得税法律制度的规定，下列（　　　）项目免征或暂免征收个人所得税。

A. 外籍个人以现金形式取得的住房补贴和伙食补贴
B. 福利费、抚恤金、救济金
C. 外籍个人按合理标准取得的境内、境外出差补贴
D. 保险赔偿

3. 根据个人所得税法律制度的规定，下列各项中应按"财产转让所得"税目计征个人所得税的有（　　　）。

A. 转让机器设备所得 　　　　　B. 提供著作权的使用权所得
C. 转让股权所得 　　　　　　　D. 提供非专利技术使用权所得

4. 个人所得税纳税人中，以下属于居民纳税人的有（　　　）。

A. 在中国境内有住所
B. 在中国境内无住所，但在中国境内居住 ≥ 183 天
C. 在中国境内无住所，但在中国境内居住 ≥ 190 天
D. 在中国境内有住所，同时不能离开境内连续 30 天

5. 专项扣除包括居民个人按照国家规定的范围和标准缴纳的（　　　）。

A. 基本养老保险 　　　　　　　B. 基本医疗保险
C. 失业保险 　　　　　　　　　D. 住房公积金

6. 根据个人所得税法律制度的规定，个体工商户的下列支出中，在计算个人所得税应纳税所得额时不得扣除的有（　　　）。

A. 业主的工资薪金支出
B. 个人所得税税款
C. 在生产经营活动中因自然灾害造成的损失
D. 税收滞纳金

7. 张某 2021 年 10 月取得体育彩票中奖所得 50 000 元，通过当地民政部门向贫困地区捐赠 19 000 元，则以下处理正确的有（　　　）。

A. 捐赠前的应纳税所得额为 50 000 元
B. 税前允许扣除的捐赠限额 = 50 000×30% = 15 000（元）
C. 实际捐赠额超过了税前扣除限额，税前只能扣除 15 000 元
D. 张某应缴纳个人所得税 = (50 000−15 000)×20% = 7 000（元）

8. 根据个人所得税法律制度的规定，个人发生的下列捐赠支出中准予税前全额扣除的有（　　　）。

A. 通过非营利社会团体向公益性青少年活动场所的捐赠
B. 通过非营利社会团体向农村义务教育的捐赠
C. 通过国家机关向贫困地区的捐赠
D. 直接向贫困地区的捐赠

9. 根据个人所得税法律制度的规定，下列各项中属于居民个人综合所得的有（　　　）。

A. 工资薪金所得　　　　　　　　B. 财产租赁所得

C. 劳务报酬所得　　　　　　　　D. 财产转让所得

10. 李某2021年10月取得的以下4项收入中，无须缴纳个人所得税的有（　　　）。

A. 到期国债利息收入980元

B. 购买福利彩票支出500元，取得一次性中奖收入15 000元

C. 境内上市公司股票转让所得10 000元

D. 转让自用住房一套，取得转让收入500万元，该套住房购买成本200元（含增值税）。购买时间是2012年，是家庭唯一住房

三、判断题

1. 根据个人所得税法律制度的规定，利息、股息、红利所得以收入全额作为应纳税所得额，不扣除任何费用。（　　）

2. 个人独资企业和合伙企业不属于企业所得税纳税人。（　　）

3. 个人出版画作取得的所得，应按"劳务报酬所得"项目计征个人所得税。（　　）

4. 个人通过网络收购玩家的虚拟货币，加价后向他人出售取得的收入，不征收个人所得税。（　　）

5. 退休人员再任职取得的收入，免征个人所得税。（　　）

6. 在中国境内无住所的汤姆2020年3月1日入境，2021年3月1日离境，根据我国个人所得税法律制度的规定，无住所而一个纳税年度内在中国境内居住累计满183天的个人为居民纳税人。因此，2021年度汤姆从中国境内和境外取得的所得按规定缴纳个人所得税。（　　）

7. 劳务报酬所得、稿酬所得、特许权使用费所得以收入减除20%的费用后的余额为收入额。（　　）

8. 对个人取得单张有奖发票奖金所得不超过1 000元（含1 000元）的，暂免征收个人所得税。（　　）

9. 个人领取原提存的住房公积金、基本医疗保险金、基本养老保险金，以及失业保险金，免征个人所得税。（　　）

10. 个人从上市公司取得的持股时间超过一年的股息红利所得免征个人所得税。（　　）

四、业务题

1. 杨某2017年入职，2021年每月应发工资均为30 000元；每月减除费用5 000元；"三险一金"等专项扣除为4 500元；享受专项附加扣除共计2 000元；没有减免收入及减免税额等情况；1月取得劳务报酬收入30 000元，稿酬收入20 000元。

要求：计算前3个月各项所得应预扣预缴税额。

2. 阿厘公司职员李某2021年全年取得工资薪金收入1 000 000元。当地规定的社会保险和住房公积金个人缴存比例为：基本养老保险8%；基本医疗保险2%；失业保险0.5%；住房公积金12%。李某缴纳社会保险费核定的缴费工资基数为10 000元。李某正在偿还首套住房贷款及利息；李某有一个哥哥和一个姐姐，其儿子正在读大学3年级，女儿正在读高中一年级；李某父亲80岁；李某今年考取了高级会计师资格；李某夫妻约定由李某扣除贷款利息，子女教育费分别扣除；李某兄弟姐妹约定由于李某经济条件较好承担大部分的赡养义务，赡养老人李某可以扣到最高。

要求：

（1）计算李某 2021 年专项扣除费用。

（2）计算李某 2021 年专项附加扣除费用。

（3）计算李某 2021 年的应纳税所得额。

（4）计算李某 2021 年应缴纳的个人所得税税额。

3．张某兴办甲个人独资企业，2021 年相关财务资料如下。

（1）从非金融企业借款 200 万元用于生产经营，期限 1 年，利率 8%。利息支出 16 万元，均已计入财务费用。

（2）实发合理工资中包括张某工资 6 万元、雇员工资 20 万元。

（3）实际发生雇员职工教育经费支出 0.8 万元。

（4）营业外支出中包括行政罚款 3 万元、合同违约金 4 万元。

（5）张某 2021 年 3 月以个人名义购入境内上市公司股票，同年 9 月出售，持有期间取得股息 1.9 万元；从境内非上市公司取得股息 0.7 万元。

已知：甲个人独资企业适用查账征收法；银行同期同类贷款利率为 4.8%；在计算个人所得税应纳所得额时，职工教育经费支出不超过工资薪金总额的 2.5% 的部分，准予扣除；股息所得个人所得税税率为 20%。

要求：根据上述资料，不考虑其他因素，分析回答下列小题。

（1）甲个人独资企业在计算 2021 年度个人所得税应纳税所得额时，准予扣除的利息支出是（　　）。

　　A．9.6 万元　　　　B．0 万元　　　　C．6.4 万元　　　　D．16 万元

（2）甲个人独资企业在计算 2021 年度个人所得税应纳税所得额时，准予扣除的雇员职工教育经费支出的是（　　）。

　　A．0.15 万元　　　B．0.5 万元　　　C．0.65 万元　　　D．0.8 万元

（3）甲个人独资企业发生的下列支出中，在计算 2021 年度个人所得税应纳税所得额时，准予扣除的是（　　）。

　　A．合同违约金 4 万元　　　　B．张某工资 6 万元

　　C．行政罚款 3 万元　　　　　D．雇员工资 20 万元

项目七

其他税种纳税实务

↘ 知识目标
- 掌握城建税、教育费附加、各项财产行为税的纳税人、征税对象、税率。
- 掌握城建税、教育费附加、各项财产行为税的应纳税额的计算方法。

↘ 技能目标
- 能判定哪些业务应缴纳城建税、教育费附加、各项财产行为税。
- 能准确计算城建税、教育费附加、各项财产行为税的金额,并填制申报表和纳税申报。

↘ 素质目标
培养爱岗敬业、诚实守信、坚持准则、依法纳税、强化服务等职业道德。

任务情境一

大福公司所在地为 A 市长乐乡,2021 年 6 月实际缴纳增值税 160 万元、消费税 100 万元。

任务要求

(一)城市维护建设税和教育费附加的纳税依据是什么?税率是多少?
(二)计算该公司 6 月应缴纳的城市维护建设税税额和教育费附加额。

知识研学

任务一　城市维护建设税与教育费附加纳税实务

子任务一　城市维护建设税纳税实务

城市维护建设税是以纳税人实际缴纳的增值税税额、消费税税额为计税依据所征收的一种税,主要目的是筹集城镇设施建设和维护资金。

法规:
《中华人民共和国城市维护建设税法》

一、城市维护建设税的纳税人

城市维护建设税的纳税人是指在中华人民共和国境内缴纳增值税、消费税的单位和个人，包括各类企业（含外商投资企业、外国企业）、行政单位、事业单位、军事单位、社会团体及其他单位，以及个体工商户和其他个人（含外籍个人）。城市维护建设税扣缴义务人为负有增值税、消费税扣缴义务的单位和个人。

二、城市维护建设税的税率

城市维护建设税实行差别比例税率。按照纳税人所在地区的不同，设置了3档比例税率：
① 纳税人所在地在市区的，税率为7%。
② 纳税人所在地不在市区的，税率为5%。
③ 纳税人所在地不在市区、县城或镇的，税率为1%。

三、城市维护建设税的计税依据

城市维护建设税的计税依据为纳税人实际缴纳的增值税税额、消费税税额，以及出口货物、劳务或跨境销售服务、无形资产增值税免抵税额。

任务分析（一）

该公司城市维护建设税的纳税依据是纳税人实际缴纳的增值税160万元、消费税100万元，因该公司所在地为乡镇，所以适用税率为5%。

四、城市维护建设税的应纳税额

城市维护建设税的应纳税额应按照纳税人实际缴纳的增值税税额、消费税税额和出口货物、劳务或跨境销售服务、无形资产增值税免抵税额乘以税率计算。其计算公式为：

应纳税额 =（实际缴纳的增值税税额、消费税税额 + 出口货物、劳务或跨境销售服务、无形资产增值税免抵税额）× 适用税率

对实行增值税期末留抵退税的纳税人，允许其从城市维护建设税的计税依据中扣除退还的增值税税额。

任务分析（二）

该公司6月应缴纳的城市维护建设税税额 =(160+100)×5% = 13（万元）

五、城市维护建设税的税收优惠

城市维护建设税属于增值税、消费税的一种附加税，原则上不单独规定税收减免条款。如果税法规定减免增值税、消费税，则也就相应地减免了城市维护建设税。现行城市维护建设税的减免规定主要有：
① 对进口货物或境外单位和个人向境内销售劳务、服务、无形资产缴纳的增值税、消费税税额，不征收城市维护建设税。
② 对出口货物、劳务和跨境销售服务、无形资产及因优惠政策退还增值税、消费税的，

智能纳税管理

不退还已缴纳的城市维护建设税。

③对增值税、消费税实行先征后返、先征后退、即征即退的，除另有规定外，对随增值税、消费税附征的城市维护建设税，一律不予退（返）还。

六、城市维护建设税的纳税申报

（一）纳税义务发生时间

城市维护建设税纳税义务的发生时间为缴纳增值税、消费税的当日；城市维护建设税扣缴义务的发生时间为扣缴增值税、消费税的当日。

（二）纳税地点

城市维护建设税的纳税地点为实际缴纳增值税、消费税的地点。扣缴义务人应当向其机构所在地或居住地的主管税务机关申报缴纳其扣缴的税款。

代扣代缴、代收代缴增值税、消费税的单位和个人，同时也是城市维护建设税的代扣代缴、代收代缴义务人，其纳税地点为代扣代收地。对流动经营等无固定纳税地点的单位和个人，应随同增值税、消费税在经营地纳税。

（三）纳税期限

城市维护建设税按月或按季计征。不能按固定期限计征的，可以按次计征。实行按月或按季计征的，纳税人应当于月度或季度终了之日起15日内申报并缴纳税款；实行按次计征的，纳税人应当于纳税义务发生之日起15日内申报并缴纳税款。

扣缴义务人解缴税款的期限，依照上述规定执行。

子任务二　教育费附加纳税实务

一、教育费附加的征税范围

教育费附加的征税范围为税法规定征收增值税、消费税的单位和个人，包括外商投资企业、外国企业及外籍个人。

文件：
关于统一地方教育附加政策有关问题的通知

二、教育费附加的计征依据

教育费附加以纳税人实际缴纳的增值税税额、消费税税额之和为计征依据。

三、教育费附加的征收比率及计算

现行教育费附加征收比率为3%，地方教育附加征收率统一为2%。其计算公式为：

应纳教育费附加额＝实际缴纳增值税税额、消费税税额之和×征收比率

任务分析（二）

该公司6月应缴纳的教育费附加额＝(160+100)×3%＝7.8（万元）

四、教育费附加的减免规定

教育费附加分别与增值税税款、消费税税款同时缴纳。教育费附加的减免原则上比照增值税、消费税的减免规定。如果税法规定增值税、消费税减免，则教育费附加也就相应地减免。其主要的减免规定有：

① 对海关进口产品征收的增值税、消费税，不征收教育费附加。

② 对由于减免增值税、消费税而发生退税的，可同时退还已征收的教育费附加。但对出口产品退还增值税、消费税的，不退还已征收的教育费附加。

③ 对国家重大水利工程建设基金免征教育费附加。

④ 自 2016 年 2 月 1 日起，按月纳税的月销售额或营业额不超过 10 万元（按季度纳税的季度销售额或营业额不超过 30 万元）的缴纳义务人，免征教育费附加、地方教育附加、水利建设基金。

五、教育费附加的纳税申报

教育费附加和地方教育附加的征纳环节，实际就是纳税人缴纳"两税"的环节。纳税人缴纳"两税"的地点，就是该纳税人缴纳教育费附加和地方教育附加的地点。纳税人对城市维护建设税、教育费附加和地方教育附加进行申报时，应填报城市维护建设税、教育费附加、地方教育附加税（费）申报表。

六、城市维护建设税的纳税申报

纳税人在申报增值税、消费税时，应一并完成城市维护建设税、教育费附加和地方教育附加等附加税费的申报。自 2021 年 8 月 1 日起，增值税、消费税分别与城市维护建设税、教育费附加、地方教育附加申报表整合，启用增值税及附加税费申报表（一般纳税人适用）（详见项目二）、增值税及附加税费申报表（小规模纳税人适用）、增值税及附加税费预缴表及其附列资料和消费税及附加税费申报表（详见项目三）。

任务情境二

浙江大福集团有限责任公司的基本资料如下。

① 公司地址及电话：杭州市拱墅区江湾大道 888 号 0571-82257666

② 纳税人识别号：9122065134867NK712

③ 开户银行及账号：中国银行湖墅支行 4661568756235698

该公司主要生产机床设备，2020 年公司拥有办公楼一栋，原值为 1 000 万元；9 月 1 日起，公司将办公楼中的部分闲置房间出租，租期为 2 年，出租部分房产原值为 400 万元，每月租金 1 万元（不含增值税）。当地规定房产税原值减除比例为 30%。

任务要求

（三）根据以上资料，该公司应如何办理 2021 年度房产税申报业务？

智能纳税管理

> 知识研学

任务二　房产税纳税实务

👆 微课：
房产税纳税实务

一、房产税认知

房产税是以房屋为征税对象，按房屋的计税余值或租金收入为计税依据，向房屋产权所有人征收的一种财产税。

（一）房产税的纳税人

房产税的纳税人是指在我国城市、县城、建制镇和工矿区拥有房屋产权的单位和个人，具体包括产权所有人、经营管理单位、承典人、房产代管人或使用人。其中：

👆 法规：
《中华人民共和国房产税暂行条例》（2010年修正本）

① 产权属于国家所有的，由经营管理单位纳税；产权属于集体和个人所有的，以集体单位和个人为纳税人。

② 产权出典的，由承典人纳税。所谓产权出典，是指产权所有人将房屋、生产资料等的产权，在一定期限内典当给他人使用而取得资金的一种融资业务。

③ 产权所有人、承典人不在房产所在地的，或者产权未确定及租典纠纷未解决的，由房产代管人或使用人缴纳。

④ 纳税单位和个人无租使用房产管理部门、免税单位及纳税单位的房产应由使用人代为缴纳房产税。

（二）房产税的征税范围

房产税以房产为征税对象，房产是以房屋形态表现的财产。房屋是指有屋面和围护结构（有墙或两边有柱），能够遮风避雨，可供人们在其中生产、工作、学习、娱乐、居住或储藏物资的场所。独立于房屋之外的建筑物，如围墙、烟囱、水塔、变电塔、油池油柜、酒窖菜窖、酒精池、糖蜜池、室外游泳池、玻璃暖房、砖瓦石灰窑及各种油气罐等，不属于房产。

房产税在城市、县城、建制镇和工矿区征收，房产税的征税范围不包括农村。其中：

① 城市是指国务院批准设立的市。

② 县城是指县人民政府所在地的地区。

③ 建制镇是指经省、自治区、直辖市人民政府批准设立的建制镇。

④ 工矿区是指工商业比较发达、人口比较集中，符合国务院规定的建制镇标准但尚未设立建制镇的中大型工矿企业所在地。

房地产开发企业建造的商品房，在出售前不征收房产税。但对出售前房地产开发企业已使用或出租、出借的商品房应按规定征收房产税。

> 任务分析（三）

浙江大福集团有限责任公司自有办公楼、车间及出租房产，均应缴纳房产税。

（三）房产税适用的税率

房产税采用比例税率，依据房产的用途是自用还是出租，分为从价计征和从租计征，设置不同的税率。从价计征的，税率为1.2%；从租计征的，税率为12%。自2008年3月1日起，对个人出租住房不区分用途，按4%的税率征收房产税。

任务分析（三）

浙江大福集团有限责任公司办公楼原值1 000万元，应按照1.2%的税率进行从价计征。同时，将办公楼中部分闲置房间出租，获得的每月不含增值税租金收入1万元需要按照12%的税率进行从租计征。

（四）房产税的税收优惠

房产税的税收优惠政策主要有以下几项。
① 国家机关、人民团体、军队自用的房产免税。
② 由国家财政部门支付事业经费的单位自用的房产免税。
③ 宗教寺庙、公园、名胜古迹自用的房产免税。
④ 个人所有的非营业用房产免税。
⑤ 企业办的各类学校、医院、托儿所、幼儿园自用的房产，免征房产税。
⑥ 经营公租房的租金收入，免征房产税。
⑦ 经财政部和省税务局批准免税的其他房产。

二、房产税应纳税额计算

（一）从价计征

从价计征是对纳税人自用房产的计征办法。从价计征的房产税以房产余值为计税依据。房产原值减除10%～30%后的剩余价值为房产余值（具体扣除比例由各省、自治区、直辖市人民政府确定），税率为1.2%。如果没有房产原值作为依据，则由房产所在地的税务机关参考同类房产核定。其计算公式为：

$$应纳房产税税额 = 房产原值 \times (1 - 扣除比例) \times 1.2\%$$

式中，房产原值是指纳税人按照会计制度规定，在账簿的"固定资产"科目中记载的房屋造价或原价。房产原值应包括与房屋不可分割的各种附属设备及一般不单独计算价值的配套设施。纳税人对原有房屋改建、扩建，要相应增加其房屋的原值。

（二）从租计征

从租计征是对纳税人出租房产的计征办法，按照房产出租的不含增值税的租金收入计算，税率为12%（或4%）。房产租金收入包括货币收入和实物收入。对以劳务或其他形式为报酬抵付房租收入的，应根据当地同类房产的租金水平，确定一个标准租金额从租计征。对出租房产，租赁双方签订的租赁合同约定有免收租金期限的，免收租金期间由产权所有人按照房产原值缴纳房产税。其计算公式为：

$$应纳房产税税额 = 租金收入 \times 12\% （或 4\%）$$

智能纳税管理

任务分析（三）

浙江大福集团有限责任公司从价计征的房产原值为1 000万元，9月1日起公司将办公楼中部分闲置房间出租的房产原值为400万元。从租计征的每月不含增值税租金收入为1万元。

因此，2021年度该公司应缴纳的房产税税额＝(1 000−400)×(1−30%)×1.2%+400×(1−30%)×1.2%÷12×8+1×4×12%＝7.76（万元）。

做中学

辉煌公司2021年年初房产原值为8 000万元，3月份与华康公司签订租赁合同，约定自2021年4月起将原值500万元的房产租赁给华康公司，租期3年，不含税月租金为2万元，2021年4月至6月为免租使用期间。辉煌公司所在地计算房产税余值减除比例为30%，则辉煌公司2021年度应缴纳多少房产税？

解析：从价计征房产税税额＝8 000×(1−30%)×1.2%×1/2+7 500×(1−30%)×1.2%×1/2＝33.6+31.5＝65.1（万元）。

从租计征房产税税额＝2×6×12%＝1.44（万元）。

因此，辉煌公司2021年度应缴纳的房产税税额＝65.1+1.44＝66.54（万元）。

思中学

房产税就是房地产税吗？

讨论提示：
房产税与房地产税的区别

三、房产税纳税申报

（一）纳税义务发生时间

① 将原有房产用于生产经营，从生产经营之月起，计征房产税。

② 自建的房屋用于生产经营的，自建成之日的次月起，计征房产税。

③ 委托施工企业建设的房屋，从办理验收手续之日的次月起，计征房产税。对于在办理验收手续前已使用或出租、出借的新建房屋，应从使用或出租、出借的当月起按规定计征房产税。

④ 购置新建商品房，自房屋交付使用之次月起计征房产税。

⑤ 购置存量房，自办理房屋权属转移、变更登记手续，房地产权属登记机关签发房屋权属证书之次月起，缴纳房产税。

⑥ 出租、出借房产，自交付出租、出借之次月起计征房产税。

⑦ 房地产开发企业自用、出租、出借本企业建造的商品房，自房屋使用或交付之次月起计征房产税。

⑧ 纳税人因房产、土地的实物或权利状态发生变化而依法终止房产税纳税义务的，其应纳税款的计算应截止到房产、土地的实物或权利状态发生变化的当月月末。

（二）纳税期限

房产税按年征收、分期缴纳，具体纳税期限由省、自治区、直辖市人民政府确定。各地一般按季或半年征收。

（三）纳税地点

房产税在房产所在地缴纳。房产不在同一地方的纳税人，应按房产的坐落地点分别向房产所在地的税务机关纳税。房产税由房产所在地的税务机关征收。

（四）纳税申报

自 2021 年 6 月 1 日起，纳税人申报缴纳城镇土地使用税、房产税、车船税、印花税、耕地占用税、资源税、土地增值税、契税、环境保护税、烟叶税中一个或多个税种时，填报财产和行为税纳税申报表（见本项目任务六）。纳税人新增税源或税源变化时，需要先填报财产和行为税税源明细表（见本项目任务六）。

任务情境三

浙江大福集团有限责任公司名下拥有货车、挂车、客车及汽车。2021 年 12 月公司账面拥有车辆的情况如下。

① 载货汽车 1 辆，整备质量为 1.5 吨。
② 挂车 1 辆，其整备质量为 6 吨。
③ 载人 28 座大客车 1 辆；10 座小客车 1 辆。
④ 2.0 升乘用车 2 辆。

任务要求

（四）分析该公司需要申报的 2021 年车船税应纳税额。

知识研学

任务三　车船税纳税实务

一、车船税认知

车船税是对在中国境内车船管理部门登记的车辆、船舶依法征收的一种税。

（一）车船税的纳税人

在中华人民共和国境内，车辆、船舶的所有人或管理人为车船税的纳税义务人。境内单位和个人租入外国籍船舶的，不征收车船税。境内单位和个人将船舶出租到境外的，应依法征收车船税。

从事机动车第三者责任强制保险业务的保险机构为机动车车船税的扣缴义务人。

（二）车船税的征税范围

车船税的征税范围是指在中华人民共和国境内属于《中华人民共和国车船税法》（以下

法规
《中华人民共和国车船税法》

简称《车船税法》所附车船税税目税额表规定的车辆、船舶。车辆、船舶是指：
　　①依法应当在车船管理部门登记的机动车辆和船舶。
　　②依法不需要在车船管理部门登记，在单位内部场所行驶或作业的机动车辆和船舶。
　　车船管理部门是指公安、交通运输、农业、渔业、军队、武装警察部队等依法具有车船登记管理职能的部门。

思中学

叉车是否属于车船税的征税范围？

讨论提示： 叉车是否属于车船税的征税范围？

任务分析（四）

在浙江大福集团有限责任公司拥有的运输工具中，载货汽车、挂车、载人28座大客车、10座小客车、2.0升乘用车都应当征收车船税。

（三）车船税的适用税率

车船税采用定额税率，又称固定税额。根据车船税的具体税目，对应税车船实行有幅度的定额税率，即对各类车船分别规定一个最低到最高限度的年税额。

车辆的具体适用税额由省、自治区、直辖市人民政府依照《车船税法》所附车船税税目税额表规定的税额幅度和国务院的规定确定并报国务院备案。车船税税目税额表如表7-1所示。

表7-1　车船税税目税额表

税　目		计税单位	年基准税额	备　注
乘用车[按发动机汽缸容量（排气量）分档]	1.0升（含）以下的	每辆	60元至360元	核定载客人数9人（含）以下
	1.0升以上至1.6升（含）的		300元至540元	
	1.6升以上至2.0升（含）的		360元至660元	
	2.0升以上至2.5升（含）的		660元至1200元	
	2.5升以上至3.0升（含）的		1200元至2400元	
	3.0升以上至4.0升（含）的		2400元至3600元	
	4.0升以上的		3600元至5400元	
商用车	客车	每辆	480元至1440元	核定载客人数9人以上，包括电车
	货车	整备质量每吨	16元至120元	包括半挂牵引车、三轮汽车和低速载货汽车等
挂车		整备质量每吨	按照货车税额的50%计算	
其他车辆	专用作业车	整备质量每吨	16元至120元	不包括拖拉机
	轮式专用机械车		16元至120元	
摩托车		每辆	36元至180元	

(续表)

税 目		计税单位	年基准税额	备 注
船舶	机动船舶	净吨位每吨	3元至6元	拖船、非机动驳船分别按照机动船舶税额的50%计算
	游艇	艇身长度每米	600元至2 000元	

1. 机动船舶的具体适用税额

①净吨位不超过200吨的，每吨3元。
②净吨位超过200吨但不超过2 000吨的，每吨4元。
③净吨位超过2 000吨但不超过10 000吨的，每吨5元。
④净吨位超过10 000吨的，每吨6元。
拖船按照发动机功率每1 000瓦折合净吨位0.67吨计算征收车船税。

2. 游艇的具体适用税额

①艇身长度不超过10米的，每米600元。
②艇身长度超过10米但不超过18米的，每米900元。
③艇身长度超过18米但不超过30米的，每米1 300元。
④艇身长度超过30米的，每米2 000元。
⑤辅助动力帆艇，每米600元。

（四）车船税的税收优惠

1. 法定减免

①捕捞、养殖渔船。
②军队、武装警察部队专用的车船。
③警用车船。
④依照法律规定应当予以免税的外国驻华使领馆、国际组织驻华代表机构及其有关人员的车船。
⑤省、自治区、直辖市人民政府根据当地实际情况，可以对公共交通车船，农村居民拥有并主要在农村地区使用的摩托车、三轮汽车和低速载货汽车定期减征或免征车船税。对港作车船、工程船等经营性车船及国家机关、事业单位、人民团体等财政拨付经费单位的车船，以及趸船、浮桥用船，不免税。

2. 特定减免

①经批准临时入境的外国车船和香港特别行政区、澳门特别行政区、台湾地区的车船，不征收车船税。
②按照规定缴纳船舶吨税的机动船舶，自车船税法实施之日起5年内免征车船税。
③机场、港口内部行驶或作业的车船，自车船税法实施之日起5年内免征车船税。

3. 节能、新能源车船减免

①对节能汽车，减半征收车船税。节能乘用车是获得许可在中国境内销售的排量为1.6

升以下（含1.6升）的燃用汽油、柴油的乘用车（含非插电式混合动力、双燃料和两用燃料乘用车）；节能商用车是获得许可在中国境内销售的燃用天然气、汽油、柴油的轻型和重型商用车（含非插电式混合动力、双燃料和两用燃料轻型与重型商用车）。

② 对新能源车船，免征车船税。新能源汽车是指纯电动商用车、插电式（含增程式）混合动力汽车、燃料电池商用车。纯电动乘用车和燃料电池乘用车不属于车船税征税范围，对其不征车船税。

二、车船税应纳税额计算

车船税各税目应纳税额的计算公式为：
① 乘用车、客车和摩托车的应纳税额＝辆数×适用年基准税额
② 货车、挂车、专用作业车和轮式专用机械车的应纳税额＝整备质量吨位数×适用年基准税额
③ 机动船舶的应纳税额＝净吨位数×适用年基准税额
④ 拖船和非机动驳船的应纳税额＝净吨位数×适用年基准税额×50%
⑤ 游艇的应纳税额＝艇身长度×适用年基准税额

购置的新车船，购置当年的应纳税额自纳税义务发生的当月起按月计算。其计算公式为：

$$应纳税额＝年应纳税额÷12×应纳税月份数$$

做中学

东风机械制造厂2021年拥有货车3辆，每辆货车的整备质量均为1.499吨；挂车1部，其整备质量为1.2吨；小汽车2辆。已知货车车船税税率为整备质量每吨年基准税额16元；小汽车车船税税率为每辆年基准税额360元。该厂2021年度应缴纳的车船税税额是多少？

解析：挂车按照货车税额的50%计算纳税。《车船税法》及其实施条例涉及的整备质量、净吨位等计税单位，有尾数的一律按照含尾数的计税单位据实计算车船税应纳税额。该机械制造厂2021年应纳车船税税额＝1.499×3×16+1.2×16×50%+2×360＝801.55（元）。

任务分析（四）

查找当地车船税税率相关规定，载货汽车为整备质量每吨90元；挂车按照货车税额的50%计算；纳税载人28座大客车为每辆每年600元；10座小客车为每辆每年480元；2.0升乘用车为每辆每年460元。

该公司2021年应纳车船税税额＝1.5×90+6×90×50%+600+480+2×460＝2 405（元）

三、车船税纳税申报

（一）纳税义务发生时间

① 车船税的纳税义务发生时间为取得车船所有权或管理权的当月。

纳税人在首次购买机动车交通事故责任强制保险时缴纳车船税或自行申报缴纳车船税

项目七 其他税种纳税实务

的，应当提供购车发票及反映排气量、整备质量、核定载客人数等与纳税相关的信息及其相应凭证。

购置的新车船，购置当年的应纳税额自纳税义务发生的当月起按月计算。

② 在一个纳税年度内，已完税的车船被盗抢、报废、灭失的，纳税人可以凭有关管理机关出具的证明和完税证明，向纳税所在地的主管税务机关申请退还自被盗抢、报废、灭失月份起至该纳税年度终了期间的税款。

已办理退税的被盗抢车船，失而复得的，纳税人应当从公安机关出具相关证明的当月起计算缴纳车船税。

已经缴纳车船税的车船，因质量原因，车船被退回生产企业或经销商的，纳税人可以向纳税所在地的主管税务机关申请退还自退货月份起至该纳税年度终了期间的税款。退货月份以退货发票所载日期的当月为准。

（二）纳税期限

车船税按年申报，分月计算，一次性缴纳。纳税年度自公历1月1日起至12月31日止。具体申报纳税期限由各省、自治区、直辖市人民政府规定。但下列情形的纳税期限按规定执行。

① 机动车辆在投保交强险时尚未缴纳当年度车船税的，应当在投保的同时向保险机构缴纳。

② 新购置的机动车辆，应当在办理缴纳车辆购置税手续的同时缴纳。

③ 新购置的船舶，应当在取得船舶登记证书的当月缴纳。其他应税船舶，应当在办理船舶年度检验之前缴纳。

④ 在申请车船转籍、转让交易、报废时尚未缴纳当年度车船税的，应当在办理相关手续之前缴纳。

（三）纳税地点

纳税人自行向主管税务机关申报缴纳车船税的，纳税地点为车船登记地；依法不需要办理登记的车船，纳税地点为车船的所有人或管理人的所在地。由保险机构代收代缴车船税的，纳税地点为保险机构所在地。

（四）纳税申报

纳税人申报缴纳车船税时，填报财产和行为税纳税申报表（见本项目任务六）。纳税人新增税源或税源变化时，需要先填报财产和行为税税源明细表（见本项目任务六）。

任务情境四

2021年9月，李航从某汽车4S店（一般纳税人）购入一辆排气量为2.0升的轿车自用，支付含税价款226 000元；4S店代收临时牌照费150元、代收保险费5 000元。4S店对代收临时牌照费和代收保险费均提供委托方票据。李某应缴纳的车辆购置税税额是多少？

任务要求

（五）计算李航需要缴纳的车辆购置税税额。

智能纳税管理

> 知识研学

任务四　车辆购置税纳税实务

一、车辆购置税认知

车辆购置税是以在中国境内购置规定车辆为课税对象，向车辆购置者征收的一种税。

（一）车辆购置税的纳税人

车辆购置税的纳税人是指在中华人民共和国境内购置应税车辆的单位和个人。购置是指以购买、进口、自产、受赠、获奖或其他方式取得并自用应税车辆的行为。

车辆购置税实行一次性征收。购置已征车辆购置税的车辆，不再征收车辆购置税。

👆 法规：
《中华人民共和国车辆购置税法》

> **疑中学**　小王在二手车市场购买了一辆已完税的应税车辆，还要缴纳车辆购置税吗？
> 答：不需要。车辆购置税实行一次性征收。购置已征过车辆购置税的车辆，不再征收车辆购置税。

（二）车辆购置税的征税范围

车辆购置税以列举的车辆作为征税对象，未列举的车辆不纳税。其征税范围包括汽车、有轨电车、挂车、排气量超过150毫升的摩托车。

（三）车辆购置税的适用税率

车辆购置税实行统一比例税率，税率为10%。

（四）车辆购置税的税收优惠

① 外国驻华使馆、领事馆和国际组织驻华机构及其外交人员自用车辆免税。

② 中国人民解放军和中国人民武装警察部队列入军队武器装备订货计划的车辆免税。

③ 悬挂应急救援专用号牌的国家综合性消防救援车辆免税。

④ 防汛部门和森林消防部门用于指挥、检查、调度、报汛（警）、联络的由指定厂家生产的设有固定装置的指定型号的车辆免税。

⑤ 原公安现役部队和原武警黄金、森林、水电部队改制后换发地方机动车牌证的车辆（公安消防、武警森林部队执行灭火救援任务的车辆除外），一次性免税。

⑥ 设有固定装置的非运输车辆免税。

⑦ 城市公交企业购置的公共汽电车辆免税，包括公共汽车、无轨电车和有轨电车。

⑧ 回国服务的在外留学人员用现汇购买一辆个人自用国产小汽车和长期来华定居专家进口一辆自用小汽车免税。

⑨ 有国务院规定予以免税或减税的其他情形的，按照规定免税或减税。

二、车辆购置税应纳税额计算

车辆购置税实行从价计征。其计算公式为：

$$应纳税额 = 计税价格 \times 税率$$

（一）购买自用应税车辆应纳税额的计算

在应纳税额的计算中，应注意以下费用的计税规定。

① 购买者随购买车辆支付的工具和零部件价款应作为购车价款的一部分，并入计税依据征税。

② 支付的车辆装饰费应作为价外费用并入计税依据征税。

③ 代收款项应区别征税。凡使用代收单位（受托方）票据收取的款项，应视作代收单位价外收费，购买者支付的价费款应并入计税依据中一并征税；凡使用委托方票据收取，受托方只履行代收义务和收取代收手续费的款项，应按其他税收政策规定征税。

④ 销售单位开给购买者的各种发票金额中包含增值税，因此计算车辆购置税时，应换算为不含增值税的计税价格。

⑤ 购买者支付的控购费是政府部门的行政性收费，不属于销售者的价外费用范围，不应并入计税价格计税。

⑥ 销售单位开展优质销售活动所开票收取的有关费用，应属于经营性收入，企业在代理过程中按规定支付给有关部门的费用，企业已做经营性支出列支核算，其收取的各项费用并在一张发票上难以划分的，应作为价外收入计算征税。

任务分析（五）

李航应纳车辆购置税税额 = 226 000÷(1+13%)×10% = 20 000（元）

（二）进口自用应税车辆应纳税额的计算

纳税人进口自用的应税车辆应纳税额的计算公式分为以下两种情况。

① 如果进口车辆是属于消费税征税范围的小汽车、摩托车等，则其应纳税额的计算公式为：

$$应纳税额 = （关税完税价格 + 关税 + 消费税） \times 税率$$

② 如果进口车辆是不属于消费税征税范围的大卡车、大客车，则其应纳税额的计算公式为：

$$应纳税额 = （关税完税价格 + 关税） \times 税率$$

（三）其他自用应税车辆应纳税额的计算

纳税人自产自用、受赠使用、获奖使用和以其他方式取得并自用应税车辆的，凡不能取得该车辆的购置价格，或者低于最低计税价格的，以国家税务总局核定的最低计税价格作为计税依据计算征收车辆购置税。其计算公式为：

$$应纳税额 = 最低计税价格 \times 税率$$

三、车辆购置税纳税申报

（一）纳税义务发生时间

车辆购置税纳税义务的发生时间为购置应税车辆的当日，以应税车辆所取得的车辆相关凭证上注明的时间为准。购买自用应税车辆的为购买之日，即车辆相关价格凭证的开具日期；进口自用应税车辆的为进口之日，即海关进口增值税专用缴款书或其他有效凭证的开具日期；自产、受赠、获奖或以其他方式取得并自用应税车辆的为取得之日，即合同、法律文书或者其他有效凭证的生效或开具日期。

（二）纳税期限

车辆购置税应当自纳税义务发生之日起 60 日内申报纳税，车辆购置税税款于纳税人办理纳税申报时一次缴清。纳税人应当在向公安机关车辆管理机构办理车辆登记注册前，缴纳车辆购置税。

（三）纳税地点

需要办理车辆登记注册手续的纳税人，向车辆登记地的主管税务机关申报纳税，车辆登记地指的是车辆的上牌落籍地或落户地。

不需要办理车辆登记注册手续的纳税人，单位纳税人向纳税人的机构所在地的主管税务机关申报纳税；个人纳税人向其户籍所在地或经常居住地的主管税务机关申报纳税。

（四）纳税申报

纳税人申报缴纳车辆购置税时，填报财产和行为税纳税申报表（见本项目任务六）。纳税人新增税源或税源变化时，需要先填报财产和行为税税源明细表（见本项目任务六）。

任务情境五

浙江大福集团有限责任公司 2021 年 1 月向恒辉房地产开发有限公司（一般纳税人）购入办公房一幢，支付房屋款 1 635 万元（含增值税）。新购办公用房位于江干区南山路 10 号，建筑面积 500 平方米。

任务要求

（六）分析浙江大福集团有限责任公司 2021 年 1 月应缴纳的契税并进行纳税申报。

知识研学

任务五　契税纳税实务

一、契税认知

契税是以在中华人民共和国境内转移土地、房屋权属为征税对象，向产权承受人征收的一种财产税。

（一）契税的纳税人

契税的纳税人是在我国境内承受土地、房屋权属转移的单位和个人，即契税的纳税人应是土地使用权和房屋所有权的受让方、购买方、受赠方等。境内是指中华人民共和国实际税收行政管辖范围内；土地、房屋权属是指土地使用权和房屋所有权。

法规：《中华人民共和国契税法》

（二）契税的征税范围

契税的征税范围为境内转移的土地使用权和房屋所有权。其具体包括以下5项内容。

1. 国有土地使用权出让

国有土地使用权出让是指土地使用者向国家交付土地使用权出让费用，国家将国有土地使用权在一定年限内让与土地使用者的行为。

2. 土地使用权的转让

土地使用权的转让是指土地使用者以出售、赠予、交换或其他方式将土地使用权转移给其他单位和个人的行为。土地使用权的转让不包括农村集体土地承包经营权的转移。

3. 房屋买卖

房屋买卖是指买方为取得房产所有权向卖方支付一定金额货币或实物的交易行为，包括以预购方式或预付集资建房款方式承受房屋所有权。以房产抵债、以房产作价投资或作股权转让、买房拆料或翻建新房等行为均视同房屋买卖。

4. 房屋赠予

房屋赠予是指房屋产权所有人将房屋无偿转让给他人所有。单位、个人因突出贡献或参加社会活动（如抽奖等）而获得奖励的土地、房屋，属于无偿转移，视同土地使用权或房屋赠予征收契税。

非法定继承人根据遗嘱承受死者生前的土地、房屋权属，属于赠予行为，应缴纳契税。

5. 房屋交换

房屋交换是指房屋所有者之间相互交换房屋的行为。如果交换的房屋价值不等，一方需要支付差价，则支付差价方需要按差价缴纳契税；如果房屋价值相等，差额为0，则交换双方均免契税。

（三）契税的适用税率

契税实行3%～5%的幅度税率。各省、自治区、直辖市人民政府可以在幅度税率规定的范围内，根据本地区的实际情况决定具体税率。

（四）契税的税收优惠

契税优惠的一般规定有：

① 国家机关、事业单位、社会团体、军事单位承受土地、房屋用于办公、教学、医疗、科研和军事设施的，免征契税。

② 城镇职工按规定第一次购买公有住房的，免征契税。

③ 因不可抗力灭失住房而重新购买住房的，酌情减免。

④ 土地、房屋被县级以上人民政府征用、占用后，重新承受土地、房屋权属的，由省级人民政府确定是否减免。

⑤ 承受荒山、荒沟、荒丘、荒滩土地使用权，并用于农、林、牧、渔业生产的，免征契税。

⑥ 经外交部确认，依照我国有关法律规定及我国缔结或参加的双边和多边条约或协定，应当予以免税的外国驻华使馆、领事馆、联合国驻华机构及其外交代表、领事官员和其他外交人员承受土地、房屋权属，免征契税。

⑦ 公租房经营单位购买住房作为公租房的，免征契税。

二、契税应纳税额计算

契税应纳税额按照省、自治区、直辖市人民政府确定的适用税率和税法规定的计税依据计算征收。其计算公式为：

$$应纳税额 = 计税依据 \times 税率$$

任务分析（六）

浙江大福集团有限责任公司购入办公房支付房屋款 1 635 万元应先换算成不含增值税价款；建筑面积 500 平方米，适用契税税率 3%。

应缴纳的契税税额 = 1 635÷(1+9%)×3% = 45（万元）

三、契税纳税申报

（一）纳税义务发生时间

契税的纳税义务发生时间是纳税人在签订土地、房屋权属转移合同当天或取得其他具有土地、房屋权属转移合同性质凭证的当天。

（二）纳税期限

纳税人应当自纳税义务发生之日起 10 日内，向土地、房屋所在地的税务机关办理申报，并在税务机关核定的期限内缴纳税款。

疑中学 采取分期付款方式购买住房的个人，分次缴纳契税还是一次性缴纳契税？

答：根据《财政部、国家税务总局关于房屋附属设施有关契税政策的批复》（财税〔2004〕126号）第二条规定，采取分期付款方式购买房屋附属设施土地使用权、房屋所有权的，应按合同规定的总价款一次性计征契税。

（三）纳税地点

契税在土地、房屋所在地的征收机关缴纳。

（四）纳税申报

纳税人申报缴纳契税时，填报财产和行为税纳税申报表（见本项目任务六）。纳税人新增税源或税源变化时，需要先填报财产和行为税税源明细表（见本项目任务六）。

项目七　其他税种纳税实务

任务情境六

浙江大福集团有限责任公司 2021 年 12 月发生如下业务。

① 新启用其他营业账簿 5 本。资金账簿中登记本年增加实收资本 300 万元、资本公积 100 万元。

② 与安信会计师事务所签订年报审计合同。审计费为 13 万元。

③ 与瑞诚公司签订加工承揽合同。双方约定由瑞诚公司提供所需原材料的价款为 100 万元，另外收取加工费 20 万元，各项金额均在加工承揽合同中分别记载。

④ 与供电部门签订一份供电合同。合同约定按实际供电数量和金额按月结算电费。

⑤ 与常兴公司签订仓储合同一份。货物金额为 600 万元，仓储费为 12 万元。

⑥ 与中国工商银行签订一份流动资金周转借款合同。最高贷款限额为 1 000 万元，每次在限额内随借随还。

⑦ 与大洋运输公司签订运输合同一份。记载金额共计 240 万元，其中货物价值 200 万元、运输费 30 万元、装卸费 10 万元。

以上计税价格均为不含增值税价格。

任务要求

（七）分析该公司缴纳的印花税并进行纳税申报。

知识研学

任务六　印花税纳税实务

一、印花税认知

印花税是以经济活动和经济交往中书立、领受应税凭证的行为为征税对象征收的一种税。印花税因其采用在应税凭证上粘贴印花税票的方法缴纳税款而得名。

（一）印花税的纳税人

印花税的纳税人是指在中国境内书立、使用、领受《中华人民共和国印花税法》（以下简称《印花税法》）所列举的凭证并应依法履行纳税义务的单位和个人。其主要包括立合同人、立账簿人、立据人、领受人、使用人和各类电子应税凭证的签订人。

（二）印花税的征税范围

印花税的征税对象是应纳税凭证，包括纳税人以电子形式签订的各类应税凭证。列入应纳税凭证的具体范围有以下五大类。

1. 各类经济技术合同

经济技术合同包括买卖合同、承揽合同、建设工程合同、建筑安装工程承包合同、租

微课：印花税纳税实务

法规：《中华人民共和国印花税法》

221

赁合同、融资租赁合同、运输合同、保管合同、仓储合同、借款合同、财产保险合同、技术合同。

这里所说的合同不仅是指具有正规格式的合同，还包括具有合同性质的单据、凭证。不同合同、凭证的项目范围存在差异。在经济技术合同中要特别注意的有：

① 出版单位和发行单位之间订立的书刊、音像制品的应税凭证，如订购单、订数单等属于购销合同。

② 发电厂和电网之间、电网和电网之间（系统内部各级电网互供电量除外）签订的购售电合同属于购销合同。电网和用户之间签订的供用电合同不征收印花税。

③ 融资租赁合同属于借款合同，不属于财产租赁合同。

④ 一般的法律、会计、审计等方面的咨询不属于技术咨询，此类咨询合同不贴印花。

任务分析（七）

① 与安信会计师事务所签订年报审计合同，不缴纳印花税。

② 与国内瑞诚公司签订加工承揽合同，由受托方提供原材料，在合同中分别记载了加工费金额与原材料金额，加工费按承揽合同计税，原材料按买卖合同计税。

③ 与供电部门签订一份供电合同，不缴纳印花税。

④ 与常兴公司签订仓储合同一份，应按仓储合同计缴印花税。

⑤ 与中国工商银行签订一份流动资金周转借款合同，应按借款合同计缴印花税。

⑥ 与大洋运输公司签订运输合同，应按运输合同计缴印花税。

2. 产权转移书据

财产所有权、版权、商标专用权、专利权、专有技术使用权、土地使用权出让合同、土地使用权转让合同、商品房销售合同、个人无偿赠予不动产登记表都按照产权转移书据征收。

技术合同和产权转移书据中都有与专利有关的项目，两者适用税率不同。技术转让合同中与专利有关的项目有专利申请权转让、非专利技术转让。产权转移书据中与专利有关的项目有专利权转让、专利实施许可、专有技术使用权等的转移。

3. 营业账簿

营业账簿是指单位或个人记载生产经营活动的财务会计核算账簿。营业账簿按其反映内容的不同，可分为记载资金的营业账簿和其他账簿：记载资金的营业账簿是指反映生产经营的单位资本金数额增减变化的账簿；其他账簿是指除上述账簿以外的有关其他生产经营活动内容的账簿，包括日记账簿和各明细分类账簿。

任务分析（七）

新启用其他营业账簿免征印花税。2021年在资金账簿中增加实收资本和资本公积，需要征收印花税。

4. 证券交易

证券交易是指依法设立的证券交易所上市交易或在国务院批准的其他证券交易场所转

让公司股票和以股票为基础发行的存托凭证。

> **思中学**
>
> 转让债权的合同是否缴纳印花税？

> **疑中学** 网上销售货物，电子订单缴纳印花税吗？
>
> 答：根据《财政部、国家税务总局关于印花税若干政策的通知》（财税〔2006〕162号）的规定，对纳税人以电子形式签订的各类应税凭证按规定征收印花税。

讨论提示：
转让债权的合同是否缴纳印花税？

（三）印花税的适用税率

印花税共设置17个税目，并按应税凭证的类别，采用比例税率。印花税税目税率表如表7-2所示。

表7-2 印花税税目税率表

税目		范围	税率
合同（指书面合同）	借款合同	银行及其他金融组织和借款人（不包括银行同业拆借）所签订的借款合同	借款金额的0.05‰
	融资租赁合同	直接租赁、售后回租、联合租赁、委托租赁、转租赁、杠杆租赁等其他租赁	租金的0.05‰
	买卖合同	包括供应、预购、采购、购销、结合及协作、调剂、补偿、易货等合同	价款的0.3‰
	承揽合同	包括加工、定做、修缮、修理、印刷广告、测绘、测试等合同	报酬的0.3‰
	建设工程合同	包括建筑、安装工程承包合同	价款的0.3‰
	运输合同	包括民用航空运输、铁路运输、海上运输、内河运输、公路运输和联运合同	运输费用的0.3‰
	技术合同	包括技术开发、转让、咨询、服务等合同	价款、报酬、使用费的0.3‰
	租赁合同	包括租赁房屋、船舶、飞机、机动车辆、机械、器具、设备等合同	租金的1‰
	保管合同		保管费的1‰
	仓储合同		仓储费的1‰
	财产保险合同	包括财产、责任、保证、信用等保险合同	保险费的1‰
产权转移书据	土地使用权出让书据		价款的0.5‰
	土地使用权、房屋等建筑物和构筑物所有权转让书据	不包括土地承包经营权和土地经营权转移	价款的0.5‰
	股权转让书据	不包括应缴纳证券交易印花税	价款的0.5‰
	商标专用权、著作权、专利权、专有技术使用权转让书据		价款的0.3‰
营业账簿			实收资本（股本）、资本公积的合计金额0.25‰
证券交易			成交金额的1‰

223

任务分析（七）

① 新启用其他营业账簿免征印花税。资金账簿中登记增加实收资本和资本公积，需要征收印花税，按 0.25‰ 征收。

② 与国内瑞诚公司签订加工承揽合同，加工费按承揽合同计税，税率为 0.3‰；原材料按买卖合同计税，税率为 0.3‰。

③ 与常兴公司签订仓储合同一份，按仓储合同计缴印花税，税率为 1‰。

④ 与中国工商银行签订一份流动资金周转借款合同，按借款合同计缴印花税，税率为 0.05‰。

⑤ 与大洋运输公司签订运输合同，按运输合同计缴印花税，税率为 0.3‰。

（四）印花税的税收优惠

① 应税凭证的副本或抄本免税。

② 依照法律规定应当予以免税的外国驻华使馆、领事馆和国际组织驻华代表机构为获得馆舍书立的应税凭证免税。

③ 中国人民解放军、中国人民武装警察部队书立的应税凭证免税。

④ 农民、家庭农场、农民专业合作社、农村集体经济组织、村民委员会购买农业生产资料或销售农产品书立的买卖合同和农业保险合同免税。

⑤ 无息或贴息借款合同、国际金融组织向中国提供优惠贷款书立的借款合同免税。

⑥ 财产所有权人将财产赠予政府、学校、社会福利机构、慈善组织书立的产权转移书据免税。

⑦ 非营利性医疗卫生机构采购药品或卫生材料书立的买卖合同免税。

⑧ 个人与电子商务经营者订立的电子订单免税。

根据国民经济和社会发展的需要，国务院对居民住房需求保障、企业改制重组、破产、支持小型微型企业发展等情形可以规定减征或免征印花税，报全国人民代表大会常务委员会备案。

二、印花税应纳税额计算

根据应税凭证种类，对计税依据分别规定如下。

① 买卖合同的计税依据为合同记载的购销金额。以物易物方式签订的购销合同，是包括购、销双重行为的合同，计税依据为合同所载的购销金额合计数。

② 承揽合同的计税依据为加工或承揽收入。由受托方提供原材料的原材料金额与加工费在合同中分别列明的，原材料和辅料按购销合同计税，加工费按加工承揽合同计税，二者合计为应纳税额；原材料金额与加工费没有分别列明的，统一按加工承揽合同计税。由委托方提供原材料的，按加工费和辅料合计金额依加工承揽合同计税，原材料不缴纳印花税。

③ 建设工程合同的计税依据为承包金额，不得剔除任何费用。施工单位将自己承包的建设项目分包或转包给其他施工单位所签订的分包合同或转包合同，应以新的分包合同或转包合同所载金额为计税依据。

④ 租赁合同的计税依据为租赁金额。

⑤ 运输合同的计税依据为取得的运输费收入，不含所运货物的金额、装卸费和保险费等。

⑥ 仓储合同、保管合同，计税依据为仓储、保管的费用。

⑦ 借款合同的计税依据为借款金额，即借款本金。特殊情况下应注意：对银行及其他金融组织的融资租赁业务签订的融资租赁合同，应按合同所载租金总额，暂按借款合同计税。抵押借款合同按借款合同贴花；在借款方无力偿还借款而将抵押财产转移给贷款方时，应再就双方书立的产权书据，按产权转移书据计税贴花。

⑧ 财产保险合同的计税依据为支付（收取）的保险费金额，不包括所保财产的金额。

⑨ 技术合同的计税依据为合同所载的价款、报酬或使用费。对技术开发合同，合同中所注明的研究开发经费可以从计税依据中扣除。

⑩ 产权转移书据的计税依据为书据中所载的金额。购买、继承、赠予所书立的股权转让书据，均以书立时证券市场当日实际成交价格为计税依据。

⑪ 记载资金的营业账簿以"实收资本"和"资本公积"的两项合计金额为计税依据。凡资金账簿中的"实收资本"和"资本公积"在次年度未增加的，对其不再计算贴花。

另外，《印花税法》已取消对权利、许可证照每件征收 5 元印花税的规定。

任务分析（七）

① 资金账簿应缴纳印花税税额 = 4 000 000×0.25‰ = 1 000（元）

② 加工承揽合同应缴纳印花税税额 = 200 000×0.3‰ = 60（元）

买卖合同应缴纳印花税税额 = 1 000 000×0.3‰ = 300（元）

③ 仓储合同应缴纳印花税税额 = 120 000×1‰ = 120（元）

④ 借款合同应缴纳印花税税额 = 10 000 000×0.05‰ = 500（元）

⑤ 运输合同应缴纳印花税税额 = 300 000×0.3‰ = 90（元）

与安信会计师事务所签订年报审计合同、与供电部门签订供电合同不征收印花税。

三、印花税纳税申报

（一）纳税期限

印花税的纳税期限根据不同种类的凭证分别确定。经济合同和具有合同性质的凭证在合同正式签订时贴花；各种产权转移书据，在书据立据时贴花；各种营业账簿，在账簿正式启用时贴花；各种权利、许可证照，在证照领受时贴花。

（二）税款缴纳方式

① 自行贴花。纳税人自行计算应纳税额，自行向税务机关购买印花税票，自行在应税凭证上一次贴足印花，自行划红或盖章加注销。这是使用范围较广泛的纳税办法，一般适于应税凭证少或同一凭证纳税次数少的纳税人。

② 汇贴或汇缴。对应纳印花税税额超过 500 元的一份凭证，经税务机关批准，纳税人可用填开完税证或缴款书的办法纳税，不再贴花。对需要频繁贴花的同一种类应税凭证，在税务机关批准的前提下，由纳税人在限期内（1 个月）汇总缴纳印花税。

③ 委托代征。凡通过国家有关部门发放、鉴证、公证或仲裁的应税凭证，可由税务机关委托这些部门代征印花税税款。

> **疑中学**
>
> 我公司2021年1月与其他公司签订了一份年度意向性的购销合同，金额800万元。约定了单价和数量，未约定具体交货日期，已缴纳印花税。在10月份准备执行的时候，重新签订了有具体交货日期的执行合同，合同金额未变，请问是否还需要缴纳印花税？
> 答：你公司的执行合同是对意向性合同部分条款的修改和完善。修改后增加金额的，增加部分补缴印花税；修改后未增加金额的，无须补缴印花税。

（三）纳税地点

印花税一般实行就地纳税。对于在全国性订货会上所签合同，由纳税人回其所在地办理贴花；地方主办，不涉及省际关系的订货会，由省级政府自行确定纳税地点。

（四）纳税申报

纳税人申报缴纳印花税时，使用财产和行为税纳税申报表。纳税人新增税源或税源变化时，需要先填报财产和行为税税源明细表。

任务分析（三） **任务分析（四）** **任务分析（六）** **任务分析（七）**

房产税、车船税、契税、印花税的纳税申报，应在申报前填写财产和行为税税源明细表（见表7-3)、填写财产和行为税纳税申报表的附表财产和行为税减免税明细申报附表（略），自动生成财产和行为税纳税申报表(见表7-4)。该表适用于申报城镇土地使用税、房产税、契税、耕地占用税、土地增值税、印花税、车船税、烟叶税、环境保护税、资源税。

表 7-3 财产和行为税税源明细表
城镇土地使用税 房产税税源明细表

纳税人识别号（统一社会信用代码）：91220651348675NK712　　　　金额单位：人民币元（列至角分）；面积单位：平方米
纳税人名称：浙江大福集团有限责任公司

一、城镇土地使用税税源明细

（略）

二、房产税税源明细

（一）从价计征房产税明细

*纳税人类型	产权所有人☑ 经营管理人☐ 承典人☐ 房屋代管人☐ 房屋使用人☐ 融资租赁承租人☐	所有权人纳税人识别号 （统一社会信用代码）	
*房产编号	08976	所有权人名称	
不动产权证号		房产名称	
*房屋坐落地址（详细地址）	浙江省（自治区、直辖市） 杭州市（区） 拱墅县（区） XX乡镇（街道）（必填）	不动产单元代码	
*房产所属主管税务所（科、分局）	国家税务总局杭州市拱墅区税务局		
房屋所在土地编号		*房产用途	工业☐ 商业办公☑ 住房☐ 其他☐（必选）
*房产取得时间	2020年1月	纳税义务终止	
		信息项变更（房产原值变更☐ 出租房产原值变更☐ 减税变更☐ 申报租金收入变更☐ 其他☐）	变更类型
			变更时间 年 月
建筑面积	622	其中：出租房产面积	248
*房产原值	10 000 000	其中：出租房产原值	4 000 000
	序号	减免性质代码和项目名称	减免起始月份 年 月	减免终止月份 年 月	计税比例	减免税房产原值	月减免税金额
减免税部分	1				70%		

(续表)

（二）从租计征房产税明细

*房产编号	08976	房产名称	
*房产所属主管税务所(科、分局)	国家税务总局杭州市拱墅区税务局	承租方名称	
承租方纳税人识别号（统一社会信用代码）		*申报租金收入	40 000
*出租面积	248		
*申报租金所属租赁期起		*申报租金所属租赁期止	2020年12月31日

减免税部分					
序号	减免性质代码和项目名称	减免起止时间		减免税房产原值	月减免税金额
		减免起始月份 年 月	减免终止月份 年 月		
1					

228

(续表)

纳税人识别号（统一社会信用代码）：912206513486 7NK712
纳税人名称：浙江大福集团有限责任公司

体积单位：升；质量单位：吨；功率单位：千瓦；长度单位：米

车船税税源明细表

车辆税源明细

序号	车牌号码	*车辆识别代码（车架号）	车辆品牌	车辆型号	*车辆类型	*车辆发票日期或注册登记日期	排(气)量	核定载客	整备质量	*单位税额	减免性质代码和项目名称	纳税义务终止时间
1	浙G11V75	LJ235796783			货车	2019年10月10日				90		
2	浙G8869W	LJ359752124			挂车	2019年10月10日				45		
3	浙G651S7	LKD5689536			核定载客人数20人（含以上）的大型客车	2018年10月5日				600		
4	浙GW9Q77	LKD3568935			核定载客人数9人以上20人以下的中型客车	2018年10月5日				480		
5	浙G24KK6	LVSHCFAL6FE206206			1.6升以上至2.0升（含）乘用车	2017年10月20日				460		
6	浙G57V97	LVSHCFAL78E20113			1.6升以上至2.0升（含）乘用车	2017年10月20日				460		

项目七　其他税种纳税实务

229

(续表)

契税税源明细表

纳税人识别号（统一社会信用代码）：9122065134867NK712
纳税人名称：浙江大福集团有限责任公司

金额单位：人民币元（列至角分）；面积单位：平方米

*税源编号	23780087	*土地房屋坐落地址	XX市江干区南山路10号	不动产单元代码	
合同编号		*合同签订日期	2021年1月5日	*共有方式	☑ 单独所有/按份共有 □ 共同共有（共有人：____）
*权属转移对象	房屋	*权属转移方式	房屋买卖	*用途	办公
*成交价格	15 000 000	*权属转移面积	500	*成交单价	
*评估价格	14 800 000				
适用税率	3%	*计税价格		15 000 000	
减免性质代码和项目名称					

印花税税源明细表

纳税人识别号（统一社会信用代码）：9122065134867NK712
纳税人名称：浙江大福集团有限责任公司

金额单位：人民币元（列至角分）

序号	*税目	*税款所属期起	*税款所属期止	应纳税凭证编号	应纳税凭证书立（领受）日期	*计税金额或件数	核定比例	*税率	减免性质代码和项目名称
				按期申报					
1	买卖合同	2021年1月1日	2021年1月31日			1 000 000		0.3‰	
2	承揽合同	2021年1月1日	2021年1月31日			200 000		0.5‰	
3	运输合同	2021年1月1日	2021年1月31日			300 000		0.3‰	
4	仓储合同	2021年1月1日	2021年1月31日			120 000		1‰	
5	借款合同	2021年1月1日	2021年1月31日			10 000 000		0.05‰	
6	营业账簿（记载资金的账簿）					4 000 000		0.25‰	

项目七　其他税种纳税实务

表 7-4　财产和行为税纳税申报表

纳税人识别号（统一社会信用代码）：9122065134867NK712

纳税人名称：浙江大福集团有限责任公司

金额单位：人民币元（列至角分）

序号	税种	税目	税款所属期起	税款所属期止	计税依据	税率	应纳税额	减免税额	已缴税额	应补（退）税额
1	房产税	从价计征	2021年1月1日	2021年12月31日	10 000 000.00	1.2%	72 800.00	0	0	72 800.00
		从租计征	2021年9月1日	2021年12月31日	40 000.00	12%	4 800.00	0	0	4 800.00
2	车船税	货车	2021年1月1日	2021年12月31日	1.5	90	135.00	0	0	135.00
		挂车	2021年1月1日	2021年12月31日	6	45	270.00	0	0	270.00
		核定载客人数20人（含以上）的大型客车	2021年1月1日	2021年12月31日	1	600	600.00	0	0	600.00
		核定载客人数9人以上至20人以下的中型客车	2021年1月1日	2021年12月31日	1	480	480.00	0	0	480.00
		1.6升以上至2.0升（含）乘用车	2021年1月1日	2021年12月31日	1	460	460.00	0	0	460.00
		1.6升以上至2.0升以下乘用车	2021年1月1日	2021年12月31日	1	460	460.00	0	0	460.00
3	契税	房屋	2021年1月1日	2021年1月31日	15 000 000.00	3%	450 000.00	0	0	450 000.00
4	印花税	买卖合同	2021年12月1日	2021年12月31日	1 000 000.00	0.3‰	300.00	0	0	300.00
		承揽合同	2021年12月1日	2021年12月31日	200 000.00	0.5‰	100.00	0	0	100.00
		运输合同	2021年12月1日	2021年12月31日	300 000.00	0.3‰	90.00	0	0	90.00
		仓储合同	2021年12月1日	2021年12月31日	120 000.00	1‰	120.00	0	0	120.00
		借款合同	2021年12月1日	2021年12月31日	10 000 000.00	0.05‰	500.00	0	0	500.00
		营业账簿（记载资金的账簿）	2021年12月1日	2021年12月31日	4 000 000.00	0.25‰	1 000.00	0	0	1 000.00
5	合计	—	—	—	—	—	…			

声明：此表是根据国家税收法律法规及相关规定填写的，本人（单位）对填报内容（及附带资料）的真实性、可靠性、完整性负责。

纳税人（签章）：　　　　　　　　年　月　日

经办人：
经办人身份证号：
代理机构签章：
代理机构统一社会信用代码：

受理人：
受理税务机关（章）：
受理日期：　　年　月　日

智能纳税管理

任务情境七

苏州阳光房地产开发有限责任公司2021年开发写字楼一幢。6月份取得销售收入54 500万元（含增值税），公司按规定缴纳增值税4 500万元，城市维护建设税、教育费附加等450万元。该公司为取得土地使用权而支付的金额为5 000万元；投入房地产开发的成本为15 000万元；开发费用为4 000万元，其中计算分摊给这幢写字楼的利息支出1 200万元（有金融机构证明），比按商业银行同类同期贷款利率计算的利息多100万元。公司所在地政府规定的其他开发费用的计算扣除比例为5%。

任务要求

（八）分析该公司土地增值税应纳税款。

知识研学

任务七　土地增值税纳税实务

土地增值税是对转让国有土地使用权、地上建筑物及其附着物（以下简称转让房地产）并取得收入的单位和个人，就其转让房地产所取得的增值额征收的一种税。

微课：
土地增值税纳税实务

一、土地增值税认知

（一）土地增值税的纳税人

转让国有土地使用权、其地上建筑物和附着物并取得收入的单位与个人为土地增值税的纳税人。

法规：
《中华人民共和国土地增值税暂行条例》

（二）土地增值税的征税范围

土地增值税的征税范围具有以下3个标准。

① 国家标准：是指转让的土地使用权必须是国家所有，即转让的土地使用权只能是国有土地使用权，不包括集体土地及耕地。

② 产权转让标准：是指土地使用权、地上建筑物及其附着物必须发生产权转让。地上建筑物是指建于土地上的一切建筑物，包括地上、地下的各种附属设施；附着物是指附着于土地上的不能移动，一经移动即遭损坏的物品。

思中学

转让和出让的区别？

③ 取得收入标准：是指征收土地增值税的行为必须取得转让收入。房地产的权属虽转让但未取得收入的行为，如以继承、赠予方式无偿转让房地产的行为不征税。

土地增值税征税范围的特殊规定如下。

① 以房地产进行投资、联营的，投资、联营的一方以房地产作价入股进行投资或作为联营条件，将房地产转让到所投资、联营的企业时，暂免征收土地增值税。投资、联营企业将上述房地产再次转让时，应征收土地增值税。

② 对于一方出地、一方出资金，双方合作建房，建成后按比例分房自用的，暂免征收土地增值税；建成后转让的，应征收土地增值税。

③ 在企业兼并中，对被兼并企业将房地产转让到兼并企业中的，暂免征收土地增值税。

④ 房地产交换，应征土地增值税，但个人之间互换自有居住用房的，经当地税务机关核实，可以免征土地增值税。

⑤ 房地产抵押的，抵押期间不征收土地增值税；抵押期满以房产抵债而发生房地产权属转让的，应征收土地增值税。

⑥ 房地产开发公司代客户进行房地产的开发，开发完成后向客户收取代建收入。由于没有发生房地产权属的转移，所以其收入属于劳务收入性质，不属于土地增值税的征税范围。

⑦ 国有企业在清产核资时对房地产进行重新评估而产生的评估增值，既没有发生房地产权属的转移，也未取得收入，不属于土地增值税的征税范围。

（三）土地增值税的税率

土地增值税实行四级超率累进税率，是我国唯一采用超率累进税率的税种。土地增值税税率表如表 7-5 所示。

表 7-5　土地增值税税率表

级 次	增值额占扣除项目金额的比例	税率 /%	速算扣除系数 /%
1	50%（含以下）	30	0
2	50% ~ 100%（含）	40	5
3	100% ~ 200%（含）	50	15
4	200% 以上	60	35

（四）土地增值税的优惠政策

① 纳税人建造普通标准住宅出售，增值额未超过扣除项目金额 20% 的，免征土地增值税；增值额超过扣除项目金额 20% 的，应就其全部增值额按规定计税。

② 因国家建设需要依法征用、收回的房地产，免征土地增值税。

③ 个人拥有的普通住宅，在其转让时暂免征收土地增值税；个人因工作调动或改善居住条件而转让非普通住宅，经向税务机关申报核准，凡居住满 5 年或 5 年以上的，免征土地增值税；居住满 3 年未满 5 年的，减半征收土地增值税；居住未满 3 年的，按规定征收土地增值税。

二、土地增值税应纳税额的计算

（一）土地增值税计税依据的确定

土地增值税计税依据是纳税人转让房地产所取得的增值额，即纳税人转让房地产所取得的收入额减除规定的扣除项目金额后的余额。因此，要准确地界定增值额必须确定应税的收入额和扣除项目金额。

应税收入主要包括转让房地产的全部价款及有关的经济收益，体现为货币收入、实物收入和其他收入。"营改增"后，转让房地产取得的应税收入为不含增值税收入。免征增值税的，转让房地产取得的收入不得扣减增值税税额。

① 货币收入。货币收入是指纳税人转让房地产而取得的现金、银行存款和国库券、金融债券、企业债券、股票等有价证券。

② 实物收入。实物收入是指纳税人转让房地产而取得的各种实物形态的收入，如钢材、水泥等建材，房屋、土地等不动产。对于这些实物收入一般要按公允价值确认应税收入。

③ 其他收入。其他收入是指纳税人转让房地产而取得的无形资产收入或具有财产价值的权利，如专利权、商标权、著作权、专有技术使用权、土地使用权、商誉权等。

根据税法规定，准予从转让收入中扣除的项目包括以下6项。

① 取得土地使用权所支付的金额。取得土地使用权所支付的金额包括纳税人为取得土地使用权所支付的地价款和在取得土地使用权时按国家统一规定缴纳的有关费用。其中，以出让方式取得的，以支付的土地出让金为地价款；以行政划拨方式取得的，以补交的土地出让金为地价款；以转让方式取得的，以向原土地使用人实际支付金额为地价款。

② 房地产开发成本。房地产开发成本是指房地产开发项目实际发生的成本，包括土地征用及拆迁补偿费、前期工程费、建筑安装工程费、基础设施费、公共配套设施费、开发间接费用等。

③ 房地产开发费用。房地产开发费用是指与房地产开发项目有关的销售费用、管理费用和财务费用。从转让收入中扣除的房地产开发费用，不按实际发生额扣除，而是按税法规定标准计算扣除。其具体计算方法视财务费用中的利息支出的不同分别处理。

- 财务费用中的利息支出，凡能够按转让房地产项目计算分摊并提供金融机构证明的，允许据实扣除，但最高不能超过按商业银行同类、同期贷款利率计算的金额；其他房地产开发费用，按取得土地使用权所支付的金额和房地产开发成本金额之和的5%以内计算扣除。其计算公式为：

房地产开发费用＝利息＋（取得土地使用权所支付的金额＋房地产开发成本）×5%

- 财务费用中的利息支出，凡不能按转让房地产项目计算分摊利息或不能提供金融机构证明的，房地产开发费用按取得土地使用权支付金额和房地产开发成本之和的10%以内计算扣除。其计算公式为：

房地产开发费用＝（取得土地使用权所支付的金额＋房地产开发成本）×10%

④ 与转让房地产有关的税金。与转让房地产有关的税金包括在转让房地产时缴纳的城建税、印花税、教育费附加。扣除项目涉及的增值税进项税额，允许在销项税额中计算抵扣的，不计入扣除项目；不允许在销项税额中计算抵扣的，可以计入扣除项目。

⑤ 其他扣除项目。其他扣除项目特指从事房地产开发的纳税人，可按取得土地使用权所支付的金额和房地产开发成本金额之和的20%加计扣除，除此之外的其他纳税人不适用。其计算公式为：

加计扣除费用＝（取得土地使用权所支付的金额＋房地产开发成本金额）×20%

⑥ 旧房及建筑物的评估价格。旧房及建筑物的评估价格就是在转让已使用房屋及建筑物时，由政府批准设立的房地产评估机构评定的重置成本乘以成新度折扣率后的价格。

（二）土地增值税应纳税额的计算

土地增值税应纳税额的计算步骤如下。

第1步　计算增值额。

$$增值额 = 转让收入 - 扣除项目金额$$

第2步　计算增值率。

$$增值率 = 增值额 \div 扣除项目金额 \times 100\%$$

第3步　确定适用税率和速算扣除系数。

第4步　计算应纳税额。

$$应纳税额 = 增值额 \times 适用税率 - 扣除项目金额 \times 速算扣除系数$$

任务分析（八）

① 取得土地使用权所支付的金额 = 5 000（万元）。

② 房地产开发成本 = 15 000（万元）。

③ 房地产开发费用 = (1 200−100)+(5 000+15 000)×5% = 2 100（万元）。

④ 与转让房地产有关的可扣除的税费 = 450（万元）。

⑤ 20%加计扣除 = (5 000+15 000)×20% = 4 000（万元）。

扣除项目合计 = 5 000+15 000+2 100+450+4 000 = 26 550（万元）。

增值额 = 54 500÷(1+9%)−26 550 = 23 450（万元）。

增值率 = 23 450÷26 550×100% = 88.32%。

应纳土地增值税税额 = 23 450×40%−26 550×5% = 8 052.50（万元）。

三、土地增值税纳税申报

（一）土地增值税的纳税期限

土地增值税的纳税人应在转让房地产合同签订后的7日内，到房地产所在地主管税务机关办理纳税申报，并向税务机关提交房屋及建筑物产权证、土地使用权证书、土地转让与房产买卖合同、房地产评估报告及其他与转让房地产有关的资料。

纳税人因经常发生房地产转让而难以在每次转让后申报的，经主管税务机关审核同意，可以定期进行纳税申报，具体期限由主管税务机关确定。纳税人预售房地产取得的收入，凡当地税务机关规定预征土地增值税的，纳税人应当到主管税务机关办理纳税申报并按规定比例预缴，待办理决算后，多退少补；凡当地税务机关规定，不预征土地增值税的，也应在取得收入时先到主管税务机关登记或备案。

（二）土地增值税的纳税地点

土地增值税的纳税地点确定，根据纳税人性质不同分为两种情况：

① 法人纳税人。转让的房地产坐落地与其机构所在地一致的，以办理税务登记的原管辖税务机关为纳税地点；转让的房地产坐落地与其机构所在地或经营所在地不一致的，以房地产坐落地所管辖的税务机关为纳税地点。

② 自然人纳税人。转让的房地产坐落地与其居住所在地一致的，以住所所在地税务机

关为纳税地点；转让的房地产坐落地与其居住所在地或经营所在地不一致的，以办理过户手续所在地税务机关为纳税地点。

(三) 土地增值税的纳税清算

土地增值税以国家有关部门审批的房地产开发项目为单位进行清算，对于分期开发的项目，以分期项目为单位清算。开发项目中同时包含普通住宅和非普通住宅的，应分别计算增值额。

符合下列情形之一的，纳税人应进行土地增值税的清算。
① 房地产开发项目全部竣工、完成销售的。
② 整体转让未竣工决算房地产开发项目的。
③ 直接转让土地使用权的。

符合下列情形之一的，主管税务机关可要求纳税人进行土地增值税清算。
① 已竣工验收的房地产开发项目，已转让的房地产建筑面积占整个项目可售建筑面积的比例在 85% 以上，或者该比例虽未超过 85%，但剩余的可售建筑面积已经出租或自用的。
② 取得销售（预售）许可证满 3 年仍未销售完毕的。
③ 纳税人申请注销税务登记但未办理土地增值税清算手续的。
④ 省级税务机关规定的其他情况。

任务情境八

甲煤矿企业本年 10 月开采原煤 100 万吨，当月对外销售 90 万吨；为职工宿舍供暖，使用本月开采的原煤 2 万吨；向洗煤车间移送本月开采的原煤 8 万吨加工洗煤，尚未对外销售。已知该煤矿每吨原煤不含增值税售价为 500 元（不含从坑口到车站、码头等的运输费用），适用的资源税税率为 5%。

任务要求

（九）分析任务情境中资源税的纳税人、征税范围和税率。
（十）计算甲煤矿企业本年 10 月应缴纳的资源税税额。

知识研学

任务八　资源税纳税实务

资源税是对在我国境内从事应税矿产品开采或生产盐的单位和个人征收的一种税。

一、资源税认知

(一) 资源税的纳税人

资源税的纳税人是指在中华人民共和国领域及管辖海域开采应税矿产品或生产盐（以

下简称开采或生产应税产品）的单位和个人。

收购未税矿产品的单位为资源税的扣缴义务人。收购未税矿产品的单位是指独立矿山、联合企业和其他单位。

（二）资源税的征税范围

我国目前资源税的征税范围仅涉及矿产品和盐两大类，具体包括：

① 原油。开采的天然原油征税，人造石油不征税。

② 天然气。开采的天然气和与原油同时开采的天然气征税。

③ 煤炭。煤炭包括原煤和以未税原煤加工的洗选煤。

④ 其他非金属矿。其他非金属矿包括石墨、硅藻土、高岭土、萤石、石灰石、硫铁矿、磷矿、氯化钾、硫酸钾、井矿盐、湖盐、提取地下卤水晒制的盐、煤层（成）气。

⑤ 金属矿。金属矿包括铁矿、金矿、铜矿、铝土矿、铅锌矿、镍矿、锡矿、稀土矿、钨、钼，以及未列举名称的其他金属矿产品。

⑥ 海盐。

纳税人开采或生产应税产品，自用于连续生产应税产品的，不缴纳资源税；自用于其他方面的，视同销售，缴纳资源税。

自2016年7月1日起，在河北省开展水资源税改革试点。

法规：《中华人民共和国资源税法》

任务分析（九）

任务情境中资源税的纳税人为甲煤矿企业。征税范围包括当月对外销售90万吨；为职工宿舍供暖，使用本月开采的原煤2万吨，视同销售，也应缴纳资源税。

（三）资源税的税率

资源税采用比例税率和定额税率两种形式：对资源税税目税率幅度表（见表7-6）中列举名称的27种资源品目和未列举名称的其他金属矿实行从价计征；对经营分散、多为现金交易且难以控管的黏土、砂石，按照便利征管原则，仍实行从量定额计征。对未列举名称的其他非金属矿产品，按照从价计征为主、从量计征为辅的原则，由省级人民政府确定计征方式。

表7-6 资源税税目税率幅度表

税　目		征税对象	税率幅度
一、原油		原油	5%～10%
二、天然气		原矿	5%～10%
三、煤炭		原煤或洗选煤	2%～10%
四、其他非金属矿	石墨	精矿	3%～10%
	硅藻土	精矿	1%～6%
	高岭土	原矿	1%～6%
	萤石	精矿	1%～6%
	石灰石	原矿	1%～6%

237

(续表)

税　目		征税对象	税率幅度
四、其他非金属矿	硫铁矿	精矿	1%～6%
	磷矿	原矿	3%～8%
	氯化钾	精矿	3%～8%
	硫酸钾	精矿	6%～12%
	井矿盐	氯化钠初级产品	1%～6%
	湖盐	氯化钠初级产品	1%～6%
	提取地下卤水晒制的盐	氯化钠初级产品	3%～15%
	煤层（成）气	原矿	1%～2%
	黏土、砂石	原矿	每吨或立方米0.1～5元
	未列举名称的其他非金属矿产品	原矿或精矿	从量税率每吨或立方米不超过30元；从价税率不超过20%

二、资源税应纳税额的计算

资源税的计税依据为应税产品的销售额或销售量。资源税从价定率征收的计税依据为应税产品的销售额。

（一）关于销售额的认定

销售额是指纳税人销售应税产品向购买方收取的全部价款和价外费用，不包括增值税销项税额。对同时符合以下条件的运杂费用，纳税人在计算应税产品计税销售额时，可予以扣减。

① 包含在应税产品销售收入中。

② 属于纳税人销售应税产品环节发生的运杂费用。具体是指运送应税产品从坑口或洗选（加工）地到车站、码头或购买方指定地点的运杂费用。

③ 取得相关运杂费用发票或其他合法有效凭据。

④ 将运杂费用与计税销售额分别进行核算。

纳税人扣减的运杂费用明显偏高导致应税产品价格偏低且无正当理由的，主管税务机关可以合理调整计税价格。

（二）原矿销售额与精矿销售额的换算或折算

为公平原矿和精矿之间的税负，对同一种应税产品，征税对象为精矿的，纳税人销售原矿时，应将原矿销售额换算为精矿销售额缴纳资源税；征税对象为原矿的，纳税人销售自采原矿加工的精矿，应将精矿销售额折算为原矿销售额缴纳资源税。换算比或折算率原则上应通过原矿售价、精矿售价和选矿比计算。金矿可通过原矿销售额、加工环节平均成本和利润计算，以标准金锭为征税对象。纳税人销售金原矿、金精矿的，应比照上述规定将其销售额换算为金锭销售额缴纳资源税。换算比或折算率应按简便可行、公平合理的原则，由省级财税部门确定，并报财政部、国家税务总局备案。

纳税人将其开采的原矿加工为精矿销售的，按精矿销售额（不含增值税）和适用税率计算缴纳资源税；纳税人开采并销售原矿的，将原矿销售额（不含增值税）换算为精矿销售额计算缴纳资源税。精矿销售额不包括从洗选厂到车站、码头或用户指定运达地点的运输费用；原矿销售额不包括从矿区到车站、码头或用户指定运达地点的运输费用。其换算公式为：

$$精矿销售额 = 原矿销售额 \times 换算比$$
$$换算比 = 同类精矿单位价格 \div (原矿单位价格 \times 选矿比)$$
$$选矿比 = 加工精矿耗用的原矿数量 \div 精矿数量$$

资源税从量定额征收的计税依据为应税产品的销售数量。销售数量的具体规定为：

① 销售数量包括纳税人开采或生产应税产品的实际销售数量和视同销售的自用数量。

② 纳税人不能准确提供应税产品销售数量的，以应税产品的产量或主管税务机关确定的折算比换算成的数量为计征资源税的销售数量。

三、资源税的税收优惠

① 采原油过程中用于加热、修井的原油免税。

② 我国油气田稠油、高凝油和高含硫天然气资源税减征40%；三次采油资源税减征30%；低丰度油气田，资源税暂时减征20%；深水油气田减征30%；油田范围内运输稠油过程中用于加热的原油天然气免征资源税。纳税人开采的原油、天然气同时符合上述两项及两项以上减税规定的，只能选择其中一项执行，不能叠加适用。

③ 对依法在建筑物下、铁路下、水体下通过充填开采方式采出的矿产资源，资源税减征50%。充填开采是指随着回采工作面的推进，向采空区或离层带等空间充填废石、尾矿、废渣建筑废料及专用充填合格材料等采出矿产品的开采方法。

④ 对实际开采年限在15年（含）以上的衰竭期矿山开采的矿产资源，资源税减征30%。衰竭期矿山是指剩余可采储量下降到原设计可采储量的20%（含）以下或剩余服务年限不超过5年的矿山——以开采企业下属的单个矿山为单位确定。

⑤ 对鼓励利用的低品位矿、废石、尾矿、废渣、废水、废气等提取的矿产品，由省级人民政府根据实际情况确定是否给予减税或免税。

⑥ 为促进共伴生矿的综合利用，纳税人开采销售共伴生矿，共伴生矿与主矿产品销售额分开核算的，对共伴生矿暂不计征相关资源税；没有分开核算的，共伴生矿按主矿产品的税目和适用税率计征资源税。

（二）资源税的应纳税额

资源税应纳税额按照应税产品的计税销售额或销售数量乘以适用税率计算。具体来说，资源税的应纳税额按照从价定率或从量定额的办法，分别以应税产品的销售额乘以纳税人具体适用的比例税率或以应税产品的销售数量乘以纳税人具体适用的定额税率计算。

纳税人开采或生产不同税目应税产品的，应当分别核算不同税目应税产品的销售额或销售数量；未分别核算或不能准确提供不同税目应税产品的销售额或销售数量的从高适用税率。采用从价定率计征应纳税额的计算公式为：

$$应纳税额 = 应税产品的销售额 \times 比例税率$$

任务分析（十）

甲煤矿企业本年 10 月应纳资源税税额 = (90+2)×500×5% = 2 300（万元）

四、资源税纳税申报

（一）资源税的纳税义务发生时间

资源税在应税产品的销售或自用环节计算缴纳。

① 纳税人销售应税产品采取分期收款结算方式的，其纳税义务发生时间为销售合同规定的收款日期的当天。

② 纳税人销售应税产品采取预收货款结算方式的，其纳税义务发生时间为发出应税产品的当天。

③ 纳税人销售应税产品采取其他结算方式的，其纳税义务发生时间为收讫销售款或取得销售款凭据的当天。

④ 纳税人自产自用应税产品的纳税义务发生时间为移送使用应税产品的当天。

⑤ 扣缴义务人代扣代缴税款的纳税义务发生时间为支付首笔货款或首次开具支付货款凭据的当天。

⑥ 纳税人以自采原矿加工精矿产品的，在原矿移送使用时不缴纳资源税，在精矿销售或自用时缴纳资源税。

⑦ 纳税人以自采原矿加工金锭的，在金锭销售或自用时缴纳资源税。纳税人销售自采原矿或自采原矿加工的金精矿、粗金，在原矿或金精矿、粗金矿销售时缴纳资源税，在移送使用时不缴纳资源税。

⑧ 纳税人以应税产品投资、分配、抵债、赠予、以物易物等视同销售，依照税法有关规定计算缴纳资源税。

（二）资源税的纳税期限

资源税的纳税期限为 1 日、3 日、5 日、10 日、15 日或 1 个月，由主管税务机关根据实际情况具体核定。不能按固定期限计算纳税的，可以按次进行纳税。

纳税人以 1 个月为一期纳税的，自期满之日起 10 日内申报纳税；以 1 日、3 日、5 日、10 日或 15 日为一期纳税的，自期满之日起 5 日内预缴税款，于次月 1 日起 10 日内申报纳税，并结清上月税款。扣缴义务人的解缴税款期限，比照上述规定执行。

（三）资源税的纳税地点

① 纳税人开采或生产资源税应税产品，应当依法向开采地或生产地主管税务机关申报缴纳资源税。

② 纳税人在本省、自治区、直辖市范围开采或生产应税产品，其纳税地点需要调整的，由省级税务机关决定。

③ 纳税人跨省开采资源税应税产品，其下属生产单位与核算单位不在同一省、自治区、直辖市的，对其开采的矿产品一律在开采地纳税，其应纳税款由独立核算、自负盈亏的单位按照开采地的实际销售（或自用）额或数量及适用的税率计算划拨。

④ 扣缴义务人代扣代缴的资源税，应当向收购地主管税务机关纳税。

（四）资源税的纳税申报

纳税人申报缴纳资源税时填报财产和行为税纳税申报表。

城镇土地使用税纳税实务　　耕地占用税纳税实务　　环境保护税纳税实务

知识小结

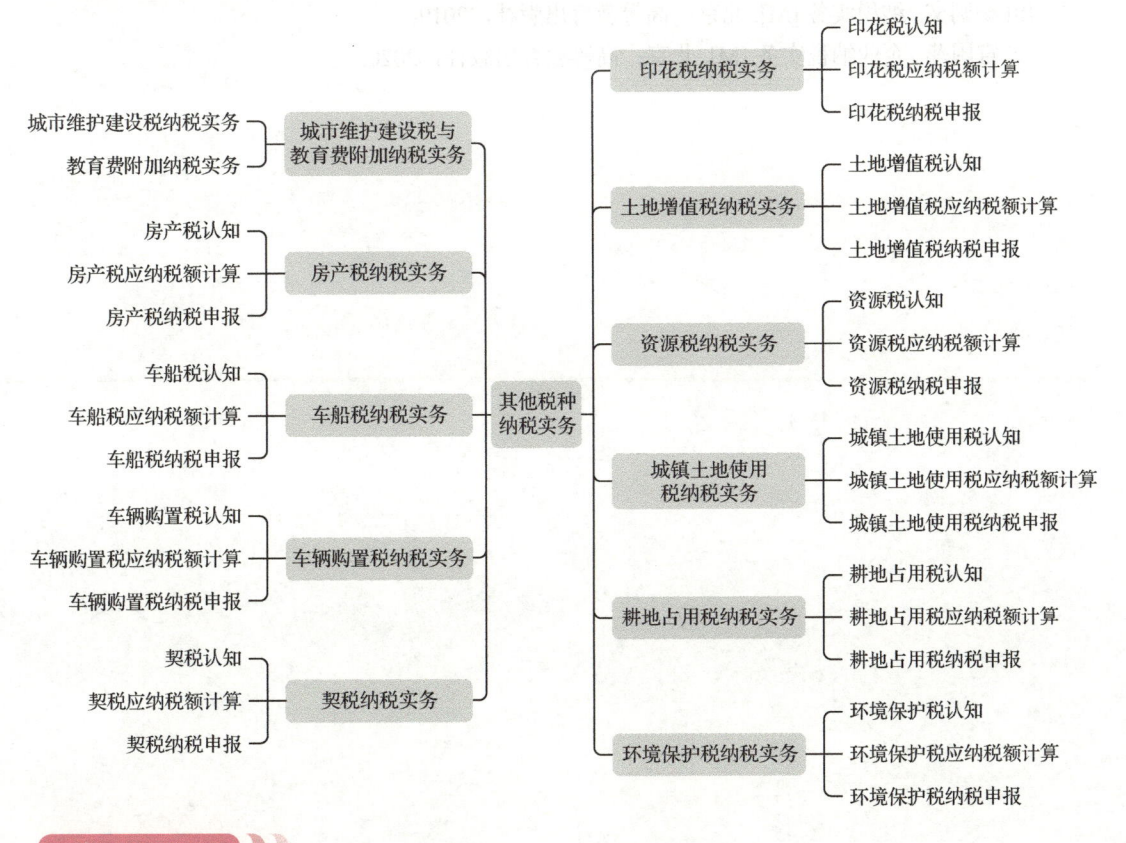

```
                                                          ┌ 印花税认知
                                        ┌ 印花税纳税实务 ─┼ 印花税应纳税额计算
                                        │                 └ 印花税纳税申报
城市维护建设税纳税实务 ┐ 城市维护建设税与 │
                       ├ 教育费附加纳税实务│                 ┌ 土地增值税认知
教育费附加纳税实务     ┘                  ├ 土地增值税纳税实务┼ 土地增值税应纳税额计算
                                          │                 └ 土地增值税纳税申报
房产税认知     ┐                          │
房产税应纳税额计算 ┤ 房产税纳税实务       │                 ┌ 资源税认知
房产税纳税申报 ┘                          ├ 资源税纳税实务 ─┼ 资源税应纳税额计算
                                          │                 └ 资源税纳税申报
车船税认知     ┐                          │
车船税应纳税额计算 ┤ 车船税纳税实务  其他税种│                 ┌ 城镇土地使用税认知
车船税纳税申报 ┘                 纳税实务 ├ 城镇土地使用税纳税实务┼ 城镇土地使用税应纳税额计算
                                          │                 └ 城镇土地使用税纳税申报
车辆购置税认知     ┐                      │
车辆购置税应纳税额计算 ┤ 车辆购置税纳税实务│                 ┌ 耕地占用税认知
车辆购置税纳税申报 ┘                      ├ 耕地占用税纳税实务┼ 耕地占用税应纳税额计算
                                          │                 └ 耕地占用税纳税申报
契税认知     ┐                            │
契税应纳税额计算 ┤ 契税纳税实务           │                 ┌ 环境保护税认知
契税纳税申报 ┘                            └ 环境保护税纳税实务┼ 环境保护税应纳税额计算
                                                            └ 环境保护税纳税申报
```

知识巩固

在线测试　　业务题

参考文献

[1] 全国税务师职业资格考试教材编写组.税法（Ⅰ）[M].北京：中国税务出版社，2020.

[2] 全国税务师职业资格考试教材编写组.税法（Ⅱ）[M].北京：中国税务出版社，2020.

[3] 全国税务师职业资格考试教材编写组.涉税服务实务[M].北京：中国税务出版社，2020.

[4] 中国注册会计师协会.税法[M].北京：中国财政经济出版社，2020.

[5] 财政部会计资格评价中心.经济法基础[M].北京：经济科学出版社，2020.

[6] 梁文涛.企业纳税实务[M].北京：高等教育出版社，2019.

[7] 梁伟样.税费计算与申报[M].北京：高等教育出版社，2019.

[8] 杨则文.纳税实务[M].北京：高等教育出版社，2019.

[9] 宣国萍.企业纳税实务[M].北京：高等教育出版社，2020.